Raluca Rădulescu, Christel Baltes-Löhr (Hg.)
Pluralität als Existenzmuster

Lettre

Raluca Rădulescu, Christel Baltes-Löhr (Hg.)
Pluralität als Existenzmuster
Interdisziplinäre Perspektiven
auf die deutschsprachige Migrationsliteratur

[transcript]

Bibliografische Information der Deutschen Nationalbibliothek
Die Deutsche Nationalbibliothek verzeichnet diese Publikation in der Deutschen Nationalbibliografie; detaillierte bibliografische Daten sind im Internet über http://dnb.d-nb.de abrufbar.

© 2016 transcript Verlag, Bielefeld

Die Verwertung der Texte und Bilder ist ohne Zustimmung des Verlages urheberrechtswidrig und strafbar. Das gilt auch für Vervielfältigungen, Übersetzungen, Mikroverfilmungen und für die Verarbeitung mit elektronischen Systemen.

Umschlagkonzept: Kordula Röckenhaus, Bielefeld
Satz: Mark-Sebastian Schneider, Bielefeld
Printed in Germany
Print-ISBN 978-3-8376-3445-7
PDF-ISBN 978-3-8394-3445-1

Gedruckt auf alterungsbeständigem Papier mit chlorfrei gebleichtem Zellstoff.
Besuchen Sie uns im Internet: http://www.transcript-verlag.de
Bitte fordern Sie unser Gesamtverzeichnis und andere Broschüren an unter: info@transcript-verlag.de

Inhalt

Vorwort der Herausgeberinnen | 7

Die Figur des Kontinuums am Beispiel von Geschlecht und Migration
Ein Erklärungsansatz für Pluralitäten als Existenzmuster?
Christel Baltes-Löhr | 9

›Praxis der Kulturwissenschaft‹ am Beispiel der
Deutschen Abteilung der Universität Athen
Angewandte Beispiele zur Kopplung der kulturwissenschaftlichen
Landeskunde mit Kognitivierungsstrategien
Aglaia Blioumi | 29

Formen des Ich-Erzählens in der inter-/transkulturellen Literatur
Klaus Schenk | 47

Die Lyrik José F. A. Olivers
Versuch einer »modernen« interkulturellen Hermeneutik
Raluca Rădulescu | 63

Polypolare *Über*-setzungen
Eine historiographische Lokalisierung der Chamisso-Literatur am Beispiel
Yoko Tawadas
Tobias Akira Schickhaus | 79

Migrationsroman, der gar keiner sei:
Malin Schwerdtfegers *Café Saratoga*
Überlegungen zu der (so genannten) Migrationsliteratur
Alicja Krauze-Olejniczak | 97

Sprache, die zum Raum wird
Zur Latenz des Rumänischen in Herta Müllers *Herztier*
Raluca Hergheligiu | 117

Die Heimat der Heimatlosen
Transkulturelle Identitäten in Özdamars *Der Hof im Spiegel* und Fatih Akins *Gegen die Wand*
Anja Barr | 139

Die Rezeption der Werke von Herta Müller in Spanien
Pino Valero | 153

Deutschsprachige Migrationsliteratur in der Schweiz?
Zur Prosa von Cătălin Dorian Florescu
Natalie Moser | 173

»Angekommen wie nicht da.«
Heimat und Fremdheit in Melinda Nadj Abonjis Roman *Tauben fliegen auf*
Grazziella Predoiu | 191

Ruß – von der deutschen Literatur eines Autors mit Migrationshintergrund
Anna Warakomska | 207

Autorinnen und Autoren | 229

Vorwort der Herausgeberinnen

Der vorliegende Sammelband vereinigt die Ergebnisse der Sektion *Die deutschsprachige Migrationsliteratur zwischen Eigenständigkeit und Globalisierung*, die in Brașov/Rumänien im Rahmen des X. Internationalen Germanistenkongresses Rumäniens vom 31. Mai – 4. Juni 2015 stattgefunden hat.

Das Hauptanliegen dieses Tagungsbandes bildet die interdisziplinäre Ausleuchtung des heutigen Standorts der deutschsprachigen Migrationsliteratur zwischen Eigenständigkeit und Globalisierung. Theoretische Überlegungen sowie thematisch nahe Lektüren und Fallbeispiele belegen die Anwendbarkeit von Begriffen wie Transkulturalität, Polypolarität sowie Transmigration als Kontinuum. Dabei reichen sich literaturwissenschaftliche, soziologische, anthropologische und kulturwissenschaftliche Erkenntnisse gegenseitig die Hand. Pluralität als Existenzmuster ermöglicht eine Vielfalt von Perspektiven und Deutungsrastern, wobei transnationale Daseinsformen vertextete Kulturräume aufscheinen lassen.

Der Band bietet 12 Beiträge an, die sowohl von ausgewiesenen Fachleuten als auch von zwei Doktorand_innen und einer Masterandin stammen. Die Einführung in die Thematik gelingt Christel Baltes-Löhr mit einer Studie über die Figur des Kontinuums am Beispiel von Geschlecht und Migration, die als möglicher Erklärungsansatz für Pluralitäten als Existenzmuster betrachtet wird. Über die ›Praxis der Kulturwissenschaft‹ am Beispiel der Deutschen Abteilung der Universität Athen berichtet Aglaia Blioumi, indem sie sich mit dem Verhältnis zwischen kulturwissenschaftlicher Landeskunde und Kognitivierungsstrategien auseinandersetzt. Klaus Schenk widmet sich den Formen des Ich-Erzählens in der inter-/transkulturellen Literatur, während Raluca Rădulescu eine neue Hermeneutik der interkulturellen Literatur anhand von Kategorien der ästhetischen Moderne vorschlägt, was die Autorin am Werk von José F. A. Oliver überprüft. Die Anwendung von interdisziplinären Forschungsmethoden und -mustern geht mit Tobias Schickhaus´ Überlegungen zu einer historiographischen Lokalisierung der Chamisso-Literatur am Beispiel von Yoko Tawada weiter, während Alicja Krauze-Olejniczak der Frage nach dem Verhältnis zwischen Migrationsliteratur und deren Verfasser_innen und Inhalten nachgeht. Anja Barr setzt in ihrem Beitrag ein Werk von Emine Sevgi Özdamar mit Fatih Akins Film *Gegen die Wand* in Verbindung. Andere Beiträge liefern Fallbeispiele und nahe Lektüren zu Texten von Herta Müller (Raluca Herghelegiu, Pino Valero), Cătălin Dorian Florescu (Natalie Moser), Melinda Nadj Abonji (Grazziella Predoiu), Feridun Zaimoglu (Anna Warakomska).

Der Sammelband weist somit neue Wege der Deutung von Literatur zusammen mit theoretischen Rahmungen, die auch für andere Felder wie Migrations- und Geschlechterforschung im Sinne einer interdisziplinären und inter-/transkulturellen Perspektive nutzbar gemacht werden können.

Wir wünschen allen Lesenden eine inspirierende und anregende Lektüre und bedanken uns bei den Veranstalter_innen des X. Internationalen Germanistenkongresses in Rumänien sowie bei allen Beiträgerinnen und Beiträgern zum Sammelband, ganz besonders bei Kathrin Wollny (TU Dortmund) für ihr aufmerksames Korrekturlesen. Nicht zuletzt gilt unser Dank dem Team des transcript-Verlages für die produktive und angenehme Kooperation beim Erstellen dieser Publikation.

Die Herausgeberinnen

Die Figur des Kontinuums am Beispiel von Geschlecht und Migration
Ein Erklärungsansatz für Pluralitäten als Existenzmuster?

Christel Baltes-Löhr

Dieser Beitrag möchte aufzeigen, wie sich seit Ende der 1960er Jahre im westeuropäischen und angelsächsischen Raum die Geschlechter- und Migrationsdiskurse von einer heteronormativen, binären Struktur hin zu einer pluralen, polypolaren Ordnung verschoben haben, wie Geschlecht und Migration auf einer pluridimensionalen Matrix definiert werden können und welche Bedeutung hierbei der Figur des Kontinuums zukommt, die als Weiterentwicklung der Figur des Dritten betrachtet werden kann, um schlussendlich Pluralitäten als Existenzmuster zu erklären.

Hinführend zu einer pluridimensionalen Definition von Geschlecht als Kontinuum, soll zu Beginn des Beitrags die Erörterung des Geschlechterdiskurses stehen. Es geht um Fragen wie: Was ist Geschlecht? Was ist ein Geschlechterkörper? Galt im Mittelalter Geschlecht als gott- und dann mit dem Aufkommen der Aufklärung zunehmend als naturgegeben,[1] dann hört und liest man heute zunehmend Äußerungen wie: »Meine Weiblichkeit hat sich im Laufe meines Lebens enorm verändert. Je nach Situation fühle ich mich mehr oder weniger als Mann. Ich stimme mit dem Geschlecht, dem ich bei meiner Geburt zugeordnet wurde, überhaupt nicht (mehr) überein.« Oder Äußerungen wie:

»Es gelingt mir nur mit großem Aufwand, dem in unserer Gesellschaft vorherrschenden Männlichkeitsbild zu entsprechen. In anderen Gesellschaften gelten ganz andere Geschlechterbilder. Das Gerede von Geschlechtern geht mir gehörig auf die Nerven. Ich kann mir sehr gut vorstellen, in einer Gesellschaft zu leben, in der die Frage der Zugehörigkeit zu

---

1 | Vgl. Baltes-Löhr, Christel (^{2}2015): »Immer wieder Geschlecht - immer wieder anders. Versuch einer Begriffserklärung«. In: Schneider, Erik/ Baltes-Löhr, Christel (Hg.): Normierte Kinder. Effekte der Geschlechternormativität auf Kindheit und Adoleszenz. Bielefeld: transcript, S. 17-40. Schade, Sigrid/ Wagner, Monika/ Weigel, Sigrid (1994): »Zur Einführung«. In: Dies. (Hg.): Allegorien und Geschlechterdifferenz. Köln: Böhlau, S. 1-7.

einem Geschlecht nicht mehr so bedeutsam ist und andere Aspekte des Menschseins, wie z.B. Solidarität und konstruktives Miteinander, eine größere Rolle spielen«.

Jedoch ruft die Frage nach dem, was Geschlecht ist, bzw. was mit dem Begriff Geschlecht gefasst wird, bis auf den heutigen Tag auch immer noch Altbekanntes, Lapidares auf: Menschen mit einem Penis gelten als Männer, als männlich. Menschen mit einer Vagina gelten als Frauen, als weiblich. Der biologische Körper bzw. Teile des biologischen Körpers gelten immer noch als Marker für Geschlecht. Das Baby mit dem Penis heißt möglicherweise Paul und das Baby mit der Vagina dann Paula. Altbekannt sind auch die immer noch wirkmächtigen stereotypisierenden Zuschreibungen, welches Verhalten und welche sogenannten Eigenschaften als weiblich bzw. männlich betrachtet werden.

ZUNEHMENDE UNEINDEUTIGKEITEN – BLICK ZURÜCK IN DIE 1960ER JAHRE

Bis in die 1960er Jahre galt im westeuropäischen und angelsächsischen Raum eine binäre Geschlechterordnung, nach der sogenannte Mädchen und Frauen emotional, passiv, einfühlsam, weich bzw. sanft, natürlich, körperbezogen und abhängig zu sein haben. In einem dualistischen Setting galten sogenannte Jungen bzw. Männer als rational, aktiv, hart, stark, kultur- und geistbezogen und als unabhängig. Die dualistische bzw. binäre Zuschreibung von beispielsweise *weiblich = emotional* und *männlich = rational* ist augenfällig. Dabei sind diese Zuschreibungen nicht nur binär verfasst, sondern sie stehen darüber hinaus in einem antagonistischen und damit oppositionellen Verhältnis zueinander. D.h., wer als weiblich gilt, kann nicht männlich sein und umgekehrt. Bis in die 1960er Jahre galten diese Zuschreibungen als nicht austauschbar, was beispielsweise bedeutete, dass eine rational und weniger gefühlsbetont agierende Frau nicht als *richtige* Frau galt. Außerdem waren diese Zuschreibungen markiert durch ein dichotomes Verhältnis zueinander, das dem sogenannten männlichen, dem *starken* Geschlecht mehr Macht zuwies als dem sogenannten weiblichen, dem *schwachen* Geschlecht. Die den als Jungen und Männer bezeichneten Menschen zugeschriebenen Attribute galten gegenüber den weiblichen Zuschreibungen als überlegen. So wurde ein *sanfter, gefühlsbetonter* Mann in den 1970er Jahren oftmals als »Softie« bezeichnet,[2] entsprach er doch nicht der vorherrschenden Männlichkeitsnorm. Die Vielfalt von Lebensrealitäten kann durch binär und heteronormativ

---

2 | Vgl. Scheele, Sebastian (2007): »Schwul leben – heterosexuell lieben. Metrosexualität als homophobe Modernisierung hegemonialer Männlichkeit«. In: Bauer, Robin/ Hoenes, Josch/ Woltersdorff, Volker (Hg.): Unbeschreiblich männlich. Heteronormativitätskritische Perspektiven. Hamburg: Männerschwarm, S. 213-229, hier S. 221. Borutta, Manuel/ Verheyen, Nina (Hg.) (2010): Die Präsenz der Gefühle. Bielefeld: transcript, S. 21.

verfasste kategoriale Zuschreibungen von Weiblichkeit und Männlichkeit mit den entsprechenden stereotypen Mustern *nicht* abgebildet werden, da Stereotypisierungen immer nur einen Teil bzw. einen Ausschnitt der gelebten Realitäten widerspiegeln – können.

Im Laufe der Frauenbewegung seit den späten 1960er Jahren kam es im westeuropäischen und angelsächsischen Raum hinsichtlich stereotypisierender Zuschreibungen entlang der Kategorien *Weiblichkeit* und *Männlichkeit* zu bedeutsamen normativen Verschiebungen. Die normative Medaille verkehrte sich, sodass Weiblichkeit sozusagen auf die Vorderseite bzw. in den Vordergrund rückte, und die Zuschreibungen von Verhaltensweisen zu dem, was z.b. als weiblich galt, normativ aufgewertet wurden. Sogenannte weibliche Verhaltenskomponenten oder gar Eigenschaften wie Emotionalität, Passivität, Einfühlsamkeit, Sanftheit, Natürlichkeit, Körperbezogenheit und Abhängigkeit wurden nunmehr im Vergleich zu männlichen Verhaltensweisen nicht mehr als defizitär aufgefasst, sondern vielmehr als für die Vertreterinnen des sogenannten weiblichen Geschlechts erstrebenswert. Diese Verhaltensweisen wurden außerdem gegenüber den männlichen Attributen wie Rationalität, Aktivität, Härte, Stärk, Kultur- und Geistbezogenheit und auch Unabhängigkeit als überlegen, ja oftmals sogar als *besser* gewertet.[3] Aber auch mit dieser Verschiebung der normativen Wertung geschlechterkonnotierter Zuschreibungen von Verhaltensmustern und/oder Eigenschaften konnte die Vielfalt der gelebten Realitäten in Bezug auf das tatsächliche Verhalten, das Handeln und die Eigenschaften von sogenannten Frauen und sogenannten Männern *nicht* erfasst werden. Es wurde immer deutlicher, dass sogenannte Frauen und sogenannte Männer mit ihrem Verhalten nicht mehr den stereotypisierenden Vorstellungen von Weiblichkeit und Männlichkeit entsprachen. Das Entweder – Oder, was meint, dass ein Mensch beispielsweise *entweder* rational *oder* emotional geprägt ist und damit als einem der beiden Geschlechter zugehörig gilt, traf und trifft in der gelebten Realität so nicht zu und bildete die gelebte Realität auch nicht vollständig ab.

Sogenannte Mädchen bzw. Frauen sowie sogenannte Jungen bzw. Männer und auch alle anderen Geschlechter können emotional, rational, passiv, aktiv, einfühlsam, hart, weich, stark, der Natur sowie der Kultur verbunden, körperbezogen, intellektuell, abhängig, autonom, bindungsfähig, bindungsunfähig etc. sein, wenn ihnen in Familien, Kindergärten, Schule, am Arbeitsplatz, im sozialen und öffentlichen Leben Raum und Möglichkeiten gegeben werden, ihre Fähigkeiten über bislang bestehende, kategorial heteronormativ gefasste Geschlechtergrenzen hinausgehend zu entfalten. Zusammen mit der zunehmenden Erkenntnis, Geschlecht und stereotype, geschlechteradäquate Verhaltensweisen als Ergebnisse sozialer Konstruktionsprozesse zu verstehen, wurde die binäre Geschlechterordnung zunehmend aufgebrochen. Die oppositionelle Anordnung solcher Zuschreibungen ebenso wie die Höher- bzw. Minderbewertung von Verhaltensweisen und

---

3 | Baltes-Löhr, Immer wieder Geschlecht - immer wieder anders, S. 37.

von bestimmten Geschlechtern wurden verstärkt in Frage gestellt. Die Wirkmächtigkeit hierarchisierender Geschlechterordnungen wurde zunehmend brüchig.

Hier lässt sich ein *erster Schluss* ziehen: Geschlechterbezogenes Verhalten, vor allem seit der Veröffentlichung von Judith Butlers »Unbehagen der Geschlechter«[4] vielmals als soziales Geschlecht, als *gender,* bezeichnet, gilt als plural. D.h., dass sich nicht alle sogenannten Mädchen bzw. Frauen, Jungen bzw. Männer gleichermaßen verhalten. Alter, soziale, ökonomische, ethnische und kulturelle Herkunft, religiöse und politische Überzeugungen spielen in Bezug auf das von einem Menschen entwickelte und gezeigte Verhalten, auch in Bezug auf sein Geschlecht, eine gravierende Rolle.[5]

Nachdem das sogenannte soziale Geschlecht *gender* als vielfältig und uneindeutig gefasst worden ist, stellt sich nun eine weitere Frage: Wie eindeutig ist das sogenannte biologische Geschlecht *sex* ?

Neben der Morphologie, also dem Aussehen, sind in der Biologie die Chromosomen x und y, sowie gonadale und hormonelle Ausprägungen als Dimensionen des sogenannten biologischen Geschlechts bestimmt worden.[6] Eine bis in die 1960er Jahre angenommene eindeutige Zuordnung schreibt Frauen bzw. dem weiblichen Körper beispielsweise eine Vagina, eine erhabene Brust, schmale Schultern, ein breites Becken und außer Wimpern und Augenbrauen keine Gesichtsbehaarung zu. Morphologisch sind nach dieser Zuordnung Männer bzw. männliche Körper durch einen Penis, eine flache Brust, breite Schultern, schmale Hüften und außer Wimpern und Augenbrauen auch durch Bartbehaarung markiert. Aber auch diese Zuordnungen werden der realen Vielfalt nicht gerecht. Nicht alle Frauen mit einer Vagina haben ein breites Becken oder Eierstöcke. Es können auch Männer mit einem Penis Eierstöcke haben. Die Hormone können bei Menschen, die morphologisch möglicherweise eher sogenannten weiblichen bzw. männlichen Merkmalen entsprechen, innerhalb der Gruppe der sogenannten Frauen oder der Gruppe der sogenannten Männer große Varianzen

---

4 | Butler, Judith (1991): Das Unbehagen der Geschlechter. Frankfurt a.M.: Suhrkamp.

5 | Hier deutet sich eine intersektionale Perspektive an, wie sie 2005 von Gudrun-Axeli Knapp mit Bezug auf die US-Amerikanerin Kimberlé Crenshaw für den deutschsprachigen Raum rezipiert wurde. Crenshaw hatte basierend auf Analysen von Gerichtsprozessen auf die Bedeutung von *race* und *class* neben der Kategorie *gender* hingewiesen: Vgl. Crenshaw, Kimberle (1991): Mapping the Margins: Intersectionality, Identity Politics, and Violence against Women of Color. In: Stanford Law Review, Jg. 43, H. 6, S. 1241-1299. Knapp, Gudrun-Axeli (2005): »Intersectionality« - ein neues Paradigma feministischer Theorie? Zur transatlantischen Reise von »Race, Class, Gender«. In: Feministische Studien, H. 1, S. 68-81.

6 | Streckeisen, Ursula (1991): Statusübergänge im weiblichen Lebenslauf. Frankfurt a.M./New York: Campus, S. 158. Henke, Winfried/ Rothe, Hartmut (1998): »Biologische Grundlagen der Geschlechtsdifferenzierung«. In: Auffermann, Bärbel/ Weniger, Gerd-Christian (Hg.): Frauen - Zeiten - Spuren. Mettmann: Neanderthal-Museum, S. 43-64.

aufzeigen. Bartwuchs bei Frauen ist ein Thema für Stunden und füllt Zeitschriften und Schönheitssalons. Gleiches gilt für eine geringe Gesichtsbehaarung bei sogenannten Männern. Dies führt zu dem *zweiten Schluss*, dass das biologische Geschlecht *sex* ebenso wie das soziale Geschlecht *gender nicht* als eindeutig zu betrachten ist.

An dieser Stelle soll neben der kurz erläuterten sozialen und biologischen Dimension von Geschlecht eine weitere Dimension eingeführt und betrachtet werden: die psychische Dimension von Geschlecht, das gefühlte Geschlecht. Beschreibt die psychische Dimension von Geschlecht das Empfinden sowie die Eigenwahrnehmung des Geschlechts, dann geht es somit um die Fragen, welchem Geschlecht ein Mensch sich zugehörig fühlt, welcher Geschlechtergruppe ein Mensch oftmals gleich bei der Geburt oder mit sich stets weiterentwickelnder pränataler Diagnostik auch schon als Embryo zugeordnet bzw. zugeschrieben wird, und nicht zuletzt darum, inwieweit der Mensch sich dann dieser ihm zugeschriebenen Geschlechtergruppe zugehörig fühlt oder nicht. Die Konstruktion der psychischen Dimension von Geschlecht, oft bezeichnet als Geschlechtsidentität, pendelt somit zwischen Zuschreibung und Aneignung, anders gesagt zwischen Fremd- und Selbstzuschreibung und mündet in Selbstbenennungen, die mit den Benennungen bzw. Bezeichnungen durch andere mehr oder weniger übereinstimmen. Außerdem fühlt sich nicht jede der sogenannten Frauen zu jedem Zeitpunkt ihres Lebens gleichförmig als weiblich. Das gefühlte Geschlecht, wie also z.B. Weiblichkeit empfunden wird, variiert in einem erheblichen Ausmaß zwischen sogenannten Frauen. Auch sogenannte Männer empfinden sich nicht immer als männlich. Seit den 1980er Jahren sind neben den Kategorien weiblich und männlich auch im öffentlichen Diskurs im westeuropäischen und angelsächsischen Raum weitere Zuschreibungen und Empfindungen manifest geworden, wie z.B. Eigenwahrnehmungen und Zuschreibungen von sogenannten inter- und transgeschlechtlichen Personen.

Der Status der Zugehörigkeit zu einer oder aber auch zu keiner Geschlechtergruppe ist ebenso wie Fremd- und Eigenzuschreibung als lebenslanger Prozess zu verstehen, der je nach biographischem Lebensabschnitt und je nach konkreter Lebenssituation mehr oder weniger variieren kann. Zur Veranschaulichung möge dieses fiktive Beispiel dienen: Wird ein Kind bei der Geburt aufgrund einer deutlich erkennbaren Vagina dem weiblichen Geschlecht zugewiesen und wächst dieses sogenannte Mädchen entsprechend der im familiären oder auch schulischen Umfeld vorherrschenden Vorstellungen von Geschlecht, Weiblichkeit, Männlichkeit oder anderen Geschlechtergruppen heran, dann ist zu allererst zu fragen, inwieweit die Vorstellungen derjenigen, mit denen das sogenannte Mädchen in der Familie, der Verwandtschaft, der Nachbarschaft, im Freundeskreis, in Kindertagestätten, Vereinen und schulischen Einrichtungen interagiert, übereinstimmen oder auch nicht. Erlebt das Kind z.B. divergierende Vorstellungen von Weiblichkeit, dann ist die Frage, welche dieser Vorstellungen welche Wirkmächtigkeiten haben. Ist das, was die Mutter sagt, was sie möglicherweise vorlebt, für das

Kind bedeutsamer als z.B. die Haltung und das Handeln der größeren Schwester, der Schulfreundin, der Protagonistin aus dem Kinder- oder Jugendbuch oder aus dem Internet? Welche impliziten und/oder expliziten geschlechterrelevanten Vorstellungen etc. vermitteln die Mitmenschen. Wie geht das Kind damit um? Wie fühlt sich das sogenannte Mädchen? Womit bzw. wo auf dem möglicherweise vielfältigen und Varianten aufweisenden oder variantenreichen Fächer der Vorbilder anderer sogenannter Mädchen und Frauen positioniert es sich selbst? Welche Bedeutung hat es überhaupt für das Kind, nennen wir es an dieser Stelle Claude, einem Geschlecht zuzugehören? Strengt es sich an, sich die ihm vorgelebten Muster zu eigen zu machen? Hat es genügend Freiraum, verschiedene Möglichkeiten kennenzulernen und auch für sich zu erproben? Stimmt es mit den an es herangetragenen Verhaltensmustern, Einstellungen, Haltungen zur Weiblichkeit überein? Schreibt das Kind sich selbst auch der Geschlechtergruppe *Frauen* zu, entspricht aber nicht den stereotypisierten und vorherrschenden Vorstellungen von Weiblichkeit und ist somit kein *richtiges* Mädchen? Im luxemburgischen Sprachgebrauch gibt es hierfür sogar einen eigenen Begriff: das a-typische, wilde Mädchen wird zu einem *verfehlten bouw,* zu einem *verfehlten Buben.* Oder fühlt Claude sich einem anderen Geschlecht zugehörig? Z.B. dem sogenannten männlichen Geschlecht? Oder schreibt es sich selbst nicht eindeutig einem Geschlecht zu oder möglicherweise gar keinem? Variieren die Eigenzuschreibungen je nach Alter und Situation?

Es lässt sich festhalten, dass auch auf der psychischen Dimension von Geschlecht, dem gefühlten Geschlecht, oftmals bezeichnet als Geschlechtsidentität, die Eindeutigkeit der binären Ordnung *weiblich – männlich* im Verlauf der letzten 50 Jahre zunehmend ins Wanken geraten ist: wie Menschen sich als Frauen, Männer, trans- und intergeschlechtliche Personen fühlen, kann innerhalb der jeweiligen Geschlechtergruppe sehr stark variieren. Es können möglicherweise zwischen den Zugehörigen einzelner Geschlechtergruppen, z.B. zwischen einem sogenannten Mann und einer sogenannten Frau, größere Ähnlichkeiten bestehen als z.B. zwischen den Angehörigen der gleichen Geschlechtergruppe. Immer noch werden solche Ähnlichkeiten über Geschlechtergrenzen hinweg eher tabuisiert und fallen somit vorherrschenden Homogenisierungstendenzen zum Opfer, wenn z.B. die Rede ist von: *Wir* Frauen. *Wir* Männer. *Wir* transgeschlechtliche Personen. *Wir* intergeschlechtliche Personen. Wer nicht dem *Wir* entspricht, gehört nicht dazu.

Dies lässt den *dritten Schluss* zu, dass auch hinsichtlich der psychischen Dimension von Geschlecht, der sogenannten Geschlechtsidentität, nicht mehr von der eindeutigen Zuordnung entlang der Grenze *weiblich, männlich, trans-* und *intergeschlechtlich* ausgegangen werden kann.

Und dies gilt auch für die vierte, die sexuelle Dimension von Geschlecht. Wird mit dieser Dimension Sexualität, das sexuelle Begehren und die sexuelle Orientierung gefasst, dann kann auch hier gesagt werden, dass die altbekannte Matrix der Heterosexualität, die das sexuelle Begehren zwischen Männern und Frauen verortet, von den gelebten Pluralitäten eingeholt bzw. überschrieben worden ist und zunehmend ihre Gültigkeit verloren hat. Neben heterosexuellen Orientierungen und Begehrensstrukturen sind monosexuelle, asexuelle, bisexuelle, homosexuelle, pansexuelle Begehrensstrukturen manifest, werden jedoch von einer immer noch wirkmächtigen normativen Engführung auf Heterosexualität häufig ausgeschlossen. Auch die immer noch auf sexuelles Begehren und sexuelle Orientierung aufbauenden Formen sozialer Lebensgemeinschaften wie Ehe und Familie basieren nicht mehr ausschließlich auf heteronormativen Vorstellungen von einer lebenslangen monogamen Ehe zwischen *einer* Frau und *einem* Mann. Homosoziale Lebensformen, die auf Begehrensstrukturen zwischen Angehörigen einer Geschlechtergruppe beruhen, werden in zunehmend mehr Gesellschaften akzeptiert und der heteronormativen Ehe zwischen Frau und Mann auch juristisch gleichgestellt. In Luxemburg wurde ein entsprechendes Gesetz am 18. Juni 2014 von der Abgeordnetenkammer mit nur 4 Gegenstimmen von 56 Abgeordneten mehrheitlich verabschiedet.[7] Ohne an dieser Stelle auf die Debatte in Frankreich Ende 2012/Anfang 2013[8] und in Polen[9] einzugehen, in der ja von heterosexuellen Menschen das Recht auf eine Gleichstellung homosozialer Lebensgemeinschaften vehement in Frage gestellt oder auch verweigert wurde, interessiert hier vor allem der Aspekt, wie z.B. Lebensgemeinschaften zwischen *allen* Geschlechtern, also zwischen sogenannten intergeschlechtlichen, transgeschlechtlichen, weiblichen, männlichen oder Menschen, die sich keiner Geschlechtergruppe zugehörig fühlen, sowohl innerhalb der sogenannten Geschlechtergruppen als auch über die Zugehörigkeit zu einem bestimmten Geschlecht hinweg gesellschaftliche Akzeptanz erhalten können. Die Vielfalt der gelebten Begehrensstrukturen und sozialen Beziehungsformen lässt den *vierten Schluss* zu, dass das sexuelle Begehren und auch die sexuellen Orientierungen nicht mehr mit einer binären heterosexuellen Matrix abgebildet werden können.

---

7 | www.legilux.public.lu/leg/a/archives/2014/0125/a125.pdf#page=2
8 | Das Gesetz wurde am 23. April 2013 von der französischen Nationalversammlung verabschiedet, vgl. www.lemonde.fr/societe/article/2013/04/23/le-mariage-pour-tous-adopte-definitivement-a-l-assemblee_3164875_3224.html. Am 17. Mai 2013 wurde es in einer Entscheidung des Verfassungsrats, der sich mit zahlreichen Einsprüchen aus dem konservativen Lager zu befassen hatte, bestätig, www.spiegel.de/politik/ausland/frankreich-verfassungsrat-genehmigt-homo-ehe-a-900638.html. Zu den heftigen Protesten gegen die sogenannte »Mariage Pour Tous« siehe: www.spiegel.de/politik/ausland/frankreich-randale-nach-grossdemo-gegen-homo-ehe-a-902001.htm. Fassin, Éric ([2]2015): »Die Kunst, nicht so sehr kategorisiert zu werden. Eine Kritik des Wissens und der Macht des Geschlechts«. In: Schneider, Erik/ Baltes-Löhr, Christel (Hg.): Normierte Kinder. Effekte der Geschlechternormativität auf Kindheit und Adoleszenz. Bielefeld: transcript, S. 87-104.
9 | Homosoziale Partnerschaften bewegen sich nach Kitliński und Leszkowicz in Polen in einem Spannungsfeld zwischen Toleranz und Homophobie, vgl. Kitliński, Tomasz/ Leszkowicz, Pawel (2013): Bipolar. Homophobie und Toleranz in Polen. In: Osteuropa, H. 10, S. 195-239.

Pluridimensionale Definition von Geschlecht als Kontinuum

Die vorausgehenden Beschreibungen mögen verdeutlicht haben, dass Geschlecht mit den folgenden vier Dimensionen gefasst werden kann: der körperlichen, der psychischen, der sozialen und der sexuellen Dimension. Dies lässt sich folgendermaßen abbilden:

Dimensionen	Andere Bezeichnungen hierfür	Englische Begrifflichkeiten
Körperlich/Materie	Physisches Geschlecht; Sex	Sex
Psychisch/Gefühl, Emotion	Gefühltes Geschlecht; Geschlechtsidentität	Gender identity
Sozial/Verhalten	Soziales Geschlecht; Gender	Gender
Sexuell/Begehren	Sexualität; sexuelles Begehren	Sexuality; desire

Tabelle 1: Geschlechterdimensionen und Begrifflichkeiten

Alle vier Dimensionen gelten in ihren jeweiligen Ausprägungen als sozial konstruiert, was jedoch keineswegs heißt, sie seien beliebig. Die Konstruktionsprozesse und alle darin involvierten Akteur_innen sind als in kulturelle Tradierungen, in kulturelle Kontexte eingebunden zu betrachten, womit einem intersektionalen Ansatz Rechnung getragen wird.

Diese vier Dimensionen sind als auf einem Kontinuum angeordnet zu denken, sind als in sich variabel zu betrachten und können sich zueinander verschieben. Das meint, dass je nach Zeit, kulturellem Kontext, lebensbiographischer Phase und konkreter Situation in Raum und Zeit die eine oder andere Dimension gegenüber den anderen bedeutsamer und wirkmächtiger werden kann. So kann für einen Menschen beispielsweise in einer bestimmten Lebenssituation, in einem bestimmten Alter, in einem bestimmten kulturellen Kontext die physische Dimension von Geschlecht in den Vordergrund treten. In einer anderen mag das gefühlte Geschlecht wichtiger als die körperliche, soziale und sexuelle Dimension von Geschlecht sein. Wieder ein anderes Mal steht das geschlechterrelevante Verhalten im Vordergrund. Ein anderes Mal das sexuelle Begehren, wobei davon auszugehen ist, dass immer und überall alle Dimensionen wirkmächtig bleiben. Jedoch kann die *Kommunikation* zwischen den Dimensionen, in welchem Verhältnis etwa die körperliche zu der gefühlten Dimension von Geschlecht steht, stark variieren. Ist beispielsweise die gefühlte Dimension von Geschlecht für einen Menschen in einer bestimmten Situation dominant, fühlt der Mensch sich als weibliche Person, dann können körperliche Begebenheiten, wie z.b. nicht dem Stereotyp *weiblich* entsprechende Gesichtsbehaarung, in den Hintergrund treten. Konkret gesprochen können Menschen, die sich weiblich fühlen, durchaus einen Bart tragen, keine Vagina oder Eierstöcke haben. Auch können sich situativ oder auch mehr oder weniger dauerhaft weiblich fühlende Menschen, die alle körperlichen Merkmale der sogenannten Weiblichkeit aufweisen, diesen körperlichen Merkmalen in bestimmten Situationen keine oder nur geringe Bedeutungen beimessen, durchaus stereotyp männliches Verhalten, wie z.b. mangelndes Einfühlungsvermögen, rationale Durchsetzungsstrategien, Härte und Lieblosigkeit in Bezug auf Kinder und Pflegebedürftige zeigen.

Die Komplexität der Thematik wird anhand der Vorstellung überdeutlich, dass das Verhältnis aller Dimensionen zueinander je nach Lebenssituation ebenso variieren kann, wie nach biographischem Alter, menschheitsgeschichtlicher Epoche und kulturellem sowie räumlichem Kontext. Geschlecht gilt als *variabel* in Zeit und Raum. Eine solche Variabilität erfasst die *Pluralität der Geschlechter*, die nicht mehr von den binären Eckpunkten *weiblich* und *männlich* markiert wird. Zwischen, neben und über diese beiden Geschlechter hinaus sind andere Geschlechter angesiedelt, was mit dem Begriff der *Polypolarität* gefasst werden kann. *Weiblichkeit* und *Männlichkeit* gelten nicht länger als normierende Ordnungspole im Verhältnis der Geschlechter zueinander. *Polypolarität* von Geschlecht greift *Inter-* und *Transgeschlechtlichkeit* als gleichwertige Geschlechter auf und nicht mehr als Mischung, als Konglomerat, als Hybridisierung und auch nicht mehr als ›third spaces‹ oder ›in-between-identities‹ zwischen den beiden sozusagen *Haupt- bzw. Dominanz-Geschlechtern weiblich* und *männlich*. Kommen neben dem weiblichen und dem männlichen Geschlecht weitere Geschlechter hinzu, kann von einer *Vervielfältigung der kategorialen Geschlechterordnung* gesprochen werden. Auch innerhalb der Kategorien wird es vielfältiger. Zusammen mit der Vervielfältigung dessen, was intrakategorial unter Weiblichkeit, Männlichkeit, Inter-, Transgeschlechtlichkeit verstanden werden kann, werden Grenzen zwischen den Geschlechtern poröser und damit durchlässiger. Zunehmende Durchlässigkeit und weniger scharf gezogene kategoriale Grenzen ermöglichen wiederum ein Mehr an Variabilität im inner- bzw. intrakategorialen Raum. So kann insgesamt gelebte Vielfalt adäquater abgebildet werden.

Es lässt sich festhalten: Weiblichkeit, Männlichkeit, Trans- und Intergeschlechtlichkeit können als zueinander, aber auch als *in sich* variant gefasst werden. Binarität und Bipolarität treten zugunsten von Pluralität und Polypolarität in den Hintergrund. Das binäre Geschlechtermuster wird durch ein komplexes, fluides, schillerndes, vielfältiges Muster abgelöst. Es stellt sich damit auch die Frage, inwieweit die Kategorie *Geschlecht* sich in einem Auflösungsprozess befindet und die Auseinandersetzung darüber, welchem Geschlecht man angehört oder angehören möchte und wodurch dieses Geschlecht oder die Geschlechter gekennzeichnet sind, nebensächlicher und irgendwann obsolet wird. Beispielweise reichen die Reaktionen von Studierenden auf die Frage, ob und inwieweit sie sich eine Gesellschaft ohne die Kategorie *Geschlecht* vorstellen können, von Überraschung über Entsetzen bis hin zu Erleichterung. Dennoch ist im momentanen gesellschaftlichen Setting die heteronormative Geschlechterkategorie immer noch wirkmächtig. Es kommt immer wieder zu Diskriminierungen aufgrund der Zugehörigkeit zu einem der Geschlechter. Frauen, die sich nicht entsprechend der geschlechteradäquaten Zuschreibungen verhalten, sehen sich ebenso Diskriminierungen ausgesetzt wie unmännliche Männer. Trans- und intergeschlechtliche Menschen ringen um das Recht und die Anerkennung, sich ihr Geschlecht selbst zuschreiben zu können und nicht mehr als pathologische Abweichungen von heteronormativ orientierten Setzungen betrachtet zu werden. Im folgenden Abschnitt geht es nun um die Frage, mit welcher theoretischen Denkfigur diese Vielfalt, die Komplexität, das Fluide, das Schillernde gefasst werden kann?

Von der Figur des Dritten zur Figur des Kontinuums

Bislang wurde versucht, gelebte Vielfalt mit der Figur des Dritten zu erfassen. So betont beispielsweise Claudia Berger, dass diese Figur des Dritten »weder auf eine Metapher gegengeschlechtlichen Begehrens noch auf die Figurierung einer bestimmten geschlechtlichen Identität verkürzt werden kann«.[10]

Koschorke meint zur Figur des Dritten: »Wenn von der Figur des Dritten gesprochen wird, dann ist ... ›Figur‹ nicht vorrangig in einem personalen Sinne zu verstehen. Zwar mögen sich die Figuren des Dritten in literarischen Helden inkorporieren, aber noch grundsätzlicher geht es dabei um ein liminales ›Spiel auf der Schwelle‹, eine Dynamik der Indirektheit innerhalb kognitiver, affektiver und sozialer Strukturen. Es kennzeichnet solche Strukturen, dass sie nicht allein in sich unruhig sind, sondern auch auf Seiten des Beobachters wandernde Blickpunkte erzwingen und insofern auf unumgängliche Weise mehrdeutig bleiben«.[11] Diese Mehrdeutigkeit fasst Koschorke als Effekt der Polyvalenz und Polyglossie und sagt weiter: »Wenn von ›Figur‹ die Rede ist, handelt es sich also immer auch im *Figuration*. Die Debatten um Konzepte wie ›third space‹ (Homi Bhabha), um hybride Kulturen, schließlich um die in den *Gender Studies* entworfenen Utopie des dritten Geschlechts deuten auf die Virulenz dieser Figuration, die immer auch ein *defigurierendes*, feste Bedeutungsbehauptungen auflösendes Element in sich trägt«.[12]

---

10 | Berger, Claudia (2010): »Gender Studies«. In: Eßlinger, Eva/ Schlechtriemen, Tobias/ Schweitzer, Doris/ Zons, Alexander (Hg.): Die Figur des Dritten. Ein kulturwissenschaftliches Paradigma. Berlin: Suhrkamp, S. 35-48, hier S. 40.
11 | Koschorke, Albrecht (2010): »Ein neues Paradigma der Kulturwissenschaften«. In: Eßlinger, Die Figur des Dritten, S. 18.
12 | Ebd., S. 19.

In Abgrenzung zu dieser Argumentation sind sogenannte dritte und weitere Geschlechter nicht als Utopie zu bezeichnen, sondern sie bilden gelebte Realitäten ab und konstruieren damit auch wieder eben diese Realitäten mit. Sogenannte dritte oder weitere Geschlechter sind *nicht* als eine simplifizierte Hybridisierung aus dem weiblichen und männlichen Geschlecht zu betrachten, sondern, wie schon weiter oben angedeutet, als dem sogenannten ersten und zweiten Geschlecht gleichwertige Geschlechter zu betrachten, auch wenn sie numerisch betrachtet seltener vorkommen mögen.

So betont nach Rath auch Homi Bhabha, dass der nahe zum Begriff der Figur des Dritten zu verortende Begriff der Hybridität, »nicht einfach einen Vermischungszustand (bezeichnet), sondern [...] in einem Raum der kulturellen Aussage« zu situieren ist. Bhabha selbst äußert hierzu: »Für mich besteht die Bedeutung der Hybridität allerdings nicht darin, zwei ursprüngliche Momente auszumachen, aus denen ein dritter hervorgeht; Hybridität ist für mich vielmehr der ›dritte Raum‹, der die Entstehung anderer Positionen erst ermöglicht«.[13]

In diesem dritten Raum, *third space,* finden nach Bhabha Übersetzungen von Kultur statt, die jedoch nicht als Kopie eines vermeintlichen Originals betrachtet werden können, sondern als Quell' ständiger Veränderungen. Oftmals ist die Figur des Dritten auch verbunden mit der Vorstellung von In-between-Identitäten. Hier scheint nun die Begrenztheit der Figur des Dritten auf. Zwar wird von Bhabha immer wieder betont, dass es nicht um eine Kopie eines vermeintlichen Originals, also in Bezug auf die Geschlechterdebatte nicht um die Kopie von Männlichkeit oder die Kopie von Weiblichkeit geht, wenn zum Beispiel Transgeschlechtlichkeit als weiteres, als drittes Geschlecht beschrieben werden würde. Dennoch wird mit der Annahme der Hybridisierung immer auch das sogenannte erste und zweite Geschlecht als wirkmächtige Bezugsgröße aufgegriffen. Wird davon ausgegangen, dass aus einem ersten und zweiten Geschlecht ein drittes oder viertes Geschlecht konsturiert wird, dann geht hiermit eine Hierarchisierung ebenso wie eine Begrenzung einher, die durch die Vorstellung des In-between, des vermeintlich Dazwischen-Liegenden noch unterstrichen wird. Das Dritte ist vom Ersten und Zweiten abgegrenzt; es ist nach Bhabha der Raum, in dem das Erste und Zweite sich zu etwas Neuen, etwas Drittem oder auch Vierten verändern kann. In Bezug auf die Geschlechterordnung blieben so jedoch die binär angeordneten Geschlechter *weiblich* und *männlich* die Ordnungs- und Rahmen stiftenden Eckpunkte, zwischen denen andere Geschlechter situiert wären. Um dieser Eingrenzung und Einengung zu entkommen, eignet sich die *Figur des Kontinuums* zur Erfassung der Pluralität gelebter Realitäten. Mit Bezug auf die vier Dimensionen körperlich, psychisch, sozial und sexuell, oder anders gesagt: Materie, Gefühl/Emotion, Verhalten und Begehren, lassen sich *kategoriale Verschiebungen* und *Variabilitäten* erfassen. Weiblich und Männlich gelten nicht länger als binäre Eckpunkte für die

---

13 | Homo Bhabha zit. nach Rath, Gudrun (2010): »›Hybridität‹ und ›Dritter Raum‹. Displacements postkolonialer Modelle«. In: Eßlinger, Die Figur des Dritten, S. 141.

Ordnung der Geschlechter, was mit dem Begriff der *Polypolarität* umrissen ist. *Pluralität* fasst die vielfältigen Formen von Geschlechtern je nach Zeit, Raum, kulturellen Kontexten und lebensbiographischen Abschnitten.

Dies erinnert an die Vorstellung, dass die Kategorie Geschlecht dann obsolet werden kann, wenn von einem Kontinuum aus gedacht, kategoriale Grenzen zwischen Geschlechtern in all ihren Dimensionen, also der physischen, psychischen, sozialen und sexuellen Dimension, zunehmend poröser und damit durchlässiger werden. So können kategoriale Zuordnungen als undeindeutiger und varianter gedacht werden. Wenn alle Geschlechter, wenn Weiblichkeit, Männlichkeit, Trans- und Intergeschlechtlichkeit *nicht mehr eindeutig* einzelnen Kategorien zuzuordnen sind, wenn das Dazugehören zu einer Kategorie nicht mehr von Aspekten der physischen Dimension, wie z.b. dem Aussehen abhängt, und auch nicht mehr von der psychischen Dimension, dem sich als einem Geschlecht Zugehörig-Fühlen, oder dem sozialen, sogenannten geschlechteradäquaten Verhalten als Frau, als Mann, als intergeschlechtliche oder transgeschlechtliche Person gesprochen werden kann, wenn also sowohl Frauen wie auch Männer, trans- oder intergeschlechtliche Personen sowohl einfühlsam als kühl, mächtig und schwach, autonom und abhängig sein können, wenn auch das sexuelle Begehren als variant und nicht mehr als heteronormativ enggeführt betrachtet wird, dann liegt die Frage nahe, wozu die Geschlechterkategorie überhaupt noch benötigt wird.

Ähnliches gilt aus einer postmodernen, transkulturellen Perspektive für den Begriff der Kultur und kann auch auf den Begriff Migration/Migrantin/Migrant übertragen werden.

Pluridimensionale Definition von Migration als Kontinuum

Migration wurde lange Zeit im antagonistischen Gegensatz zu Sesshaftigkeit gefasst. Dies lässt sich folgendermaßen verdeutlichen:

Sesshaftigkeit	Migration
Pull	Push
Hier	Dort
Ankunftsland	Auswanderungsland
Entspannt	Angespannt
Eigen	Fremd
Dazugehörigkeit	Ausgeschlossen Sein
Integration	Segregation
Nicht-Migrant_in	Migrant_in
Einwanderung	Auswanderung

Abbildung 1: Dualistische Anordnung von Migration versus Sesshaftigkeit

Häufig wurde und wird Migration gefasst als Auswanderung von einem bestimmten Ort A und der dazugehörenden Einwanderung an einem Ort B. Zwischen A und B können Kontinente, Nationalstaaten, Regionen, Städte und Stadtteile liegen. Allerdings gestalten sich Migrationen vielfältiger als mit dem dualistischen, binären Setting der Aus- und Einwanderung beschrieben.[14] Re-Migrationen stellen einen ersten deutlichen Hinweis darauf dar, dass nach Aus- und Einwanderung Re-migrationen, also Rückkehr in das Herkunftsland, zunehmend zu beobachten sind. Ausgehend hiervon sind Ein-, Zwei-, Drei-Weg-Migrationen und andere Formen von Mehrfachmigrationen, wie beispielsweise die zirkuläre Migration zu beschreiben. Solche plurilokalen Sternmigrationen und plurilokale Migrationen mit und ohne Zentrum der mehrfachen Rückkehr oder auch mit mehreren Zentren können als *polypolare* Migrationen gefasst werden. Migrationsverläufe können so aus einer dualistischen »Hier-Dort-Perspektive«, die im Übrigen oft mit einem dichotomen Verständnis von der Dominanz des Ankunftslandes gegenüber dem Herkunftsland verbunden ist, herausgelöst und in eine *plurale* Perspektive eingebunden werden. Gleiches gilt für Migrationsgründe und die Prozesse der Migrationsentscheidung. Migrationsgründe bewegen sich in einem weiten Spektrum von Abenteuerlust, Verbesserung der ökonomischen Lebenssituation, Studien und Ausbildung in einem anderen Land, Liebe und Partnerschaft bis hin zu Flucht vor Krieg, Verfolgung und vor als bedrohlich erlebten Naturereignissen.[15]

Postmoderne Fassungen von Migration überwinden somit den Dualismus zwischen »Einwanderung – Auswanderung« und »Integration – Segregation«, indem beispielsweise Vorstellungen von Transmigration und Nomadentum immer mehr Raum greifen. Die Bedeutung von Begegnungen wird damit unterstrichen und die Unterscheidung zwischen »Hier« und »Dort« entdramatisiert. In den Vordergrund rücken Fragen wie die Qualität der Begegnungen von sogenannten Wandernden mit sogenannten Sesshaften. Bedeutsam werden Überlegungen, was die sich so Begegnenden mitbringen und wie sie an einem jeweiligen Ort, zu einem jeweiligen Zeitpunkt in Interaktionen mit anderen Menschen Identitäten und soziale Realitäten konstruieren.

Vor dem Hintergrund dieser Diskussion möchte ich Migration fassen als *pluridimensionale Ausprägung von Bewegung, Kontakt und Begegnung*, die als Wiederholung und Veränderung in Raum und Zeit zu Verschiebungen der Referenzpunkte führen kann und Auswirkungen auf das Fühlen, Denken und Handeln der Migrierenden und auch der Nicht-Migrierenden sowie auf die jeweiligen Repräsentationssysteme gesellschaftlicher Ordnungen auf politischer, ökonomischer, sozialer und individueller Ebene haben kann.

---

14 | Baltes-Löhr, Christel (2006): Migration und Identität. Portugiesische Frauen in Luxemburg. Frankfurt a.M./London: IKO - Verlag für Interkulturelle Kommunikation.
15 | Ebd., S. 134-159.

Übersetzungen, Übergänge, Grenzüberschreitungen, all diese Praktiken treffen sich in den Vorstellungen von Nina Glick Schiller, Linda Basch und Cristina Blanc-Szanton. Sie gehen in ihrem Konzept des

»Transmigranten, dessen großes Plus sie darin sehen, dass er nicht nur in einer, sondern in zwei Kulturen dauerhaft verankert ist – von einem Übergangsritual aus, das mit der Migration verbunden ist. Sie grenzen diesen Typus des Migranten aber explizit von einem Szenario des leidenden Heimatlosen ab: ›Heute ... neigen Migranten immer mehr dazu, Netzwerke, Aktivitäten und Lebensmuster zu schaffen, die sowohl die Gast- als auch ihre Heimatgesellschaften umfassen‹ (Glick Schiller/Basch/Blamc-Szanton 1997: 81).«[16]

Hier ist zweierlei hinzuzufügen: Transmigrant_innen können durchaus auch zu mehr als zu zwei Kulturen gehören. Auch bleibt es immer notwendig, hier darauf zu achten, dass die Kulturen, z.B. der Herkunfts- und Ankunftsländer, nicht als in sich homogene Einheiten betrachtet werden. In Herkunfts- sowie in Ankunftsländern ist von heterogenen, mehrdimensionalen kulturellen Settings auszugehen, die sich z.b. nach ökonomischen Status, Alter, körperlicher Verfasstheit, Geschlecht, politischen und religiösen Überzeugungen und Bildungsstatus bündeln lassen. So können auf einer vertikalen Achse gedacht, beispielsweise in einem Nationalstaat, kulturelle Settings je nach Bildungsstatus stark variieren und sich andererseits auf einer horizontalen Achse z.B. zwischen der Bildungselite eines Nationalstaates und derjenigen eines anderen Nationalstaates mehr Ähnlichkeiten als Differenzen zeigen.

Immer mehr Menschen verweilen nicht bis zum Lebensende an dem Ort ihrer Geburt. Die Mobilität nimmt zu. Es ist zu fragen, ob es überhaupt noch Menschen gibt, die nicht irgendwann in ihrem Leben gewandert sind, das heißt, ihren Wohnsitz gewechselt haben, was ja in vielen Migrationsdefinitionen als ein entscheidendes Kriterium zu Festlegung dessen gilt, was unter Migration überhaupt zu verstehen ist. Wozu wird dann also die Kategorie »Migrant_in« benötigt, wenn zunehmend mehr Menschen als Migrant_innen gelten. Und: wann hört ein Migrant auf, ein Migrant zu sein? Wird er bei Grenzüberschreitung vom E-migrant zum Im-migrant, dann stellt sich die Frage, wann ein Mensch, der z.B. in einer Ankunftsgesellschaft verbleibt, nicht mehr als Migrant bezeichnet wird. Im Moment ist jedoch durch die Perpetuierung des Begriffes *Migration* der ersten, zweiten, dritten und weiteren Generationen scheinbar genau das Gegenteil von der möglichen Auflösung der Zuschreibung der Kategorie »Migrant« beobachtbar. Noch in der vierten Generation werden Menschen auf ihren sogenannten Migrationshintergrund zurückverwiesen. Auch stellt sich die Frage, warum z.B. in Königshäusern die eingeheirateten Frauen und Männer in keinem Fall als Migrant_innen bezeichnet werden. Ich kenne keine Abhandlung mit dem Titel »Liselotte von

---

16 | Kimmich, Dorothee/ Schahadat, Schamma (Hg.) (2012): Kulturen in Bewegung: Beiträge zur Theorie und Praxis der Transkulturalität. Bielefeld: transcript, S. 14.

der Pfalz, Migrantin am Hof Ludwigs XIV. von Frankreich«, obwohl sie in ihren über 5.000 überlieferten Briefen durchaus auch von Fremdheitserfahrungen berichtet.[17] Auch die amtierende luxemburgische Großherzogin Marie-Thérèse, die aus Kuba stammt, wird gemeinhin nicht als Migrantin bezeichnet.

Vor dem Hintergrund immer komplexer werdender Migrationsverläufe möchte ich mit Menzel und Engel von einer transnationalen Existenzform sprechen.[18] Es lassen sich mit Glick Schiller unterschiedliche Mobilitätsmuster feststellen,[19] wovon an dieser Stelle zwei besonders hervorgehoben sein mögen: Glick Schiller spricht von zirkulierenden Netzwerken von Migranten, die sich ständig zwischen Ankunfts- und Herkunftsland bewegen, wobei ich hinzufügen möchte, dass hier mehr als nur zwei Länder im Spiel sein können und sich diese zirkulierenden Netzwerke auch z.b. von der Insel Rhodos in Griechenland über Australien, Kanada und Deutschland erstrecken können. Bedeutsam sind auch diejenigen Menschen, die als Transmigrant_innen in Grenzregionen leben und dort nach Glick Schiller u.a. multiple, vielfältige Beziehungen zwischen Transmirgant_innen und sogenannten Ansässigen, wo immer diese herkommen mögen, entfalten können.

Bezieht sich der Begriff bei Glick Schiller u.a. auf Menschen, die sich in transnationalen Räumen bewegen, möchte ich an dieser Stelle vorschlagen, diesen Begriff auch zu nutzen, wenn es sich um Grenzüberschreitungen innerhalb von nationalstaatlich verfassten Räumen geht.

ZUSAMMENFASSUNG UND AUSBLICK

Konnte eine *Vervielfältigung der kategorialen Geschlechterordnung* illustriert werden und kann Geschlecht in seinen *vier Dimensionen* (körperlich, psychisch, sozial und sexuell) als *variabel, plural und polypolar* gefasst werden, dann geht damit die Verabschiedung von einer heteronormativ, binär und dichotom verstandenen Kategorie »Geschlecht« einher.

Auch die Definition von Migration, Migrantin und Migrant konnte aus ihrer binären Verfasstheit gelöst werden, indem Gegenüberstellungen von *Hier und Dort, Migrant und Nicht-Migrant, Einheimischer und Fremder* sowie *Einwanderung und Auswanderung* mit der Figur des Kontinuums eine perspektivische Erweiterung erfahren haben. Beschreiben Begriffe wie *Migration, Migrantin* und *Migrant* sehr unterschiedliche Phänomene, dann können sie somit auch als Ausdruck für Variabilitäten verstanden werden. Diese Begriffe beschreiben Vielfalt und Plura-

---

17 | Kiesel, Helmuth (Hg.) (1995): Briefe der Liselotte von der Pfalz. Frankfurt a.M.: Insel.
18 | Schönhuth, Michael/ Kaiser, Markus (2015): »Zuhause? Fremd? Eine Bestandsaufnahme«. In: Kaiser, Markus/ Schönhuth, Michael (Hg.): Zuhause? Fremd? Migrations- und Beheimatungsstrategien zwischen Deutschland und Eurasien. Bielefeld: transcript, S. 9-24, hier S. 19.
19 | Ebd.

lität und entsprechen damit nicht zuletzt den Vorstellungen von Polypolarität, wenn deutlich gemacht werden kann, dass beispielsweise Transmigrant_innen als zu mehr als einem kulturellen Setting zugehörig betrachtet werden können. Lassen sich kategoriale Grenzverschiebungen in Bezug auf Geschlecht so fassen, dass Weiblichkeit, Männlichkeit, Transgeschlechtlichkeit, Intergeschlechtlichkeit nicht mehr als klar und eindeutig voneinander zu unterscheiden gelten, dann bedeutet eine solche Grenzverschiebung hinsichtlich des Begriffes *Migration*, dass sowohl Migration und Sesshaftigkeit als auch Migrierende und Nicht-Migrierende *nicht mehr eindeutig* voneinander zu unterscheiden sind. Auf der physischen Dimension des Kontinuums lassen sich basierend auf der zurückgelegten Entfernung interkontinentale, internationale, innerstaatliche, regionale sowie städtische Migrationsformen unterscheiden. Auf der psychischen Dimensionen sind die bislang binären Gegensatzpaare »sesshaft – wandernd«, »einheimisch – ausländisch«, »bekannt – fremd«, »wir – ihr«, »zugehörig – ausgegrenzt« ins Wanken geraten. Dies lässt sich illustrieren mit Aussagen von in Luxemburg lebenden Portugiesinnen. So meinte eine Interviewpartnerin, die 1973 im Alter von 28 Jahren nach Luxemburg gekommen ist: »Die Unterschiede zwischen uns, den Portugiesen, sind viel größer als die Unterschiede zwischen Portugiesen und den Luxemburgern hier im Land.«[20] Auf der sozialen Dimension des Kontinuums von Migration sind die Polarisierungen zwischen »Integration – Marginalisierung«, »Miteinander – Nebeneinander«, »Innen – Außen« so nicht mehr aufrecht zu halten. Wie sagte eine in Luxemburg lebende Portugiesin in einem Interview: »Es ist immer so: Ich habe einen Fuß hier und einen Fuß da unten.«[21] Auch Gesellschaften oder Nationalstaaten lassen sich nicht mehr nach dem Pull-Push-Modell oder der Trennung zwischen »Hier – Dort«, »Zentrum – Peripherie« oder »Einwanderungs- und Auswanderungsland« sortieren. Das Begehren zu wandern, sogenannte Migrationsgründe, sind ebenfalls als plural zu verstehen. Von 28 in Luxemburg lebenden Portugiesinnen wurden elf unterschiedliche Migrationsgründe genannt, die von Abenteuerlust bis hin zu Liebe variierten, und keineswegs auf ökonomische Gründe zu reduzieren sind.[22]

So lassen sich intrakategoriale Variabilitäten bei sogenannten Migrierenden z.B. von Portugal nach Luxemburg festellen. *Den* Migrierenden gibt es ebenso wenig wie z.B. *die* Portugiesin oder *den* Luxemburger. Auf einer zeitlichen Achse lässt sich festhalten, dass sich Migrationssituationen beispielsweise für Kinder und junge Menschen anders als für Erwachsene oder alte Menschen darstellen. Neben den Variabilitäten entlang der biographischen Lebensspanne sind auch auf einer zeithistorischen Achse in unterschiedlichen Epochen unterschiedliche Vorstellungen über das, was als Migration gilt, virulent. Nicht zuletzt sei erwähnt,

---

20 | Baltes-Löhr, Christel (2006): Migration und Identität. Portugiesische Frauen in Luxemburg. Frankfurt a.M./London: IKO - Verlag für Interkulturelle Kommunikation, S. 289.
21 | Ebd., S. 281.
22 | Ebd., S. 134-159.

dass auch je nach kulturellen Kontexten bestimmte Bewegungsformen als Migration bezeichnet werden oder auch nicht.

Ebenso wie Weiblichkeit und Männlichkeit nicht länger als Eckpunkte von Geschlecht gelten können, sind Migration und Nicht-Migration/Sesshaftigkeit nicht als »Entweder-Oder« zu betrachten, sondern als mögliche Formen von Bewegungen, die sich im Laufe eines Lebens aneinander reihen können oder während einer bestimmten Zeitepoche oder auch in einem bestimmten kulturellen Kontext mehr oder weniger dominant aufscheinen können. Die Frage, wann Migrationsprozesse als abgeschlossen gelten, ist ebenso wenig eindeutig zu beantworten wie die Frage, wann z.b. der Konstruktionsprozess von Geschlecht, sowohl auf einer individuellen wie auch einer kulturell-gesellschaftlichen Ebene als abgeschlossen gelten kann. Hiermit einher geht auch die Frage der Bezeichnungspraxis: Ab wann gilt ein sogenannter Migrant nicht mehr als Migrant? Was bedeuten Begriffe wie 1., 2., 3., 4. etc. Migrationsgeneration? Und wie kann der Vielfalt der Zugehörigkeit Rechnung getragen werden, wenn z.b. ein Kind vier Großeltern hat, die polnischer, deutscher, spanischer und chinesischer Herkunft sind und das Kind in Luxemburg aufwächst? Ein weiterer Aspekt der Variabilität von Migration ist die von mir sogenannte Polyhome-Praxis,[23] die die eindeutige Zuordnung eines Menschen zu *einem* Wohnsitz und der damit verbundenen kulturellen Zugehörigkeit ebenso ad absurdum führt wie die Vorstellung, dass jeder Mensch in und mit seinem einen unabänderlichen Geschlecht und allen damit verbundenen Konnotationen geboren wird.

Das bislang Gesagte ließe sich schematisch folgendermaßen abbilden:

	Figur des Kontinuums	
Dimensionen	*Geschlecht*	*Migration*
Physisch/Körperlich	Physisches Geschlecht: Sex	Migrationsformen
Psychisch	Gefühltes Geschlecht; Geschlechtsidentität	Migrantische Identitäten
Sozial	Soziales Geschlecht; Gender	Zuschreibungen/ Verhalten von Migrierenden
Sexuell	Sexualität; sexuelles Begehren	Migrationsgründe/ -ziele

Tabelle 2.: Figur des Kontinuums am Beispiel von Geschlecht und Migration

---

23 | Ebd. S. 355.

Mit diesem Beitrag soll die Vielfalt von Geschlechtern ebenso wie mögliche Bewegungen zwischen den Geschlechtern aufgezeigt werden zusammen mit der Vielfalt von Gründen, zu einem Geschlecht dazugehören zu wollen oder auch nicht. Damit einher geht die Vielfalt von Gründen, einem Geschlecht zugeschrieben zu werden bzw. sich selbst einem Geschlecht zuzuschreiben oder sich dazugehörig zu fühlen. Es konnten plurale Migrationsformen bzw. Wanderungsbewegungen angesprochen werden, zusammen mit einer Vielfalt von Migrationsgründen und pluralen Zugehörigkeitsformen zu einer z.b. ethnischen Gruppe sowie unterschiedliche Eigenzuschreibungen als Migrant_in oder Zugehörige_r zu einer bestimmten, z.b. einer ethnischen Gruppe. Keine der 28 in Luxemburg interviewten Portugiesinnen bezeichnete sich selbst als Migrantin.[24] In einem bislang unveröffentlichten Teil eines Interviews, sagte eine seit 1992 in Luxemburg lebende alleinerziehende Mutter, die dort zum Zeitpunkt des Interviews als EU-Beamtin arbeitete:

»Das erste Mal als die Kinder, ich glaube, es war der Älteste, das gesagt haben, war es in einer sehr negativen Art und Weise, in dem Sinne, dass sie mir sagen wollten: Du denkst, Du wärst uns überlegen. Dann hat er gesagt: Aber Du bist eine Migrantin.«[25]

Mit der Figur des Kontinuums können Pluralitäten als Existenzweisen gefasst werden. Es ist jedoch nicht nur der Pluralität Tür und Tor geöffnet, es werden auch Binaritäten aufgelöst. Die Figur des Kontinuums erweist sich als ein Instrument, mit dem der Vielfalt der von uns allen ko-konstruierten und auch alltäglich erfahrenen Realitäten Raum gegeben werden kann – in Bezug auf Geschlecht und Migration. Die Figur des Kontinuums greift aber auch, wenn es um die Kategorien Raum, Kultur, Zeit, Generation/Alter und Gesundheit geht.

LITERATUR

Baltes-Löhr, Christel (2015): »Geschlechterpluralitäten als Existenzmuster«. In: Sieburg, Heinz (Hg.): ›Geschlecht‹ in Literatur und Geschichte. Bielefeld: transcript, S. 19-47.

Baltes-Löhr, Christel (^{2}2015): »Immer wieder Geschlecht - immer wieder anders. Versuch einer Begriffserklärung«. In: Schneider, Erik/ Baltes-Löhr, Christel (Hg.): Normierte Kinder. Effekte der Geschlechternormativität auf Kindheit und Adoleszenz. Bielefeld: transcript, S. 17-40.

Baltes-Löhr, Christel (2006): Migration und Identität. Portugiesische Frauen in Luxemburg. Frankfurt a.M./London: IKO - Verlag für Interkulturelle Kommunikation.

---

24 | Ebd., S. 168 u. 173.
25 | Ebd., unveröffentichte Interviewpassage.

Berger, Claudia (2010): »Gender Studies«. In: Eßlinger, Eva/ Schlechtriemen, Tobias/ Schweitzer, Doris/ Zons, Alexander (Hg.): Die Figur des Dritten. Ein kulturwissenschaftliches Paradigma. Berlin: Suhrkamp, S. 35-48.

Borutta, Manuel/ Verheyen, Nina (Hg.) (2010): Die Präsenz der Gefühle. Bielefeld: transcript.

Butler, Judith (1991): Das Unbehagen der Geschlechter. Frankfurt a.M.: Suhrkamp.

Crenshaw, Kimberle (1991): Mapping the Margins: Intersectionality, Identity Politics, and Violence against Women of Color. In: Stanford Law Review, Jg. 43, H. 6, S. 1241-1299.

Fassin, Éric (²2015): »Die Kunst, nicht so sehr kategorisiert zu werden. Eine Kritik des Wissens und der Macht des Geschlechts«. In: Schneider, Erik/ Baltes-Löhr, Christel (Hg.): Normierte Kinder. Effekte der Geschlechternormativität auf Kindheit und Adoleszenz. Bielefeld: transcript, S. 87-104.

Henke, Winfried/ Rothe, Hartmut (1998): »Biologische Grundlagen der Geschlechtsdifferenzierung«. In: Auffermann, Bärbel/ Weniger, Gerd-Christian (Hg.): Frauen – Zeiten – Spuren. Mettmann: Neanderthal-Museum, S. 43-64.

Kiesel, Helmuth (Hg.) (1995): Briefe der Liselotte von der Pfalz. Frankfurt a.M.: Insel.

Kimmich, Dorothee/ Schahadat, Schamma (Hg.) (2012): Kulturen in Bewegung: Beiträge zur Theorie und Praxis der Transkulturalität. Bielefeld: transcript.

Kitliński, Tomasz/ Leszkowicz, Pawel (2013): Bipolar. Homophobie und Toleranz in Polen. In: Osteuropa, H. 10, S. 195–239.

Koschorke, Albrecht (2010): »Ein neues Paradigma der Kulturwissenschaften«. In: Eßlinger, Eva/ Schlechtriemen, Tobias/ Schweitzer, Doris/ Zons, Alexander (Hg.): Die Figur des Dritten. Ein kulturwissenschaftliches Paradigma. Berlin: Suhrkamp, S. 9-31.

Knapp, Gudrun-Axeli (2005): »Intersectionality« – ein neues Paradigma feministischer Theorie? Zur transatlantischen Reise von »Race, Class, Gender«. In: Feministische Studien, H. 1, S. 68-81.

Rath, Gudrun (2010): »›Hybridität‹ und ›Dritter Raum‹. Displacements postkolonialer Modelle«. In: Eßlinger, Eva/Schlechtriemen, Tobias/ Schweitzer, Doris/ Zons, Alexander (Hg.): Die Figur des Dritten. Ein kulturwissenschaftliches Paradigma. Berlin: Suhrkamp, S. 137-149.

Schade, Sigrid/ Wagner, Monika/ Weigel, Sigrid (1994): »Zur Einführung«. In: Dies. (Hg.): Allegorien und Geschlechterdifferenz. Köln: Böhlau, S. 1-7.

Scheele, Sebastian (2007): »Schwul leben – heterosexuell lieben. Metrosexualität als homophobe Modernisierung hegemonialer Männlichkeit«. In: Bauer, Robin/ Hoenes, Josch/ Woltersdorff, Volker (Hg.): Unbeschreiblich männlich. Heteronormativitätskritische Perspektiven. Hamburg: Männerschwarm, S. 213–229.

Schönhuth, Michael/ Kaiser, Markus (2015): »Zuhause? Fremd? Eine Bestandsaufnahme«. In: Kaiser, Markus/ Schönhuth, Michael (Hg.): Zuhause? Fremd?

Migrations- und Beheimatungsstrategien zwischen Deutschland und Eurasien. Bielefeld: transcript, S. 9-24.
Streckeisen, Ursula (1991): Statusübergänge im weiblichen Lebenslauf. Frankfurt a.M./New York: Campus.

›Praxis der Kulturwissenschaft‹ am Beispiel der Deutschen Abteilung der Universität Athen

Angewandte Beispiele zur Kopplung der kulturwissenschaftlichen Landeskunde mit Kognitivierungsstrategien

Aglaia Blioumi

Dem Fach *Landeskunde* wird in den Auslandsgermanistiken ein großer Stellenwert beigemessen, da angehende Deutschlehrer als Kulturvermittler, die zwischen den deutschen und den heimatlichen Gepflogenheiten vermitteln, gelten. Wie bei kaum einem anderen Fach sind jedoch Lernziele, Inhalte und methodologische Ansätze von den jeweiligen situativen, institutionellen Rahmenbedingungen abhängig, bzw. hat sich bei einigen Auslandsgermanistiken der sog. *intercultural turn* vollzogen, andere dagegen verharren weiterhin auf der Vermittlung kulturkundlicher Inhalte.[1]

Der vorliegende Beitrag wird sich der Praxis landeskundlicher Lehre an der Auslandsgermanistik der Universität Athen widmen, wobei Landeskunde im Rahmen einer interdisziplinären Kulturwissenschaft aufgefasst wird, die u.a. mit Migrationsliteratur unterschiedlicher Gattungen (Lyrik und Prosa) vermittelt wird. Da das Augenmerk auf die Vermittlung von Landeskunde an der Universität gelegt wird, ist nicht die Erforschung der Rolle des Kontextes für das Verständnis der Literatur das Ziel. Literatur hat im Rahmen dieses Beitrags vielmehr eine unterstützende Rolle, denn an ihr soll das Verstehen von kulturellem Wissen erprobt werden.

Wissenschaftstheoretisch und methodisch bildet den orientierenden Kontext der kulturwissenschaftliche Ansatz von Claus Altmayer. Konkret soll der Frage nachgegangen werden, inwiefern sich das kulturwissenschaftliche Modell Altmayers für die Praxis der Kulturwissenschaft an der Universität eignet, da dort *zum einen*, über den Erwerb kulturkundlicher Kenntnisse hinaus, die Aneignung

---

1 | Der Begriff Auslandsgermanistik wird in diesem Beitrag wertneutral verstanden. Zur ausgrenzenden Funktion des Begriffs siehe: Dalmas, Martine (2006): »Entschuldigen Sie bitte, sind Sie Auslandsgermanistin?« Oder: Versuch einer Antwort auf eine falsch gestellte Frage. In: Deutsch als Fremdsprache, Jg. 43, H. 1, S. 3-7.

theoretischer Kenntnisse über den Umgang mit dem Phänomen der Identität und Alterität und *zum anderen* die Ausbildung der interpretierenden Argumentation auf der kognitiven Metaebene gefordert wird. Um dieser Fragestellung Genüge zu tun, werde ich kurz die theoretischen Eckpfeiler um das kulturwissenschaftliche Modell Altmayers umreißen, danach einige institutionelle Rahmenbedingungen der obigen Auslandsgermanistik sowie die Bedingungsanalyse der Studierenden vorstellen, um anschließend die Möglichkeiten der Anwendbarkeit des Modells zu demonstrieren bzw. zu hinterfragen.

1. KULTURELLE DEUTUNGSMUSTER ANHAND VON HYPERTEXTEN

Bei der kulturwissenschaftlich transformierten Landeskunde,[2] für die Altmayer plädiert, geht es nicht um Faktenwissen, die Ansammlung statistischer Daten oder gar einen interkulturellen Vergleich, sondern um die Vertrautheit mit kulturellen Deutungsmustern, die in Diskursen bestätigt oder in Frage gestellt werden.[3] Im Landeskundeunterricht solle es die Lernenden zum Verstehen und zur Partizipation an den Diskursen befähigen, »indem sie sie zur Auseinandersetzung mit den in den Diskursen gebrauchten, reflektierten oder diskutierten kulturellen Deutungsmuster anregt.«[4] Daher sei das erkenntnisleitende Interesse jener kulturwissenschaftlich transformierten Landeskunde die Initiierung und Unterstützung »fremdkultureller Verstehensprozesse«.[5] Besonders wichtig für das Fremdverstehen in der Auslandsgermanistik ist m.E. das Prinzip, dass Fremdverstehen vielmehr ein Prozess der kritischen Auseinandersetzung sei, es sich beim Fremdverstehen um eine kommunikative Handlung handelt, deren Geltungsansprüche ihrerseits der kritischen Revision unterzogen werden müssen, die infolgedessen keinen definitiven Abschluss finden kann.[6] Es versteht sich von selbst, dass das Prinzip der kritischen Revision des Wissens den Germanisten aufhorchen lässt, zumal universitäre Lernprozesse vor allem auf Kritikfähigkeit abzielen.

Daraus ergibt sich die Frage, wie man anhand von kulturellen Deutungsmustern kulturelle Lernprozesse beschreiben und operationalisieren kann.[7] Die Antwort hierbei lautet: durch Kulturanalysen. Dabei geht Altmayers Modell von

---

2 | Vgl. Altmayer, Claus (2002): »Kulturelle Deutungsmuster« als Lerngegenstand. Zur kulturwissenschaftlichen Transformation der »Landeskunde«. In: Zeitschrift für interkulturellen Fremdsprachenunterricht [online], Jg. 6, H. 3, S. 44-59, hier S. 56, http://tujournals.ulb.tu-darmstadt.de/index.php/zif/article/view/585/561, abgerufen am 10.08.2016.
3 | Vgl. ebd., S. 54.
4 | Ebd., S. 56.
5 | Altmayer, Claus (2004): Kultur als Hypertext. Zu Theorie und Praxis der Kulturwissenschaft im Fach Deutsch als Fremdsprache. München: iudicium, S. 345.
6 | Ebd., S. 71.
7 | Vgl. ebd., S. 51.

einem breiten Textbegriff aus, demzufolge Texte auf einer als selbstverständlich gültig angenommenen Grundlage eines gemeinsamen lebensweltlichen, d.h. kulturellen Hintergrundwissen, basieren, Gebrauch von einem situativen und thematischen Hintergrundwissen, von einem Wissen um Autoren und Institutionen, die in Texten ›sprechen‹ usw. machen.[8] Die Methode, anhand derer die kulturwissenschaftliche Textanalyse das Präsupponierte im Text als kulturelles Wissen identifiziert, ist diejenige der in Bezugnahme des betreffenden Textes mit anderen Texten. Der zu analysierende Text wird dementsprechend in der Art und Weise mit anderen Texten verknüpft, »dass der Charakter des im Ausgangstext präsupponierten Wissens als kulturelles Wissen sichtbar wird«.[9] In diesem Sinn wird auch auf das informationstechnische Konzept des ›Hypertext‹ zurückgegriffen. Als ›Hypertext‹ wird ein Netzwerk divers untereinander verknüpfter Texte verstanden, die spezifische Aspekte eines komplexen und in sich facettenreich differenzierten Teilbereichs des kulturellen Wissens verkörpern.[10]

Zusammenfassend ist die kulturwissenschaftliche Textanalyse ein zweistufiges Verfahren. Auf der ersten Stufe versucht sie, die im Ausgangstext präsupponierten kulturellen Deutungsmuster so weit zu rekonstruieren, dass das für fremdkulturelle Verstehensprozesse relevante Potential an kulturellen Deutungsmustern evident und damit ausdrücklich nachvollziehbar wird. Auf der zweiten Stufe sollen die latenten Deutungsmuster durch die Herstellung von Bezügen zu Hintergrundtexten als Bestände eines vielschichtigen kulturellen Wissens der betreffenden Sprachgemeinschaft sichtbar gemacht werden. Vorzugsweise solle es sich um Texte handeln, in denen das kulturelle Muster selbst zum Gegenstand der Deutung und allenfalls ebenso der umstrittenen Auseinandersetzung wird.[11] Fernes Ziel der kulturwissenschaftlichen Textanalyse sei, das kulturelle Lernen in Gang zu setzen, wobei unter ›kulturellem Lernen‹ Prozesse der Bewusstmachung, Reflexion, Überprüfung und unter Umständen auch der Korrektur, Weiterentwicklung und Umstrukturierung der in den Texten innewohnenden kulturellen Muster oder deren Substitution durch andere verstanden wird.[12]

Altmayers Modell scheint mir für das universitäre Umfeld geeignet zu sein, da es eine solide Wissenschaftsbasis des Fachs Landeskunde in Form einer im weiten Sinne kulturwissenschaftlichen Textwissenschaft bietet. Das Desiderat einer Landeskunde bzw. Kulturwissenschaft, deren theoretische Fragestellungen und methodische Ansätze sich aus den Anforderungen der Vermittlungspraxis als »idealerweise theoriegeleitet proaktiv statt ad hoc reaktiv«[13] herausstellen, wird

8 | Vgl. Altmayer, Kulturelle Deutungsmuster, S. 11.
9 | Ebd., S. 250.
10 | Ebd., S. 261.
11 | Ebd., S. 263.
12 | Ebd., S. 56.
13 | Kretzenbacher, Heinz (2004): »Inter-, multi-, trans-, global-...«? Wissenschaftsbasierte Landeskunde gegen Ende des nationalen Kulturkonzepts und der Belehrungskultu-

weitgehend entsprochen. Auf dieser Basis kann anschließend die Erprobung des Modells in anderen institutionellen Rahmenbedingungen erfolgen, ohne dass die konstitutiven Grundlagen des Fachs erneut definiert werden müssen. Zusätzlich wird nicht auf die Ausbildung interkultureller Kompetenzen fokussiert und folglich der Landeskundebegriff nicht mit dem interkulturellen Lernen identifiziert.[14]

Der strukturelle Unterschied der Auslandsgermanistik zur von Altmayer propagierten kulturwissenschaftlichen Landeskunde ist selbstverständlich der akademische Anspruch, den universitäre Lehrveranstaltungen erstreben. Bei Altmayers Modell wird zwar ›Reflexion‹ und ›Überprüfung‹ angeschnitten, doch ist hauptsächliches Ziel das Vertrautmachen der Schüler mit lebensweltlichem, d.h. kulturellem Hintergrundwissen, zumal auch die herangezogenen Hintergrundtexte in vielen Fällen inhaltlich kontrovers sein sollen. Die landeskundliche Komponente von Fremdsprachenphilologien und eben auch jener Auslandsgermanistik hat eine wissenschaftliche Schwerpunktsetzung im Hinblick auf die »Anleitung von Studierenden zur Forschung [...] und in der Forschung selbst [...]«[15]. Daher ist bei meiner Erprobung des Modells die unentbehrliche Dimension die Vermittlung der metakognitiven Ebene, die bei den Studierenden induktives Vorgehen forciert und in dem Sinne die Fähigkeit entwickelt autonom weiterzulernen, als dass sie Probleme erkennen, beschreiben und Strategien zur Lösung dieser Probleme zu entwickeln vermögen.[16] Konkret: die Mechanismen von kulturellen Deutungsmustern zu rekonstruieren und verallgemeinert auf andere Lebensbereiche übertragen zu können, demzufolge Studierende zur Forschung und dem reflektierten Transfer des Modells zu animieren. Die metakognitive Kompetenz soll zur »Performanz des Handelns«[17] im Zuge auch ihrer beruflichen Mittlerfunktion führen. In meinem Sinn bezieht sich die Kognitivie-

---

ren. In: Zeitschrift für interkulturellen Fremdsprachenunterricht, Jg. 9, H. 3, http://tujournals.ulb.tu-darmstadt.de/index.php/zif/issue/view/38, abgerufen am 07.08.2016.
14 | Vgl. Gnutzmann, Claus/ Königs, Frank G. (2006): »A long and winding road...«. Von der »Landeskunde« zur interkulturellen Sprachdidaktik. Überlegungen zur Einführung in die Thematik und eine Einleitung zu einem Themenheft. In: Fremdsprachen Lehren und Lernen, H. 35, S. 3-27.
15 | Lüsebrink, Hans-Jürgen (2003): Landeskunde als Komponente der nichtgermanistischen Fremdsprachenphilologien in Deutschland. In: Wierlacher, Alois/ Bogner, Andrea (Hg.): Handbuch interkulturelle Germanistik. Stuttgart: Metzler, S. 487-493, hier S. 489.
16 | Güler, Gülten (2005): Landeskunde-Seminar im Vorfeld eines Socrates-/ Erasmus-Austauschprogrammes in der DeutschlehrerInnenausbildung an der Uluda Universität. In: Zeitschrift für interkulturellen Fremdsprachenunterricht [online], Jg. 10, H. 3, S. 1-17, hier S. 6, http://tujournals.ulb.tu-darmstadt.de/index.php/zif/issue/view/29, abgerufen am 10.08.2016.
17 | Gailberger, Stefan/ Holle, Karl (2010): »Modellierung von Lesekompetenz«. In: Kämper-van den Boogaart, Michael/ Spinner, Kaspar H. (Hg.): Lese- und Literaturunterricht. Teil 1. Hohengehren: Schneider, S. 269-323, hier S. 315.

rung als bewusstmachende Vermittlungsstrategie auf die Forcierung kulturwissenschaftlicher Bewusstheit, die auch, wie noch gezeigt wird, die sprachbezogene Kognitivierung umfasst, sich aber folglich, anders als im Fremdsprachenunterricht, nicht darauf beschränkt.

2. Institutionelle Rahmenbedingungen: Deutsche Abteilung der Universität Athen und Studierende

Der Fachbereich für Deutsche Sprache und Literatur der Universität Athen besteht seit 1977. Er hat 20 Lehrkörper, eine Sprachlehrerin und einen DAAD-Lektor und laut der Institutsleiterin Friederiki Batsalia wird mit diesem Personal versucht, 1.303 Germanistik-Studenten auszubilden.[18] Die Abteilung gliedert sich in zwei Bereiche, nämlich Literaturwissenschaft und Linguistik, worunter auch Didaktik, Übersetzen, Kultur bzw. Landeskunde, Philosophie und Geschichte subsumiert werden. Wie leicht erkennbar, nimmt die kulturwissenschaftliche Landeskunde keinen großen Raum ein, da unter ›Kultur‹ verschiedene Gegenstandsbereiche ihre Geltung finden. Das Studium gliedert sich in ein Grund- und ein Hauptstudium, wobei das Grundstudium die ersten vier Semester umfasst und das Hauptstudium die restlichen vier. Das von mir geleitete Landeskundeseminar wurde im Sommersemester 2015 als Pflichtwahlfach des Hauptstudiums angeboten und regelmäßig von ungefähr 30 Studierenden besucht.

Um die Bedingungsanalyse zu komplementieren, habe ich am Anfang des Seminars einen kleinen Fragebogen ausgeteilt, mit folgenden Fragen: a. Wie viele Jahre haben Sie Deutsch gelernt und b. Waren Sie jemals in Deutschland? Wenn ja, wie lange? Bei insgesamt 29 Studierenden hat sich ergeben, dass in Bezug auf die erste Frage von 0 – 5 Jahren nur zwei Studierende Deutsch gelernt haben, von 5 – 10 Jahren zwölf Studierende und von über zehn Jahren 15 Studierende. Man kann demzufolge von einigermaßen guten Deutschkenntnissen ausgehen. Auf die zweite Frage antworteten zwei Studierende, dass sie nie in Deutschland gewesen seien. 13 Studenten fügten noch hinzu, dass sie ein Erasmus-Semester absolviert haben. Insgesamt kann infolgedessen konstatiert werden, dass man von recht guten Deutschkenntnissen ausgehen kann.

3. Durchführung

Obgleich die Vermittlung von Faktenwissen in der Forschungsliteratur öfter kritisiert wird, ist im Rahmen einer Auslandsgermanistik nicht darauf zu verzichten, da angehende Deutschlehrer, und wie anfangs bereits erwähnt, angehende

---

18 | Batsalia, Friederiki (2014): Dossier: Fachbereich für Deutsche Sprache und Literatur der Uni Athen. In: aktuell, H. 36, S. 41-44, hier S. 41.

Kulturvermittler, über ein Minimum an landeskundlichen Basiskenntnissen verfügen müssen. Nicht unerwähnt sollte hier die Tatsache sein, dass in der ersten Seminarstunde die Studierenden selbst den Wunsch geäußert haben, Fakten über Deutschland zu erwerben.[19] In diesem Kontext scheint Altmayers Modell den realen Bedürfnissen zu entsprechen, da einerseits Faktenwissen bzw. kulturelle Deutungsmuster den Studierenden nähergebracht werden, andererseits die Mechanismen der kulturellen Bedeutungskonstitutionen nachgespürt werden. Methodisches Ziel des Seminars ist es, konventionelle Konzepte der Landeskunde an alltagskulturelle Ideologeme und Einstellungen zu koppeln, bzw. es wird zu je einem landeskundlichen Themenbereich ein mit entsprechender Thematik literarischer Text verglichen. Fernes Ziel ist die diskursive Deutung des zeitgenössischen *Deutschlands* und das Verstehen der fremden Gesellschaft durch den kreativen Umgang mit deutschsprachigen Alltagstexten und der Literatur.

Abschließend ist zu erwähnen, dass im Seminar der Akzent eindeutig auf die Migrationsthematik und auf die Deutsche Einheit gelegt wird. Der Grund dafür ist, dass die Studierenden in der Lage sein sollen, hinter den Texten dasselbe kulturelle Deutungsmuster *nationaler Identität* zu erkennen und bei beiden Themenbereichen Konstruktionsmechanismen des nationalen Selbstverständnisses ausfindig zu machen und kritisch zu hinterfragen. Es ist infolgedessen Ziel, dass die Erfahrung der Ethnisierungsmechanismen in unterschiedlichen Kontexten ihnen ein allgemeines, obgleich flexibles Denkmodell liefert, um es ebenso in anderen Lebensbereichen anzuwenden.

3.1 Hinführungsphase

Damit die Studierenden in Bezug auf die Interdependenz von Fremd- und Eigenperspektive sensibilisiert werden, habe ich versucht, in Form einer entdeckenden Bildinterpretation dieses Grundmuster zu exemplifizieren. Konkret habe ich Ihnen das bekannte Deckblatt der Zeitschrift *Focus*[20] mit dem erhobenen Mittelfinger der Aphrodite gezeigt und sie aufgefordert, das bipolare Schema Fremd vs. Eigen zu identifizieren. Die Kongruenz zwischen Bild und Text war insofern hilfreich, als sich die Interpretationsversuche vielmehr auf den Text stützten. Die Bezeichnung *Betrüger* verleitete viele Studenten zu dem Gedanken, dass zwar die Politiker Betrüger seien, aber nicht die ganze Bevölkerung. Das Bild drücke dagegen die Botschaft aus, dass die griechische Bevölkerung nicht würdig sei, zur

---

19 | Hier schließe ich mich der Auffassung Antors an, dass Fremdverstehen auch traditionelles, landeskundliches Wissen über die Kultur *des Anderen* umfasst. Vgl. Antor, Heinz (2002): Die Vermittlung interkultureller Kompetenz an der Universität: Das Beispiel Kanada. In: Volkmann, Laurenz/ Stierstorfer, Klaus/ Gehring, Wolfgang (Hg.): Interkulturelle Kompetenz. Konzepte und Praxis des Unterrichts. Tübingen: Narr, S. 143-163, hier S. 145.
20 | FOCUS online Magazin, Ausgabe vom 22.02.2010, http://www.focus.de/magazin/archiv/jahrgang_2010/ausgabe_8, abgerufen am 06.08.2016.

Eurofamilie dazuzugehören, da die anderen Europäer moralisch besser seien. In dieser vorbereiteten Phase war es mein Ziel, erste Kognitivierungsprozesse mit »primär aufmerksamkeitsfokussierender Funktion«[21] einzuleiten, um darauf aufbauend zu diskutierten, dass es sich beim Deckblatt im Grunde genommen um einen Ausschlußmechanismus handelt, der die Binäropposition *Wir vs. Ihr* konstruiert. Es liege dem Fremden eine Abwertung zugrunde, die die Aufwertung des Eigenen impliziere.

Schematisch könnten die zwei Pole der Funktionsmechanismen des Fremden und des Eigenen folgendermaßen dargestellt werden, wobei der Tafelanschrieb als Kognitivierungsmethode der Bewusstmachung der Interdependenz des antinomischen Prinzips diente:

Fremd	vs.	Eigen
- *(entwertet)*		+ *(aufgewertet)*
+ *(aufgewertet)*		- *(entwertet)*

Tabelle 1: Antinomisches Prinzip

Als Beispiel der Aufwertung des Fremden wurde der deutsche Philhellenismus im 19. Jhd. erwähnt, als Griechenland bzw. die Antike zum korrigierenden Ideal des Eigenen erhoben wurde.[22]

3.2 Erarbeitungsphasen

Ziel der Hinführungsphase war es, in Verbindung mit eingeleiteten Kognitivierungsverfahren die Studierenden in die Lage zu versetzen, das provokative Spiel mit gängigen Deutungsmustern zu erkennen, demzufolge die Mechanismen der Konstruktion und Rekonstruktion von kulturellen Deutungsmustern zu analysieren und somit auf einer kulturwissenschaftlichen Metaebene kritische Kognitionsfähigkeiten zu üben. In der nächsten Seminarstunde wurden, um einen allgemeinen Rahmen der Migrationsproblematik in Deutschland herzustellen, erste Kontextualisierungsprozesse in Form eines kulturkundlichen Referats, das von mehreren Studierenden gehalten wurde, eingeführt. Dabei lieferten die Studierenden generelle Informationen zur Geschichte der Migration und entsprechende Fakten, wie z.B. statistische Daten je nach Migrationsgruppen, stellten die Situa-

---

21 | Tönshoff, Wolfgang (1995): »Entscheidungsfelder der sprachbezogenen Kognitivierung«. In: Gnutzmann, Claus/ Königs, Frank G. (Hg.): Perspektiven des Grammatikunterrichts. Tübingen: Narr, S. 225-248, hier S. 230.
22 | Vgl. Quack-Manoussaki, Regine (2011): Wie aus Räubern Helden wurden. Griechischer Freiheitskampf, Philhellenismus und die Entdeckung der neugriechischen Volkslieder um das Jahr 1825. In: Hellenika, H. 6, S. 51-68.

tion im Bildungswesen und dem Arbeitsmarkt vor. Dieser Schritt galt eindeutig der Gewährung von Faktenwissen.

3.2.1 Kognitivierung durch fachbezogene Textaneignung

Kognitivierung ist ein im Fremdsprachenunterricht verwendeter Begriff, demnach Lehrverfahren bezeichnet werden, die auf die Bewusstmachung fremdsprachlicher Regularitäten abzielen, es handelt sich mit anderen Worten um diejenigen Handlungsschritte des Lehrenden, die bei den Lernern kognitives Wissen gezielt fördern.[23] Der Begriff wird von mir im Rahmen der Auslandsgermanistik derart verwendet, als dadurch ein Lehrverfahren bezeichnet wird, das den Studierenden Steuerungshilfen gewährt, um die Bewusstmachung der wissenschaftsbezogenen diskursiven Ebene auf der Basis kulturwissenschaftlicher Texte zu fördern. Dabei bediene ich mich, wie im Weiteren gezeigt wird, Kognitivierungsmethoden aus dem Fremdsprachenunterricht, wie objektsprachliche-, visualisierende- und verbal-metasprachliche Verfahren.[24]

Nach obigem generellen Einblick in die zeitgenössische Realität des Migrationsphänomens in Deutschland folgte nun als Kognitivierung die weitere Beschäftigung mit dem Fremden und dem Eigenen mit dem Ziel, dieses bipolare Schema im Sinne einer multikulturellen Gesellschaft aufzulockern und ihnen eine Handreichung zu liefern, anhand derer sie die später behandelten kulturellen Schemata weitgehend rekonstruieren können. Um dieses Ziel zu erreichen, wurde zunächst der linguistische Aufsatz von Josef Klein, *Sprache, Diskurs und ethisches Vorurteil. Linguistische Analyse und einige Vorschläge für den Deutschunterricht*,[25] der intensiv in einer Doppelstunde besprochen wurde, herangezogen, da dieser den Anteil der Sprache bei der Konstruktion von Stereotypen analysiert und somit das Bewusstsein schärft, dass bereits auf sprachlicher Ebene das bipolare Gegensatzpaar »Fremd vs. Eigen« konstruiert wird. Wie auch Butulussi argumentiert, vermittelt die Konzentration auf die Sprache jener Texte Fertigkeiten, anhand derer Studierende der griechischen Auslandsgermanistik »Strategien durchschauen können, die in den verschiedenen Diskursarten zum Zwecke der Überzeugung oder Überredung und Manipulation zum Einsatz kommen [...] durch ein besseres Urteilsvermögen die Wechselwirkung zwischen Sprache, Kognition, Emotion und Gesellschaft [...] erkennen«.[26]

---

23 | Vgl. Tönshoff, Entscheidungsfelder der sprachbezogenen Kognitivierung, S. 225.
24 | Ebd., S. 230.
25 | Klein, Josef (1993): Sprache, Diskurs und ethisches Vorurteil. Linguistische Analyse und einige Vorschläge für den Deutschunterricht. In: Sprache und Literatur in Wissenschaft und Unterricht, H. 3, S. 91-108.
26 | Butulussi, Eleni (2006): Zur Herausbildung kultureller Bewusstheit in der Germanistik am Beispiel Griechenland. In: Jahrbuch Deutsch als Fremdsprache, H. 32, S. 113-125, hier S. 119.

Anschließend zeigte ich ihnen das Titelbild »*Seit 2010 hat Bild ›Pleite-Griechen‹ gehetzt*«.[27] Es wurde auf die selbstkritische Haltung des Titelbilds im Gegensatz zur Zeitschrift *Focus* aufmerksam gemacht und darauf hingewiesen, dass aufgrund der historischen Erfahrung heutzutage in Deutschland die generische Form als Nationenbezeichnung geächtet ist.[28] Abschließend erfolgten im Sinne von verbal-metasprachlichen Kognitivierungsverfahren noch Formen der Kaschierung von Stereotypen, wie die communis-opinio-Strategie und die Subjektivierungsstrategie, damit Studierende in der Lage sind, latente Stereotype zu identifizieren. Ziel der Kognitivierung war die Stereotypenkritik und somit die Schärfung der kognitiven Fähigkeit des differenzierten Denkens.[29]

3.2.2 Zweite Kontextualisierung

In Form eines Referats wurden in einer nächsten Seminarstunde die Studierenden in die Problematik »Deutschland als Einwanderungsland« und »Doppelte Staatsbürgerschaft« eingeweiht. Auf literaturwissenschaftlicher Ebene wurde ein kurzes Referat zur »Geschichte der Migrationsliteratur« gehalten, und die Texte, die im Weiteren eingeführt wurden, lockerten enorm das bipolare Schema »Fremd vs. Eigen« auf. Dabei ist an dieser Stelle zu erörtern, dass unter »Kontext« »die Totalität all jener Äußerungsformen [zu verstehen ist], die jenseits der semantisch entfalteten Sachlage (dem, was unmittelbar durch Wörter geäußert wird) zu deren Verständnis beitragen [...], der Mehrwert an Information als ›Kontext‹ bezeichnet [wird].«[30] Ähnlich wie in der Komparatistik,[31] so auch in der Auslandsgermanisik ist demzufolge der Aspekt der Fremdheit die Basis für die kontextualisierende Verbindung von Analogie und Differenz. Im Seminar wurden in diesem Sinn disziplinär unterschiedliche Fachtexte für die schrittweise Aneignung an soziohistorische Kontexte herangezogen. Die Kognitivierung in Form des sprachbezogenen Vergleichs der Sachlage beider Länder führte zur Kenntnis von Gemeinsamkeiten und Unterschieden und erhellte soziokulturelle Besonderheiten, wie insbesondere die Diskussion um »Deutschland als Einwanderungsland«.

---

27 | www.bildblog.de/62851/und-nun-zur-hetzervorhersage vom 25.11.2015. Es handelt sich um eine journalistische Homepage, in der sich Autoren kritisch gegenüber den deutschen Medien äußern.
28 | Klein, Sprache, Diskurs und ethisches Vorurteil, S. 96.
29 | Klein verfolgt zwar dieses Ziel bei Schülern, doch aus den Seminarstunden ist hervorgegangen, dass es Bedarf auch auf der Hochschulebene gibt. Ebd., S. 105.
30 | Vgl. Hoffmann-Corbineau, Angelika (²2004): Einführung in die Komparatistik. Berlin: Erich Schmidt, S. 43.
31 | Ebd., S. 45.

3.2.3 Durchführung: Plakatserie »Deutsche gegen rechte Gewalt«

Gemäß dem Modell von Claus Altmayer habe ich die Plakatserie der Beauftragten der Bundesregierung für Ausländerfragen übernommen, die dem Deutungsmuster »Ausländer« zugrunde liegt. Laut Altmayer fordern die Plakate die potentiellen Rezipienten auf, das Muster der »Ausländer« für die abgebildeten Personen zu identifizieren und in einem weiteren Schritt Schlüsse und Erwartungen daraus zu ziehen.[32] Wie sich herausstellte, hatten die Studierenden Schwierigkeiten, die Bilder zu interpretieren, und konnten folglich das von Altmayer anvisierte Ziel, nämlich den Gegensatz zwischen Bild und Sprache herauszuarbeiten,[33] nicht entsprechen. Der Grund lag hauptsächlich darin, wie sich nach einer Diskussion herausstellte, dass für griechische Studierende körperliche Merkmale nicht von hohem Identifikationswert sind, statt dessen »die andere Kultur und Geschichte«.

Bevor ich ihnen weitere Hintergrundtexte als Handreichung lieferte, besprachen wir ihrer Orientierung willen ein von mir erstelltes Schema, das das vorhandene Wissen in neue Kategorien einbrachte und mittels Visualisierung dem Kognitivierungsprozess auf der Metaebene Vorschub leisten sollte.

Nationale Zugehörigkeit

↓ ↘

ius sanguinis
Biologie (Gene),
Abstammung,
Herkunft

ius solis
Geburt,
Staatsbürgerschaft

↓

↓

Mentalität,
nationales
Selbstverständnis,
Kultur

Andere Mentalität,
andere Kultur

Abbildung 1: Beispiel Deutsch

---

32 | Altmayer, Kultur als Hypertext, S. 299.
33 | Vgl. Altmayer, Claus (2009): »Instrumente für die empirische Erforschung kultureller Lernprozesse im Kontext von Deutsch als Fremdsprache«. In: Adelheid, Hu/ Byron, Michael (Hg.): Interkulturelle Kompetenz und fremdsprachliches Lernen. Modelle, Empirie, Evaluation. Tübingen: Narr, S. 123-138, hier S. 132.

Fremd	vs.	Eigen
- (entwertet)		+ (aufgewertet)
Ausländer		Deutsche

Tabelle 2: ›Deutschmuster‹

Anschließend verteilte ich ihnen im Sinne der Hypertextmethode einige Aussagen aus dem Internet-Gästebuch der Initiative Deutsche gegen rechte Gewalt (2000/01), die Altmayer heranführt. Die Aussagen der Blogger waren Reaktionen auf die Plakatserie der Ausländerbeauftragten:

- »Mag sein, dass die abgebildeten Personen den deutschen Pass haben, Deutsche allerdings sind sie noch lange nicht«
- »wann werdet ihr eigentlich verstehen, dass deutschsein keine frage einer von irgendeiner behörde erteilten staatsbürgerschaft ist???«
- »Ich bin auch stolz darauf Deutsch zu sein. Aber ich kann dass [sic!] nur behaupten, wenn ich auch ein RICHTIGER DEUTSCHER bin«
- »Nur weil man einen deutschen Pass besitzt ist man deshalb noch lange kein Deutscher«.

Auf der Grundlage der Kontextualisierungsphasen, wo die Geschichte der Migration und die Diskussion um »Deutschland als Einwanderungsland« erfolgte, versuchten die Studierenden in Sechsergruppen jeweils eine Aussage zu interpretieren bzw. obige Schemata als Erklärungshilfen heranzuziehen und die Mechanismen der zugrundeliegenden Denkmuster aufzudecken. Über die Kategorisierung der Aussagen in *ius sanguinis* oder *ius solis* hinaus, war es meine Intention, dass die Studierenden das bipolare Schema ›Fremd vs. Eigen‹ herausfanden, um die Konstitutionsformen der Aufwertung des Eigenen zu enthüllen bzw. hinter der Rhetorik des nationalen Selbstverständnisses das Vorhandensein der impliziten Überlegenheitsgedanken des Eigenen zu identifizieren, was im ersten Beispiel erst durch mein Einlenken geschah. Da die Dialektik von Projektion und Rezeption im Rahmen kulturwissenschaftlicher und interkultureller Studien selbstverständlich ist,[34] ist es, zumindest in der universitären Unterrichtssituation, notwendig, diese Dialektik zu kognitivieren und damit Altmayers Modell zu komplementieren. Nur so kann m.E. in letzter Instanz inmitten der Vielfalt divergierender Texte die argumentative Qualität von kulturellen Deutungsmustern auf den Punkt gebracht werden, und folglich die auf die Aufwertung und/oder

---

34 | Vgl. Veit, Walter F. (2003): »Australische Germanistik auf dem Weg zu interkulturellen Deutschland- und Europastudien«. In: Wierlacher, Alois/ Bogner, Andrea: Handbuch interkulturelle Germanistik. Stuttgart: Metzler, S. 595-602, hier S. 595.

Entwertung eines der beiden Pole (Fremd vs. Eigen) oder der hybridisierenden Annäherung beider Pole bewusst gemacht werden.

Nachdem diese Diskussionen abgeschlossen waren, gab ich ihnen zur Interpretation zwei Gedichte samt den biographischen Angaben der Dichter/in, die als kulturhistorischer Kontext fungierten:

Ausgewandert
aus meiner Sprache
aus meinem Ich
aus meiner Heimat

sprachlos
ichlos

unleserlich
(Anna Tastzoglou)[35]

Aus den elenden Identitätsbeziehungen
Auf-gebrochen, schaffen wir uns unsere offene Sprache
Um das fremde im Inneren zu benennen und finden
Dadurch unseren Wohnort im Sinnbild der Fremde
Selbst, zwischen den Stühlen als Möglichkeit in
BeWEGung zu bleiben.
(José F. A. Oliver)[36]

Die Studenten fanden das Gedicht von Tastzoglou etwas bedrückend, dagegen konnten sie die »Bewegung«, obwohl sie den Ausdruck »zwischen den Stühlen sitzen« nicht kannten, als einen beweglichen Umgang mit nationalen Zuweisungen identifizieren. Unverkennbar belegt die Auseinandersetzung mit den Gedichten die Schärfung des »kritischen Urteilsvermögens gegenüber Produkten kultureller Selbst- wie Fremdkonstruktion«[37] und das bewusste Annehmen der multikulturellen Gesellschaft, wo das ausschlaggebende Merkmal nicht mehr die Parallelgesellschaften der ersten Migrationsphase in Deutschland sind, sondern das Zusammenwachsen von unterschiedlichen Kulturen in ein interaktives *Gemeinsames*.

---

35 | Tastzoglou, Anna (2011): »Ausgewandert«. In: Papoulias, Anna: ΓΡΑΦΩ. Ich Schreibe. Griechische Autorinnen und Autoren in Deutschland. Eine Foto-Dokumentation von Anna Papoulias. Berlin (o.V.), S. 23.

36 | Oliver, José F.A. (1987): »Woher«. In: Ders.: Auf-Bruch. Berlin: Das Arabische Buch, S. 51.

37 | Antor, Die Vermittlung interkultureller Kompetenz an der Universität, S. 155.

Im Anschluss daran haben wir die Erzählung *The Omas and the Opas* von Zé do Rock[38] behandelt, mit dem Ziel, den beweglichen Umgang mit der deutschen Sprache zu problematisieren. Der Text konnte gut an die Kognitivierung (die Auseinandersetzung mit dem linguistischen Aufsatz Josef Kleins) anknüpfen, da dort hervorgehoben worden war, dass Stereotype bereits sprachlich konstruiert werden. Moderne Migrationsliteratur, so das Fazit, das zusammen mit den Studierenden besprochen wurde, bewege sich auf sprachlichem Grenzgebiet und fordere ein bewegliches Denken, das nationale Zuweisungen, die vom ius sanguinis aus in Richtung ius solis, also der Auflockerung der Einheit zwischen ›Nation, Kultur und Sprache‹, gehen. Im Grunde genommen diente Migrationsliteratur dem allgemeinen Ziel der Kognitivierung, zumal durch Migrationsliteratur in die Kognitivierung von Möglichkeiten des Umgangs mit Alterität[39] vertieft werden konnte.

3.3 Anschlussphase

Im Sinne einer kulturwissenschaftlichen Anwendung des vermittelten Wissens gab ich ihnen anschließend in einer nächsten Stunde als Einzelarbeit zwei Fragen, die sich jeweils auf ein Bild und eine Aussage aus dem Internet-Gästebuch bezogen. Konkret: a. Wird durch das i) Bild (»Deutsche Türkin« als Titel/Ausdruck) der Kontrast zwischen Deutschen und Ausländern aufgehoben oder weiterhin tradiert? b. Welches Deutschmuster liegt der Aussage zugrunde ii) »Die Kerle sind vielleicht deutsche Staatsbürger, aber keine Deutschen und das werden sie auch nie sein und das wollen sie auch gar nicht«?

i) Bild und ii) Aussage angehend nicht verstehender Umgang: 2[40]
i) Bild und ii) Aussage angehend verstehender Umgang: 12
50 % angehend verstehender Umgang: 14

i) Bild: nicht verstehender Umgang: 12, i) Bild: verstehender Umgang: 2
ii) Aussage: nicht verstehender Umgang: 2, ii) Aussage: verstehender Umgang: 12

Tabelle 3: Resultat

---

38 | Zé do Rock (1995): »the omas & the opas«. In: Ders.: from winde verfeelt. Berlin: Edition Diá, S. 7-9.
39 | Ebd., S. 162.
40 | Die Zahlen in der Tabelle beziehen sich auf die ausgewerteten schriftlichen Antworten der Studierenden.

Von 28 Studierenden, die teilnahmen, hatten demzufolge zwei Studierende Antworten gegeben, die einen nicht verstehenden Umgang zeigten, die also gänzlich den Objekten keinen Sinn zuschreiben konnten, zwölf Studierende konnten angehend das präsupponierte Wissen identifizieren und 14 Studierende gaben eine ›richtige‹ Antwort zu 50 % ab, d.h. eine der beiden Fragen wurde angehend kontextualisiert, demzufolge eine gewisse Relation zwischen Text und kulturellem Kontext hergestellt.

Im letzten Fall wiederum konnten zwölf Studenten das Bild nicht einordnen und nur zwei angehend präsupponiertes Wissen identifizieren. Umgekehrt verhielt es sich zur sprachlichen Aussage: Nur zwei konnten dem Ausdruck keinen Sinn geben und zwölf konnten ihn angehend kontextualisieren. Dabei ist zu erläutern, dass unter *Kontextualisierung* Erklärungen galten, die die Provokation des Bildes und der Ausdrücke identifizierten, die infolgedessen die Funktionsmechanismen des Fremden und des Eigenen zu erkennen vermochten.

Eindeutig geht hervor, dass ihnen die Interpretation der Aussage viel einfacher fiel, die sie leicht unter der Vorstellung des *ius sanguinis*, gemäß der Visualisierung der Tabelle nach dem Beispiel *Deutsch*, einordnen konnten. Ihre Hauptschwierigkeit jedoch lag hauptsächlich im Erkennen des präsupponierten Deutungsmusters, was auf den angeforderten Abstraktionsgrad zurückzuführen ist. Die Tatsache, dass der sprachliche Ausdruck für die Studierenden einfacher zu dechiffrieren war, weist darauf hin, dass Kognitivierungen (Visualisierung auf der Metaebene mit Hilfe der Abbildung 1) und sprachliche Indikatoren zur einfacheren Wissensaneignung führen. Um dieses Wissen ferner zu festigen, war zentraler Bestandteil der Anschlussphase die Diskussion und der interaktive Austausch der Resultate in der nächsten Seminarstunde, um dadurch, auch durch meine Eingriffe, zu einem vertiefenden Textverstehen zu führen.[41]

Die nächsten Seminarstunden in den darauffolgenden Wochen können als weitere Übungsphase verstanden werden, da zunächst auf einem ganz anderen Diskurs, nämlich der deutschen Einheit, der Wendeliteratur und des Wendefilms der Transfer jener kognitiven Strukturen weiterhin geübt wurde.[42] Ich wies die Studierenden darauf hin, dass in diesem Diskurs nicht Menschen Grenzen überqueren, sondern Grenzen die Menschen überschreiten[43] und es dabei wieder zum bipolaren Erfahrungsschema Fremd vs. Eigen kommt, das auf das divergierende

---

41 | Vgl. Gailberger/Holle: Modellierung von Lesekompetenz, S. 313.

42 | Möbius, Thomas (2006): Literarische Ironie – literaturwissenschaftliche Grundlagen, literaturdidaktische Vermittlungskonzepte. In: Engler, Tihomir/ Möbius, Thomas (Hg.): Textnahes Verstehen. Auf Fährtensuche in literarischen Texten. Baltmannsweiler: Schneider, S. 23-46, hier S. 43. Obgleich sich Möbius' Ausführungen auf literarische Texte beziehen, kann auch hier die Übungsphase eingeführt werden, zumal die Übung des Transfers, ähnlich wie in der Literatur, das in einem breiten Sinne Textverstehen fördert.

43 | Dieser Gedanke wird eingehend bei Bade beschrieben, vgl. Bade, Klaus (1992): »Einführung. Das Eigene und das Fremde – Grenzerfahrungen in Geschichte und Gegenwart«.

kulturelle Deutungsmuster des nationalen Selbstverständnisses zurückzuführen ist.

4. SCHLUSSBETRACHTUNGEN

Es ist offensichtlich geworden, dass Altmayers Modell durchaus im universitären Umfeld der Germanistik in Athen angewandt werden kann und dabei den Zielen der kognitiven Wissensaneignung, wie sie in den Kontextualisierungen durch Referate, des Aufbaus der erforderlichen kognitiven Strukturen durch Bild-Text-Konstellationen, Texte der Migrationsliteratur und divergierende authentische Texte aus einem Internetgespräch sowie der metakognitiven Reflexionsphase weitgehend genüge getan werden kann. Betrachtet man insgesamt die in der umfangreichen Studie Altmayers herangezogenen Texte, ist nicht zu verkennen, dass sie in ihrer Gesamtheit ein Deutschlandbild vermitteln, das den Herausforderungen der globalisierten Welt gerecht wird, das weitgehend die progressiven Kräfte in Deutschland affirmiert. Der Fokus auf die Bilder der Auslandsbeauftragten unterstreicht z.b. die institutionalisierten Maßnahmen für die Schärfung der öffentlichen Meinung in Bezug auf den multikulturellen Charakter der deutschen Gesellschaft. Deswegen kommt unweigerlich der Gedanke auf, bis zu welchem Grad ein Deutschlandbild, das eventuelle Schwächen bloßstellt, in Frage käme. Wie Wolf Dieter Otto bekundet, ist in Bezug auf die Landeskunde die Frage zu stellen, »wie kritisch oder assertiv die deutsche Kultur nach außen getragen werden soll«, ob ein allzu kritisches Bild überhaupt ein »anständiger Gedanke« sei, um »seine Ware nicht zu schlecht zu reden«.[44] Der strukturelle Unterschied zwischen Landeskunde im DaF und Landeskunde in der Auslandsgermanistik liegt auf der Hand: Studierende sollen durch ihre kulturwissenschaftliche Ausbildung selbst entscheiden können, welches Bild sie beim Transfer ihres Wissens im Berufsfeld heranziehen.

LITERATUR

Altmayer, Claus (2002): »Kulturelle Deutungsmuster« als Lerngegenstand. Zur kulturwissenschaftlichen Transformation der »Landeskunde«. In: Zeitschrift für interkulturellen Fremdsprachenunterricht [online], Jg. 6, H. 3, S. 44-59,

---

In: Bade, Klaus (Hg.): Deutsche im Ausland – Fremde in Deutschland: Migration in Geschichte und Gegenwart. München: Beck, S. 442-455.
44 | Wolf, Dieter Otto (2003): »Sprache und Landeskunde«. In: Wierlacher, Alois/ Bogner, Andrea (Hg.): Handbuch interkulturelle Germanistik. Stuttgart: Metzler, S. 493-504, hier S. 497f.

http://tujournals.ulb.tu-darmstadt.de/index.php/zif/article/view/585/561, abgerufen am 10.08.2016.

Altmayer, Claus (2004): Kultur als Hypertext. Zu Theorie und Praxis der Kulturwissenschaft im Fach Deutsch als Fremdsprache. München: iudicium.

Altmayer, Claus (2009): »Instrumente für die empirische Erforschung kultureller Lernprozesse im Kontext von Deutsch als Fremdsprache«. In: Adelheid, Hu/ Byron, Michael (Hg.): Interkulturelle Kompetenz und fremdsprachliches Lernen. Modelle, Empirie, Evaluation. Tübingen: Narr, S. 123-138.

Antor, Heinz (2002): Die Vermittlung interkultureller Kompetenz an der Universität: Das Beispiel Kanada. In: Volkmann, Laurenz/ Stierstorfer, Klaus/ Gehring, Wolfgang (Hg.): Interkulturelle Kompetenz. Konzepte und Praxis des Unterrichts. Tübingen: Narr, S. 143-163.

Bade, Klaus (1992): »Einführung. Das Eigene und das Fremde – Grenzerfahrungen in Geschichte und Gegenwart«. In: Bade, Klaus (Hg.): Deutsche im Ausland – Fremde in Deutschland: Migration in Geschichte und Gegenwart. München: Beck, S. 442-455.

Batsalia, Friederiki (2014): Dossier: Fachbereich für Deutsche Sprache und Literatur der Uni Athen. In: aktuell, H. 36, S. 41-44.

Butulussi, Eleni (2006): Zur Herausbildung kultureller Bewusstheit in der Germanistik am Beispiel Griechenland. In: Jahrbuch Deutsch als Fremdsprache, H. 32, S. 113-125.

Dalmas, Martine (2006): »Entschuldigen Sie bitte, sind Sie Auslandsgermanistin?« Oder: Versuch einer Antwort auf eine falsch gestellte Frage. In: Deutsch als Fremdsprache, Jg. 43, H. 1, S. 3-7.

Engler, Tihomir/ Möbius, Thomas (Hg.) (2006): Textnahes Verstehen. Auf Fährtensuche in literarischen Texten. Hohengehren: Schneider.

FOCUS online Magazin, Ausgabe vom 22.02.2010, http://www.focus.de/magazin/archiv/jahrgang_2010/ausgabe_8, abgerufen am 06.08.2016.

Gailberger, Stefan/ Holle, Karl (2010): »Modellierung von Lesekompetenz«. In: Kämper-van den Boogaart, Michael/ Spinner, Kaspar H. (Hg.): Lese- und Literaturunterricht. Teil 1. Hohengehren: Schneider, S. 269-323.

Gnutzmann, Claus/ Königs, Frank G. (2006): »A long and winding road...«. Von der »Landeskunde« zur interkulturellen Sprachdidaktik. Überlegungen zur Einführung in die Thematik und eine Einleitung zu einem Themenheft. In: Fremdsprachen Lehren und Lernen, H. 35, S. 3-27.

Güler, Gülten (2005): Landeskunde-Seminar im Vorfeld eines Socrates-/ Erasmus-Austauschprogrammes in der DeutschlehrerInnenausbildung an der Uludağ Universität. In: Zeitschrift für interkulturellen Fremdsprachenunterricht [online], Jg. 10, H. 3, S. 1-17, http://tujournals.ulb.tu-darmstadt.de/index.php/zif/issue/view/29, abgerufen am 10.08.2016.

Hoffmann-Corbineau, Angelika (^{2}2004): Einführung in die Komparatistik. Berlin: Erich Schmidt.

Kämper-van den Boogaart, Michael/ Spinner, Kaspar H. (Hg.) (2010): Lese- und Literaturunterricht. Teil 1. Baltmannsweiler: Schneider-Verlag Hohengehren.

Klein, Josef (1993): Sprache, Diskurs und ethisches Vorurteil. Linguistische Analyse und einige Vorschläge für den Deutschunterricht. In: Sprache und Literatur in Wissenschaft und Unterricht, H. 3, S. 91-108.

Kretzenbacher, Heinz (2004): »Inter-, multi-, trans-, global-...«? Wissenschaftsbasierte Landeskunde gegen Ende des nationalen Kulturkonzepts und der Belehrungskulturen. In: Zeitschrift für interkulturellen Fremdsprachenunterricht, Jg. 9, H. 3, http://tujournals.ulb.tu-darmstadt.de/index.php/zif/issue/view/38, abgerufen am 07.08.2016.

Lüsebrink, Hans-Jürgen (2003): Landeskunde als Komponente der nichtgermanistischen Fremdsprachenphilologien in Deutschland. In: Wierlacher, Alois/ Bogner, Andrea (Hg.): Handbuch interkulturelle Germanistik. Stuttgart: Metzler, S. 487-493.

Möbius, Thomas (2006): Literarische Ironie – literaturwissenschaftliche Grundlagen, literaturdidaktische Vermittlungskonzepte. In: Engler, Tihomir/ Möbius, Thomas (Hg.): Textnahes Verstehen. Auf Fährtensuche in literarischen Texten. Baltmannsweiler: Schneider, S. 23-46.

Oliver, José F.A. (1987): »Woher«. In: Ders.: Auf-Bruch.. Berlin: Das Arabische Buch, S. 51.

Quack-Manoussaki, Regine (2011): Wie aus Räubern Helden wurden. Griechischer Freiheitskampf, Philhellenismus und die Entdeckung der neugriechischen Volkslieder um das Jahr 1825. In: Hellenika, H. 6, S. 51-68.

Tastzoglou, Anna (2011): »Ausgewandert«. In: Papoulias, Anna: ΓΡΑΦΩ. Ich Schreibe. Griechische Autorinnen und Autoren in Deutschland. Eine Foto-Dokumentation von Anna Papoulias. Berlin (o.V.), S. 23.

Tönshoff, Wolfgang (1995): »Entscheidungsfelder der sprachbezogenen Kognitivierung«. In: Gnutzmann, Claus/ Königs, Frank G. (Hg.): Perspektiven des Grammatikunterrichts. Tübingen: Narr, S. 225-248.

Veit, Walter F. (2003): »Australische Germanistik auf dem Weg zu interkulturellen Deutschland- und Europastudien«. In: Wierlacher, Alois/ Bogner, Andrea: Handbuch interkulturelle Germanistik. Stuttgart: Metzler, S. 595-602.

Wierlacher, Alois/ Bogner, Andrea (Hg.) (2003): Handbuch interkulturelle Germanistik. Stuttgart: Metzler.

Wolf, Dieter Otto (2003): »Sprache und Landeskunde«. In: Wierlacher, Alois/ Bogner, Andrea (Hg.): Handbuch interkulturelle Germanistik. Stuttgart: Metzler, S. 493-504.

Zé do Rock (1995): »the omas & the opas«. In: Ders.: from winde verfeelt. Berlin: Edition Diá, S. 7-9.

Formen des Ich-Erzählens in der inter-/ transkulturellen Literatur

Klaus Schenk

VORBEMERKUNG

In den vergangenen Jahren sind inter-/transkulturelle Aspekte des Erzählens zunehmend ins Blickfeld gerückt. Besonders die autobiographische bzw. autofiktionale Dimension der Texte wirft dabei Fragen nach Formen des Ich-Erzählens in der inter-/transkulturellen Gegenwartsliteratur auf. Zu beobachten sind Ich-Erzählweisen, deren Variabilität jene Aussagerelation verunsichert, die einen autobiographischen Pakt allererst begründen könnte. Aber nicht nur autofiktionale Dimensionen des Erzählens schaffen Verunsicherungen in der Aussagestruktur, ebenso sind hier pikareske Erzählweisen anzuführen.

In dieser Hinsicht lassen sich Perspektiven aufzeigen, die auch für die theoretische Modellierung relevant sind. Dies betrifft Theorieansätze, wie sie sich im Spannungsfeld zwischen Inter- bzw. Transkulturalität herausgebildet haben; zum anderen aber auch den erzähltheoretischen Umgang mit narrativen Techniken, Instanzen und Verfahren.

In folgendem Beitrag soll daher in mehreren Schritten vorgegangen werden. Zunächst gilt es zu bedenken, was Ich-Erzählweisen in narrativer Hinsicht leisten können. In einem weiteren Schritt soll nach der Funktion von Ich-Verwandlungen und Ich-Variationen im Erzählen gefragt werden. Abschließend werden Perspektiven formuliert, die sich aus der Analyse inter-/transkultureller kultureller Erzählweisen für die narratologische Theoriebildung entwickeln lassen.

1. ICH-ERZÄHLWEISEN IN DER INTER-/TRANSKULTURELLEN LITERATUR

Texte der inter-/transkulturellen Gegenwartsliteratur zeichnen sich von ihrer narrativen Struktur her zunächst dadurch aus, dass sie sehr häufig in der ersten Person Singular erzählt werden. Diese Feststellung ist leichter zu treffen als über

Gattungszuschreibungen zu entscheiden oder etwa zu versuchen, übergreifende Kategorien der literaturhistorischen Zuordnung zu entwickeln. Vordergründig tragen sich die Ich-Erzählweisen inter-/transkultureller Texte in ein Feld von literarischer Erinnerung ein; zunächst als subjektive Lebenserinnerung, aber auch als Gedächtnisliteratur in einem weiteren Sinn, die die memoriale Topik von Kultur und ihre Verflechtungen umgestaltet.[1]

Nur vordergründig aber erweisen sich die Texte als Erinnerungstexte. Zwar wird der Gestus des Autobiographischen häufig aufgegriffen, was mit daran liegen mag, dass zahlreiche Autoren begannen, in den 1970er und 1980er Jahren unter den Vorzeichen der *Neuen Subjektivität* zu schreiben. Tatsächlich sind es aber kaum noch Autobiographien, sondern Ich-Formen des Erzählens mit anderen Ausprägungen. Die Ich-Varianten, die diese Texte liefern, lassen sich nicht mehr zu einer *Persona* zusammenfassen – ein emphatischer Begriff von Erinnerung wird von inter-/transkulturellen Erzählweisen selten bedient. Autoren der inter-/transkulturellen Gegenwartsliteratur nutzen die Ich-Figuration vielmehr als Schaltstelle von Dissoziationen, Verwerfungen und Verwandlungen. Ein autobiographischer Pakt kommt deshalb nicht zustande, weil die Texte zwar von Migration am Beispiel ihrer Protagonisten und Protagonistinnen erzählen, aber einen Pakt mit den Namen ihrer AutorInnen verweigern. Autofiktionalität[2] wäre in dieser Hinsicht eine Kategorie, mit der diese Abweichung vom Pakt zwischen Autor, Erzähler und Protagonist gefasst werden könnte.

Damit rückt ein zweites Strukturmerkmal in den Blickpunkt, das inter-/transkulturelle Erzählweisen der Gegenwartsliteratur von den Standards autobiographischen Schreibens trennt. Es ist nicht die Kontinuität einer Lebensgeschichte, die im Vordergrund steht, vielmehr sind es Verwandlungen des Ich, die sich als sprachliche und kulturelle Grenzüberschreitungen entfalten. Auch Versuche, die Ich-Varianten der Texte mit Kategorien der Entwicklung oder gar als Bildungsprozess zu beschreiben, schlagen berechtigterweise fehl. Es ist vielmehr die Variationsfähigkeit der Ich-Gestalten, die in diesen Inkongruenzen anklingt. Ein literarisches Genre, das sich seit der Frühen Neuzeit die Wandlungsfähigkeit seiner Protagonisten zum Thema und zur Struktur machte, ist der pikareske Roman, dessen Poetik im Unterschied zu Entwicklungs- und Bildungskonzepten auf Variabilität ausgerichtet ist. Verwandlungen und Variationen sind damit als ein narratives Thema und ein narratives Strukturmoment zahlreicher Texte der inter-/transkulturellen Literatur benennbar.

---

1 | Vgl. Lachmann, Renate (1990): Gedächtnis und Literatur. Intertextualität in der russischen Moderne. Frankfurt a.M.: Suhrkamp, S. 38.

2 | Wagner-Egelhaaf, Martina (2006): »Autofiktion oder: Autobiographie nach der Autobiographie. Goethe – Barthes – Özdamar«. In: Breuer, Ulrich/ Sandberg, Beatrice (Hg.) (2006): Grenzen der Identität und der Fiktionalität. München: iudicium, S. 353-368.

2. ICH-ERZÄHLWEISE UND PRONOMINALSTRUKTUR

Will man sich zunächst unabhängig von entsprechenden Gattungszuschreibungen vor Augen führen, was ein Ich-Erzähler zu leisten vermag, so lässt sich festhalten, dass es sich in mehrfacher Hinsicht um ein gespaltenes Erzählen handelt. Einerseits entfaltet die Möglichkeit des Erzählens in der ersten *Person* eine spezifische Differenz zwischen Innen und Außen, aber auch die Möglichkeit zur Konnexion von Innenwelt und Außenwelt. Andererseits verdoppelt sich diese Gespaltenheit noch einmal im Ich-Erzähler, der über sich als Figur erzählt. Das *erzählte Ich* oder wie es emphatischer heißt das *erlebende Ich* unterscheidet sich vom *erzählenden Ich* als Figur.[3] Bereits Norbert Elias hat auf die soziologische Spezifik der Ich-Funktion hingewiesen:

»Auch der Begriff ›Ich‹, das Fürwort der ersten Person, ist symptomatisch für den Charakter des ganzen Satzes als Anzeiger spezifischer Positionen kommunizierender Personen in ihren Beziehungen zueinander. Es ist ein Werkzeug der Orientierung in solchen Gruppen, ob sie nun aktuell anwesend sind oder nicht, ob man nun ›Ich‹ laut in Anwesenheit anderer in bezug auf sich selbst sagt, oder ob man es stillschweigend in seinen Gedanken von sich selbst sagt – es schließt den Gedanken an andere, an die anderen Positionen des Beziehungsgeflechts, auf die sich die Fürwortserie bezieht, mit ein.«[4]

Dies eröffnet, wie Gerhart v. Graevenitz im Hinblick auf das autobiographische Erzählen formuliert, eine »*intra*subjektive und eine *inter*subjektive Dialogizität« als »doppelte Alterität des autobiographischen Ich, die Alterität gegenüber seiner eigenen Vergangenheit, die es erinnernd einzuholen versucht, und die Alterität gegenüber den Erinnerungen Zweiter und Dritter, die das Erzählte als eingeschlossene oder ausgeschlossene Stimmen begleiten können.«[5] Mit dieser gespaltenen Dialogizität von Ich-Formen des Erzählens ist aber bereits eine Frage von Identität und Personenhaftigkeit aufgeworfen, die die Erzähltheorie seit ihren Anfängen begleitet. Früh schon hat Wolfgang Kayser auf die Wandlungsfähigkeit des pikaresken *Ich*-Erzählers hingewiesen. In seinem Vortrag »Wer erzählt den Roman?« (1957) illustrierte Kayser an der Erzählweise des Romans *Bekenntnisse des Hochstaplers Felix Krull* (1954) von Thomas Mann eine Kluft zwischen *erzählendem* und *erzähltem Ich*:

---

3 | Spitzer, Leo (^{2}1961): »Zum Stil Marcel Prousts«. In: Ders.: Stilstudien, Bd. II, Stilsprachen. Darmstadt: Wissenschaftliche Buchgesellschaft, S. 365-497, hier S. 478.
4 | Elias, Norbert (^{10}2004): Was ist Soziologie. Weinheim/München: Juventa, S. 134.
5 | Graevenitz, Gerhart v. (1996): »Das Ich am Ende. Strukturen der Ich-Erzählung in Apuleius' ›Goldenem Esel‹ und Grimmelshausens ›Simplicissimus Teutsch‹«. In: Stierle, Karlheinz/ Warning, Rainer (Hg.): Das Ende. Figuren einer Denkform. München: Fink, S. 123-154, hier S. 124.

»Wir verkennen nicht, daß Thomas Mann enge Fäden zwischen dem erzählten und dem erzählenden Krull spinnt (in der Dichte, Straffe und Ornamentik solchen Gewebes unterscheiden sich die Ich-Romane stilistisch): aber selbst da denken wir nicht in der Kategorie einer geschlossenen individuellen Entwicklung und vereinigen keineswegs den jungen mit dem alten Felix Krull.«[6]

Aus erzähltheoretischer Perspektive wurde zur Bestimmung derartiger Brüche in Ich-Erzählungen vorgeschlagen, zwischen *dissonantem* und *konsonantem Typ* zu unterscheiden.[7] In der dissonanten Relation des *erzählenden Ich* zum *erzählten Ich* lässt sich ein Bruch als »Ich-ich-Distanz«[8] erkennen, wie es die Tradition des Pikaro-Romans vorführt. In der konsonanten Form dagegen verlagert sich der Schwerpunkt auf das *erzählte* bzw. *erlebende Ich*. Allerdings kann sich auch das *Ich* auf der Ebene der Figur in verschiedenen Identitäten zeigen, die in Verwandlungen und Variationen nur umso deutlicher hervortreten. Mit dieser Unterscheidung zwischen den Typen von Ich-Erzählungen lassen sich weitere Beobachtungen verknüpfen. Ein Differenzkriterium zur Bildung der Opposition *Person*, das Stanzel anführte, war die »Leiblichkeit«[9] des Ich-Erzählers im Text:

»Diese ›Leiblichkeit‹ kennzeichnet in der Form des quasi-autobiographischen Ich-Romans sowohl das erlebende wie auch das erzählende Ich. Mit der Reduktion der Darstellung des erzählenden Ich […] nimmt auch der Grad der ›Leiblichkeit‹ des erzählenden Ich ab, doch tritt dafür die ›Leiblichkeit‹ des erlebenden Ich umso deutlicher hervor.«[10]

Tatsächlich wird eine Leiblichkeit des Ich in den Körperthemen der interkulturellen Literatur deutlich zur Geltung gebracht. Interkulturelle Metamorphosen, seien sie durch Verwandlung, Verletzung oder Verschiebungen hervorgerufen, werden häufig über die Körperlichkeit der Ich-Figurationen ausagiert, wodurch sich ein Spiel mit den Charakteristika von Personenhaftigkeit ergeben kann. Ich-Erzähler eröffnen somit paradoxale Relationen, sie können zwischen Erzählinstanz und Personenhaftigkeit changieren sowie Identität suggerieren, die sich auf der anderen Seite in ihren Verwandlungen und Variationen wieder verschiebt oder sogar auflöst.

---

6 | Kayser, Wolfgang (1965): »Wer erzählt den Roman?«. In: Klotz, Volker (Hg.): Zur Poetik des Romans. Darmstadt: Wissenschaftliche Buchgesellschaft, S. 197-216, hier S. 208f.
7 | Vgl. Cohn, Dorrit (1978): Transparent Minds: Narrative Modes for Presenting Consciousness in Fiction. Princeton: University Press, S. 145-161. Vgl. auch Vogt, Jochen ([8]1998): Aspekte erzählender Prosa. Eine Einführung in Erzähltechnik und Romantheorie. Opladen: Westdeutscher Verlag, S. 87ff.
8 | Vogt, Aspekte erzählender Prosa, S. 87.
9 | Stanzel, Franz F. ([3]1985): Theorie des Erzählens. Göttingen: Vandenhoeck & Ruprecht, S. 125.
10 | Stanzel, Theorie des Erzählens, S. 125.

Viel von dieser Ambiguität der Ich-Funktion in literarischen Texten hängt auch mit der, wie Elmar Holenstein formuliert, »eigenartige[n] Grammatik des Wortes ›Ich‹«[11] zusammen. Holenstein hebt dabei drei Aspekte hervor, die für den Gebrauch des Pronomens *Ich* charakteristisch sind: erstens seine Funktion als metasprachlicher Ausdruck, zweitens seine deiktische Ausrichtung und drittens seine Zugehörigkeit zu den performativen Ausdrücken, wenn es »das Subjekt des Sprechereignisses und das Subjekt des besprochenen Ereignisses«[12] gleichermaßen bezeichnet. Vor allem die letztgenannte Funktion hatte Roman Jakobson mit der Kategorie eines Shifters gefasst, jene komplexe Relation, in der sich Botschaft und Kode überlappen, wenn das Pronomen einerseits mit dem repräsentierten Objekt konventionell verbunden ist und es gleichzeitig als indexikalisches Symbol zeigt.[13] Die Spaltung in der Aussagestruktur umfasst zunächst alle Varianten von Ich-Erzählungen, die nicht nur von einem Ich erzählt werden, sondern zugleich von einem Ich erzählen. In spezifischer Weise indiziert die Erzählweise in der ersten Person aber auch Gattungszuweisungen, wie z.B. der Autobiographie. Längst aber sind die Grenzen fließend geworden zwischen autobiographischen, autofiktionalen oder pikaresken Erzählweisen. Mit Paul de Man könnte von einem »Maskenspiel« gesprochen werden, das sich ebenso in den Formen des Ich-Erzählens in der interkulturellen Literatur realisiert.[14]

3. ICH-VARIATIONEN UND ICH-VERWANDLUNGEN

Bereits in der interkulturellen Literatur der 1980er Jahre zeichnen sich Erzählkonzepte ab, die das Thema der Verwandlung nicht nur inhaltlich durchspielen, sondern auch strukturell umsetzen. Zu den Texten, die mit Ich-Variationen und Verwandlungen spielen, gehört z.B. bereits der im Jahr 1988 erschienene Roman *Pavane für eine verstorbene Infantin*[15] von Libuše Moníková. Die Protagonistin Fracine Pallas steht als autofiktionales Double für die Geschichte einer Grenzüberschreitung vom tschechischen Kontext in Prag nach Deutschland ein, die die Autorin im Jahr 1971 vollzog. Ein autobiographischer Pakt kann nicht geschlossen werden, bleiben doch die Namen der Ich-Erzählerin bzw. Heldin von der Identität der Autorin divergent. Dennoch fallen bei der Lektüre deutliche Parallelen zur

---

11 | Holenstein, Elmar (1982): Die eigenartige Grammatik des Wortes ›Ich‹. In: Zeitschrift für philosophische Forschung, H. 36, S. 327-343.
12 | Holenstein, Die eigenartige Grammatik des Wortes ›Ich‹, S. 327.
13 | Jakobson, Roman (1971): »Shifters, Verbal Categories, and the Russian Verb«. In: Ders.: Selected Writings II, Den Haag: Mouton, S. 130-147, hier S. 132.
14 | Man, Paul de (1993): »Autobiographie als Maskenspiel«. In: Ders.: Die Ideologie des Ästhetischen. Hg. v. Christoph Menke, übers. v. Jürgen Blasius. Frankfurt a.M.: Suhrkamp, S. 131-145.
15 | Moníková, Libuše (1988): Pavane für eine verstorbene Infantin. München: DTV.

Lebensgeschichte der Autorin auf: die Migration nach Deutschland, ihre Arbeit als Literaturdozentin (zwar nicht in Göttingen, sondern in Kassel und Bremen), sogar ihre Liebesverhältnisse bzw. das, was darüber von ihr preisgegeben wurde, scheinen sich mit dem fiktiven Leben der Protagonistin zu decken. Im Kontext von autobiographischen Bezügen inszeniert der Text ein Erzählen, das in präsentischer Zeitform auf die Figur des *erlebenen Ich* konzentriert ist. Nur kurze Einschübe lassen Retrospektiven erkennen. Das Erzählen gewinnt damit eine Ereignisstruktur, die sich in jeder Sequenz neu realisieren kann. So zieht z.b. eine musikalische Phantasie die Verwandlung der Ich-Protagonistin nach sich. In einer surrealistisch anmutenden Szene trifft die Heldin auf einen Löwen als das Prager Wappentier, das sie bis in das »Metronetz«[16] und die Kanalisation ans Moldauufer verfolgt, bis sie es unter dem Burgberg Vyšhrad wiederfindet. Dabei verwandelt sie sich selbst in die Figuration der sagenhafte Fürstin Libuše, eine Verschiebung, die nur über den Namen der Autorin möglich wird: »Ich bin am Ort meines Ursprungs; wir stehen uns gegenüber, am Ausgang unserer vergeblichen Geschichte – die Fürstin und das Wappentier«.[17] Kulturell aufgeladene Intertexte und Themen treten an die Stelle von Lebenszusammenhängen, die sich in ihren Variationen nur noch autofiktional vermitteln lassen. So bieten die intertextuellen Bezüge ebenso ein Gespräch mit Franz Kafka, das auf die Frage nach dem weiteren Schicksal der Familie Barnabas aus dem *Schloss*-Roman mit einer Identifikation endet: »›Dann werden Sie es schreiben müssen‹, sagte er und lächelte außerdem. Er hatte denselben Akzent im Deutschen wie ich.«[18] Im *Zweiten Teil* des Romans wählt die Protagonistin ein Schicksal im Rollstuhl, das sie im bundesdeutschen Alltag erprobt, und betrachtet ihre Umgebung durch eine prismatische Brille. In der Erzählweise von Libuše Moníková wird ersichtlich, welche Verwandlungsmöglichkeiten die Ich-Figuration im autofiktionalen Text bietet.

In den 1990er Jahren veröffentlichte Franco Biondi zwei Romane, die bis in den Kontext der PoLi-Kunst zurückreichen und eng mit der Geschichte der Arbeitsmigration in der Bundesrepublik verknüpft sind. Zuerst: *Die Unversöhnlichen oder im Labyrinth der Herkunft* (1991)[19] – dann den nach Angaben des Autors in seiner Entstehungsgeschichte bis in die frühe Zeit seines Aufenthaltes in der Bundesrepublik datierbaren Roman *In deutschen Küchen* (1997).[20] Beide Romane tragen autofiktionale Züge, ohne dass ein autobiographischer Pakt zustande käme. Selbst wenn die Schriftstellerfigur Biondi in *Die Unversöhnlichen* sich mit dem Autornamen verbinden lässt, treibt die schizoide Konstruktion des Textes diese Zuordnung wieder auseinander. Auf dem Buchcover ist zu lesen:

---

16 | Ebd., S. 76.
17 | Ebd., S. 78.
18 | Ebd., S. 95.
19 | Biondi, Franco (1991): Die Unversöhnlichen oder Im Labyrinth der Herkunft. Tübingen: Heliopolis.
20 | Biondi, Franco (1997): In deutschen Küchen. Frankfurt a.M.: Brandes und Apsel.

»Franco Biondi gehört zu jenen deutsch schreibenden Schriftstellern nichtdeutscher Muttersprache, deren Werk untrennbar mit der eigenen Herkunft verbunden ist. Wenig verwunderlich also, wenn in diesem Roman der Schriftsteller Biondi selbst als alter ego des Ich-Erzählers in Erscheinung tritt – oder als sein unversöhnlicher Verfolger?«[21]

Im Verlauf der Auseinandersetzung des Ich-Erzählers mit seinem Schriftsteller-Double nutzt Biondi die Gespaltenheit des Erzählens über sich selbst, indem er diese auf der Figurenebene spiegelbildlich noch einmal verdoppelt:

»Da werde ich aufschreiben, was von Bedeutung sein kann: Das, was ich hier niederschreiben werde, muß mit der Herkunft eins werden. Ausgegrenzt von ihr, will ich in sie eingeschlossen werden. Beim Verfassen dieses Satzes weiß ich allerdings noch nicht, was im nächsten stehen wird, geschweige denn, was im letzten dieses Schriftstückes. Ich kann nicht ahnen, was die folgenden Seiten füllen wird; ich weiß nur, daß mich eine quälende Lust bedrängt, niederzuschreiben, was den Riß in der Erinnerung ausmacht. Ich ahne nur, daß die Kluft zwischen mir und mir sich weder durch Entschleiern des Unbewußten noch durch Freischaufeln des Erahnten auffüllen läßt.«[22]

Was angesteuert wird, ist eine brüchige Erinnerungskonzeption, die der reale Autor Biondi, von Beruf Familientherapeut, mit psychoanalytischen Termini zu reflektieren weiß. Die autofiktionale Inszenierung veräußert sich an Doppelstrukturen, die den Pakt der autobiographischen Gattung nicht mehr zulassen. Vielmehr drängen sich imaginäre Schizo-Konstellationen in die Risse der brüchig gewordenen Erinnerung. So bietet Biondis Roman *Die Unversöhnlichen* die Möglichkeit, ein Spiel mit gespaltenen Ich-Figurationen aufzuzeigen. In seinem Roman *In deutschen Küchen*, in dem sich der Protagonist eine Beinverletzung zuzieht, wird zudem deutlich, wie eng die Ich-Figurationen und ihre Wandlungen an die sprachliche Problematik gekoppelt sind, wie z.B. in folgender Szene bei der Auseinandersetzung mit dem Vater:

»Auf der dunklen Folie des Fensters spiegelte sich meine Figur wider, wie sie über die Tischkante gestreckt lag. Ich sah, wie der Abdruck meines Selbst schnaubte, grübelte und vibrierte. In meinem Kopf strandeten Sätze, die sich nicht mehr ineinanderfügten. Als strandeten sie im Niemandsland.«[23]

Während Biondis Roman *Die Unversöhnlichen* die Spaltungen auf der figuralen Ebene ausspielt, zeigt *In Deutschen Küchen* auch das Konzept einer deterritorialisierten Sprache. Festzuhalten ist, dass die Spaltungen der Ich-Figurationen in

---

21 | Biondi, Die Unversöhnlichen, Buchcover.
22 | Ebd., S. 16
23 | Biondi, In deutschen Küchen, S. 58.

interkultureller Literatur in hohem Maß an die Ent- und Verortungen ihrer Kulturalität sowie an ihre Sprachlichkeit gebunden sind.

In der interkulturellen Literatur der 1990er Jahre verdichtet sich das Spektrum an Texten weiter, die mit der Wandlungsfähigkeit der Ich-Erzählinstanz spielen. Auch die Berlin-Trilogie von Emine Sevgi Özdamar lässt sich mit ihren Protagonistinnen zu den Erzählweisen der Ich-Variation zählen, die zwischen autofiktionaler und pikaresker Dimension changieren. So fällt z.b. auf, dass der Übergang zwischen den drei Büchern der *Istanbul-Berlin-Trilogie Sonne auf halben Weg*[24] zwar als Geschichte einer Migration aneinander angeschlossen werden könnte, im Hinblick auf die Personalität der Protagonistin allerdings eine grundsätzliche Divergenz erkennen lässt. Erst der letzte Band *Seltsame Sterne starren zur Erde* lässt sich mit der Berliner Zeit der Autorin identifizieren, während sich *Die Brücke vom Goldenen Horn* diesem Modus zwar bereits annähert, das *Karawanserei*-Buch dagegen, weit entfernt davon, lediglich eine autofiktionale Kindheit erzählt.

In Anlehnung an pikareske Perspektiven gibt auch Feridun Zaimoglu in seinem Band *Kanak Sprak* (1995)[25] mit dem Untertitel *24 Mißtöne vom Rande der Gesellschaft* den sozialen Standort seiner Sprechmasken unmissverständlich zu erkennen: *Rapper, Transsexuelle, Breaker, Gelegenheitsstricher, Gigolo, Streuner* usw. lauten die Kennzeichnungen. Figuren, die sich mit kleiner Kriminalität und Tricks durchs Leben bringen, in den gesellschaftlichen Randzonen, in denen sie vagabundieren. So konnte Mirjam Gebauer feststellen: »Zaimoglu macht also wechselnde Figuren zur Plattform der eigenen Identitätsbildung und verwirft sie wieder, wie z.B. den Kanaken. In seinen Figurenentwürfen und -konstellationen bleibt das Fremde präsent, auch wenn es immer wieder in anderer Gestalt auftritt.«[26] Aber auch in seinen autobiographisch gefärbten Texten zeigt sich eine Tendenz zur pikaresken Wandlungsfähigkeit des Ich. Bereits in *Liebesmale Scharlachrot* (2000), *German Amok* (2002) und noch in der Erzählung aus *Zwölf Gramm Glück* (2004) finden sich Anklänge an *alter ego*- und Ich-Figurationen.

Auch Wladimir Kaminer bezieht in seinen Texten sehr häufig die Position des Schelms, der zwischen den Kulturen anekdotischen Ulk verbreitet. In seinem autofiktionalen Erstlingsroman *Militärmusik* (2001)[27] generieren lose aneinandergereihte Anekdoten ein pikareskes Erzählprinzip, das der Autor in der Folge

---

24 | Özdamar, Emine Sevgi (2006): Sonne auf halben Weg. Die Istanbul-Berlin-Trilogie. Frankfurt a.M.: Kiepenheuer & Witsch.

25 | Zaimoglu, Feridun (1995): Kanak Sprak. 24 Mißtöne vom Rande der Gesellschaft. Hamburg: Rotbuch.

26 | Gebauer, Mirjam (2009): »Lebensgeschichte einer Zunge – autobiographisches Schreiben jenseits der Muttersprache bei Yoko Tawada«. In: Grote, Michael/ Sandberg, Beatrice (Hg.): Entwicklungen, Kontexte, Grenzgänge. München: iudicium, S. 114-129, hier S. 138.

27 | Kaminer, Wladimir (2001): Militärmusik. München: Goldmann.

weiter ausbauen wird. Der Protagonist wird von den erzählten Episoden her beleuchtet, nicht von einer vorgefassten Vita. Zahlreiche weitere Texte wären hier zu nennen, bei denen autofiktionales oder auch pikareskes Erzählen zu Ich-Variationen genutzt wird.

4. META-POETIK DER ICH-VERWANDLUNGEN BEI YOKO TAWADA

In der Gegenwartsliteratur hat besonders Yoko Tawada das Thema der Verwandlung und Wandelbarkeit zu ihrem Erzählprinzip gemacht. In dieser Hinsicht bildet das verwandlungsfähige Erzählen von Tawada einen Metatext zu einer Strukturlinie der inter-/transkulturellen Literatur und erweist sich in ihrer Intensität und ihrem hohen Verflechtungsgrad als transkulturelle Schreibweise. Aufs Engste sind bei Tawada Ich-Erzählweise und Metamorphosen der Ich-Figur miteinander verbunden. So weist Monika Schmitz-Emans auf die Verbindung von Verwandlung und Ich-Problematik bei Yoko Tawada hin: »Aktualisiert wird das Konzept der ›Verwandlung‹ bei Tawada insbesondere bei der literarischen Auseinandersetzung mit dem Ich, das sich nicht nur, aber vor allem als Folge der Freudschen Psychologie – in der Moderne als fließend und wandelbar zu begreifen lernt.«[28] Ausgehend von *Opium für Ovid*, den Essays und dem frühen Kurzroman *Das Bad* untersucht Schmitz-Emans[29] Tawadas Verwandlungsgeschichten, die im Hinblick auf die Tübinger *Poetik-Vorlesungen* der Autorin als eine »Poetik des metamorphotischen Selbst«[30] bezeichnet werden können. In ihrer Tübinger Poetik-Vorlesung versteht Yoko Tawada die Verwandlung am Beispiel der Stimme als Kategorie der Mimikry durch Migration:

»Was macht man, wenn man von fremden Stimmen umgeben ist? Einige Menschen versuchen bewußt oder unbewußt, ihre Stimme der neuen Umgebung anzupassen. Tonhöhe und Lautstärke werden korrigiert, der neue Sprachrhythmus wird nachgeahmt und auf das Ein- und Ausatmen geachtet. Jeder Konsonant, jeder Vokal und vielleicht auch jedes Komma durchlaufen die Fleischzellen und verwandeln die sprechende Person. Das ist vielleicht einer der Gründe, warum die Emigranten in der zweiten oder dritten Generation andere Gesichter bekommen als diejenigen, die im Lande der Vorfahren geblieben sind.«[31]

---

28 | Schmitz-Emans, Monika (2006): »Autobiographie als Transkription und Verwandlung: Yoko Tawada in den Spuren Kafkas«. In: Breuer, Ulrich/Sandberg, Beatrice (Hg.): Grenzen der Identität und der Fiktionalität. München: iudicium, S. 140-155, hier S. 146.
29 | Schmitz-Emans, Monika (2008): Poetiken der Verwandlung. Innsbruck/Wien/Bozen:
30 | Ebd., S. 195
31 | Tawada, Yoko (1998): Verwandlungen. Tübinger Poetik-Vorlesung. Tübingen: Konkursbuch, S. 8.

Mit Verfahren wie kulturelle Übersetzung und Verwandlung bzw. Mimikry trägt sich die Poetik von Tawada ein in den Raum postkolonialer Erzähl- und Schreibweisen. Immer wieder wird von Tawada dabei die Divergenz der ersten Person Singular in der japanischen Sprache im Vergleich zu europäischen Sprachen beleuchtet. Im Unterschied zum Japanischen trägt das Ich in europäischen Sprachen keine Markierung des Geschlechts. Auch Holenstein zieht übrigens dieses Beispiel heran, um die Frage zu illustrieren, wie Topokalisierung und Identifizierung miteinander verknüpft sind: »Im Japanischen erhält das Personalpronomen der ersten Person *watashi* genauso das Topokalisierungszeichen *–wa* angehängt wie jeder andere Term, der den Bezugsgegenstand eines Prädikats signalisieren soll.«[32] Unter dem Titel »Eine leere Flasche« lässt Tawada in ihren Essays und Erzählungen aus dem Band *Überseezungen* ihre Überlegungen über die Verwendungsweisen der Pronomen in Mädchen- und Jungenbezeichnungen im Japanischen mit dem befreienden Ausblick enden:

»Denn ich zog nach Europa und fand das Wort ›Ich‹, bei dem man sich keine solchen Gedanken mehr machen mußte. Ein Ich muß kein bestimmtes Geschlecht haben, kein Alter, keinen Status, keine Geschichte, keine Haltung, keinen Charakter. Jeder kann sich einfach ›ich‹ nennen. Dieses Wort besteht nur aus dem, was ich spreche, oder genauer gesagt aus der Tatsache, daß ich überhaupt spreche. Das Wort zeigt nur auf den Sprecher, ohne eine weitere Information über ihn hinzuzufügen.«[33]

In der Formulierung von Tawada klingt nach, was Roman Jakobson als Funktion des Shifters am Beispiel des Pronomens *Ich* hervorgehoben hat, das gleichzeitig als symbolisches Zeichen funktioniert und dabei indexikalisch auf den Sprecher verweist.

Strukturell und narrativ genutzt wird die Verwandlungsfähigkeit der erzählten Ich-Figuration bereits in ihrem frühen Kurzroman *Das Bad* (1993), der mit folgender Szene beginnt: »Der menschliche Körper soll zu achtzig Prozent aus Wasser bestehen, es ist daher auch kaum verwunderlich, daß sich jeden morgen ein anderes Gesicht im Spiegel zeigt.«[34] Über dieses alltägliche Verwandlungspotential hinaus zeichnet sich aber ebenso eine kulturelle Verwandlung ab, die in eine körperliche übergeht: »Bei dem Spiegel hing in einem Rahmen eine Portraitaufnahme von mir. Mein Tag begann damit, daß ich beim Vergleich des Spiegelbilds Unterschiede entdeckte, die ich dann mit Schminke korrigierte.«[35] Ähnlich

---

32 | Holenstein, Die eigenartige Grammatik des Wortes ›Ich‹, S. 330f., vgl. auch S. 331: »Wie kann ich mich zum ›Topos‹ eines ›Kommentars‹ erheben, ohne mich zugleich zu identifizieren?«.
33 | Tawada, Yoko (2002): »Eine leere Flasche«. In: Dies.: Überseezungen: Literarische Essays. Tübingen: Konkursbuch, S. 53-57, hier S. 56.
34 | Tawada, Yoko (1993): Das Bad. Tübingen: Konkursbuch, o.P.
35 | Ebd.

wie bei der von Roland Barthes beschriebenen japanischen Schauspielkunst überbrücken die gestalteten Gesichter den Raum der entleerten Zeichen.[36] Allerdings geht die Verwandlung bei Tawada in ein Schuppenwesen über: »Im Licht einer Kerze bemerkte ich Schuppen, die, winziger als die Flügel kleiner Käfer, die Haut bedeckten.«[37] Das Individuum wird eingeholt von einer Verwandlung, die sich körperlich in einer Vielheit ausprägt, wie sie Elias Canetti in seinem kulturanthropologischen Versuch *Masse und Macht* beschrieb.[38] Im Verlauf des Romans verliert die Erzählerin durch den Biss einer Seezunge ihre eigene Zunge und Sprachfähigkeit, wodurch sich ihr beruflicher Status in Verwandlungen nivelliert:

»In Wirklichkeit war ich gar keine Dolmetscherin; hin und wieder habe ich eine Dolmetscherin imitiert. In Wirklichkeit war ich nur eine Typistin. Jetzt wo ich meine Zunge verloren hatte, konnte ich nicht einmal mehr eine Dolmetscherin imitieren.«[39]

Der Kurzroman *Das Bad* problematisiert über seine Verwandlungen einerseits »die Entwicklung bikultureller weiblicher Identitäten«.[40] Andererseits wird mit der Wandlungsfähigkeit der Ich-Figuration auch die Maske einer *Persona* destruiert, wie sie seit der Antiken Rhetorik für westliche Gesellschaften prägend ist. Dadurch entzieht sich aber auch die Ich-Figuration einer Einheit, die in einer Person festgeschrieben werden könnte, wie es das Personalpronomen vorgibt. Die Relation von Figur und Person muss von hieraus anders akzentuiert werden. Die Erzählweise konzentriert sich vielmehr auf das *erzählte Ich* und seine Variationsfähigkeit. Dass aber die Verwandlungen bei Tawada von der Sprache und der Zwischen-Sprachlichkeit her inszeniert werden, macht sie zu Ereignissen in der Erzählstruktur.[41] Vor diesem Hintergrund können auch narratologische Kategorien neu überdacht werden.

---

36 | Barthes, Roland (1981): Im Reich der Zeichen. Übers. v. Michael Bischoff. Frankfurt a.M.: Suhrkamp, S. 65 u. S. 122-127.
37 | Tawada, Das Bad, o.P.
38 | Canetti, Elias (1960): Masse und Macht. München: Hanser, S. 397-455.
39 | Tawada, Das Bad, o.P.
40 | Fischer, Sabine (1997): »›Wie der Schlamm in einem Sumpf‹: Ich-Metamorphosen in Yoko Tawadas Kurzroman ›Das Bad‹«. In: Howard, Mary (Hg.): Interkulturelle Konfigurationen: Zur deutschsprachigen Erzählliteratur von Autoren nichtdeutscher Herkunft. München: iudicium, S. 63-76, hier S. 63.
41 | Gebauer, Mirjam (2009): »Lebensgeschichte einer Zunge – autobiographisches Schreiben jenseits der Muttersprache bei Yoko Tawada«. In: Grote, Michael/ Sandberg, Beatrice (Hg.): Entwicklungen, Kontexte, Grenzgänge. München: iudicium, S. 114-129, hier S.116: »In ihren autobiographischen Texten stehen deshalb oft keine herkömmlichen Plots über Erlebnisse und Ereignisse im Mittelpunkt, vielmehr nimmt die Begegnung mit der Sprache selbst erlebnis- und ereignishaften Charakter an.«

5. Zur Narratologie interkulturellen Ich-Erzählens

Die narratologische Forschung der letzten Jahre hat sich vor allem um eine Präzisierung der Kategorien und Ebenen bemüht, auf denen ihre Instanzen angesiedelt sind. Die Stanzelsche *Ich*-Erzählsituation kann darin berechtigterweise keine trennscharfe Kategorie mehr darstellen, müsste sie doch gleichermaßen auktorial und personal modelliert werden. Vielmehr werden die Kategorien von der Position bzw. Relation des Erzählers zur Erzählung her gedacht. Mit Genette lässt sich ein Erzähler, der »in der Geschichte, die er erzählt, anwesend ist«,[42] unabhängig von der Verwendung der ersten oder dritten Person als homodiegetisch bestimmen; erzählt er über sich selbst als Hauptfigur, so ist dies als autodiegetisch zu verstehen.[43] Wolf Schmid schlägt zudem vor, »die traditionelle, aber problematische Dichotomie *Ich-Erzähler* vs. *Er-Erzähler* durch die »Opposition *diegetisch* vs. *nichtdiegetisch* zu ersetzen«.[44] Im Falle eines diegetischen Erzählers, »der folglich über sich selbst – genauer sein früheres Ich – als Figur der erzählten Geschichte erzählt«,[45] kann das *erzählte Ich* der Diegesis und das *erzählende Ich* der Exegesis und zugerechnet werden kann, was auch Kommentare und Reflexionen ermöglicht. Wenn die Systematik der aktuellen Narratologie von der Kategorie eines *Ich-Erzählers* Abstand nimmt, erschwert dies allerdings, die Spezifik von Ich-Variationen wahrzunehmen, wie sie besonders in der inter-/bzw. transkulturellen Gegenwartsliteratur auftreten. Ein Einwand, der sich abzeichnet, ist, dass inter-/transkulturelle Erzähler sehr häufig die Raffinessen der narrativen Gestaltung auf der Diskursebene vernachlässigen zugunsten einer Entfaltung von Ich-Variationen in der Geschichte. Anders formuliert, nicht die Exegesis wird bemüht, sondern die Diegesis ist es, in der sich interkulturelles Erzählen zumeist bewegt. Es wird gezeigt und wenig kommentiert, es wird auf der Handlungsebene Sprache und Sprachlichkeit vorgeführt, aber wenig Distanz dazu aufgebaut. Ähnlichkeiten zeigen inter-/transkulturelle Ich-Erzählweisen in dieser Hinsicht mit Verfahren des *Nouveau Roman*. Steht hier also – in strukturalistischer Terminologie – *histoire* vor *discours* bzw. Diegesis vor Exegesis, so hat dies auch Auswirkungen auf die Verwendung der Ich-Form und ihre Verwandlungsmöglichkeiten im Erzählen. Während das Ich auf der exegetischen Ebene kaum bemerkbar ist, wird seine Variabilität auf der Ebene der Diegesis fortlaufend inszeniert. Die dissoziativen Prozesse der Variation überlagern die einheitsstiftende Kategorie der Person. Diese Relation des distanzlosen, aber dissoziativen Ich-Erzählens ist eng mit der Sprachproblematik der Texte verbunden.

---

42 | Genette, Gérard (^{3}2010): Die Erzählung. Übers. v. Andreas Knopp, hg. v. Jochen Vogt. München: Fink, S. 159.
43 | Ebd.
44 | Schmid, Wolf (^{2}2008): Elemente der Narratologie. Berlin, New York: De Gruyter.
45 | Ebd., S. 87.

Daher muss darauf hingewiesen werden, dass die narratologische Modellbildung vor allem an einzel- bzw. nationalsprachlich kanonisierten Texten entwickelt wurde, obwohl es bei zwischensprachlich konzipierten Texten zu anderen Konsequenzen in der Theoriebildung kommen kann. Zumeist wurde in gängigen theoretischen Entwürfen die Sprachgebung des Erzählens als unproblematisch vorausgesetzt bzw. auch der pronominale Wechsel als Stilübung, wie bei Genette, als Transvokalisation[46] eingestuft. Berücksichtigt wurde der Aspekt der Verbalisierung[47] vor allem in dem idealgenetischen Modell narrativer Ebenen von Schmid. Allerdings gilt es auch das von Schmid in vier narrative ›Ebenen untergliederte Modell aus interkultureller Perspektive zu beleuchten. Die vierschrittige Einteilung in *Geschehen, Geschichte, Erzählung* und *Präsentation der Erzählung*[48] integriert zwar Aspekte der Verbalisierung,[49] kann aber ihre Auswirkung auf die narrativen Transformationen noch nicht beschreiben. Inter-/transkulturelle Erzählweisen nehmen sich jedoch häufig die Problematik ihrer Sprachgebung bzw. ihre Zwischensprachlichkeit zum Ausgangspunkt. Verbalisierungen und Übergänge zwischen den Sprachen sowie Variationen von Figurationen werden zu Ereignissen des Erzählens, die sich als topologische, aber auch semantische Grenzüberschreitung im Sinne Lotmans[50] realisieren. Wenn sich die Sprachgebung so als Transformationsprinzip rekursiv in die narrativen Ebenen einträgt, können auch Kategorien wie z.B. die Einheit der Person und ihre kulturellen Attribute hinterfragt bzw. inter-/transkulturell perspektiviert werden. Über ihre Verwandlungen und Variationen schaffen sich Formen des Ich-Erzählens in der Literatur der Migration einen Interpretations- und letztlich auch Handlungsspielraum zwischen den Sprachen und Kulturen.

SCHLUSSBEMERKUNG

Die inter-/transkulturelle Literatur der Gegenwart bringt im Ich-Erzählen ihre zwischensprachliche und zwischenkulturelle Verfasstheit zur Geltung, so dass Sprachgebung und Sprachwechsel auf der Ebene des Erzählten zu Ereignissen werden können. Eine Form dieser Grenzüberschreitung bieten Metamorphosen und Verwandlungen bzw. Variationen. Durch die spezifische Form des Ich-Erzählens oder im weiteren Sinne des Erzählens über sich selbst kommt eine Variabilität zum Ausdruck, die sich auf der Ebene des Erzählten noch einmal

---

46 | Genette, Gérard (1993): Palimpseste. Die Literatur auf zweiter Stufe. Hg. u. übers. v. Wolfram Bayer u. Dieter Hornig. Frankfurt a.M.: Suhrkamp, S. 397-401, hier S. 397f.
47 | Schmid, Elemente der Narratologie, S. 276.
48 | Ebd., S. 251.
49 | Ebd., S. 254.
50 | Lotman, Jurij M. (1973): Die Struktur des künstlerischen Textes. Hg. v. Rainer Grübel. Frankfurt a.M.: Suhrkamp, S. 360.

potenzieren kann. Eine Autorin, die Metatexte zu diesem Verwandlungspotential in der inter-/transkulturellen Literatur schreibt, ist Yoko Tawada. Gerade in der Ich-Erzählweise von Yoko Tawada lassen sich Verfahren der Verwandlung und Variation erkennen, wie sie das Erzählen in der Literatur der Migration thematisch und strukturell bestimmen.

Literatur

Primärliteratur

Biondi, Franco (1991): Die Unversöhnlichen oder Im Labyrinth der Herkunft. Tübingen: Heliopolis.
Biondi, Franco (1997): In deutschen Küchen. Frankfurt a.M.: Brandes und Apsel.
Tawada, Yoko (1998): Verwandlungen. Tübinger Poetik-Vorlesung. Tübingen: Konkursbuch.
Tawada, Yoko (2002): »Eine leere Flasche«. In: Dies.: Überseezungen: Literarische Essays. Tübingen: Konkursbuch, S. 53-57.
Zaimoglu, Feridun (1995): Kanak Sprak. 24 Mißtöne vom Rande der Gesellschaft. Hamburg: Rotbuch.

Sekundärliteratur

Barthes, Roland (1981): Im Reich der Zeichen. Übers. v. Michael Bischoff. Frankfurt a.M.: Suhrkamp.
Breuer, Ulrich/Sandberg, Beatrice (Hg.) (2006): Grenzen der Identität und der Fiktionalität. München: iudicium.
Canetti, Elias (1960): Masse und Macht. München: Hanser.
Cohn, Dorrit (1978): Transparent Minds: Narrative Modes for Presenting Consciousness in Fiction. Princeton: University Press.
Elias, Norbert ([10]2004): Was ist Soziologie. Weinheim/München: Juventa.
Fischer, Sabine (1997): »›Wie der Schlamm in einem Sumpf‹: Ich-Metamorphosen in Yoko Tawadas Kurzroman ›Das Bad‹«. In: Howard, Mary (Hg.): Interkulturelle Konfigurationen: Zur deutschsprachigen Erzählliteratur von Autoren nichtdeutscher Herkunft. München: iudicium, S. 63-76.
Gebauer, Mirjam (2006): »Der Barbar in der Wagenburg. Feridun Zaimoglus Ich-Entwürfe«. In: Breuer, Ulrich/ Sandberg, Beatrice (Hg.): Grenzen der Identität und der Fiktionalität. München: iudicium, S. 126-139.
Gebauer, Mirjam (2009): »Lebensgeschichte einer Zunge – autobiographisches Schreiben jenseits der Muttersprache bei Yoko Tawada«. In: Grote, Michael/ Sandberg, Beatrice (Hg.): Entwicklungen, Kontexte, Grenzgänge. München: iudicium, S. 114-129.

Genette, Gérard (1993): Palimpseste. Die Literatur auf zweiter Stufe. Hg. u. übers. v. Wolfram Bayer u. Dieter Hornig. Frankfurt a.M.: Suhrkamp.

Genette, Gérard (³2010): Die Erzählung. Übers. v. Andreas Knopp, hg. v. Jochen Vogt. München: Fink.

Graevenitz, Gerhart v. (1996): »Das Ich am Ende. Strukturen der Ich-Erzählung in Apuleius' ›Goldenem Esel‹ und Grimmelshausens ›Simplicissimus Teutsch‹«. In: Stierle, Karlheinz/ Warning, Rainer (Hg.): Das Ende. Figuren einer Denkform. München: Fink, S. 123-154.

Holenstein, Elmar (1982): Die eigenartige Grammatik des Wortes ›Ich‹. In: Zeitschrift für philosophische Forschung, H. 36, S. 327-343.

Jakobson, Roman (1971): »Shifters, Verbal Categories, and the Russian Verb«. In: Ders.: Selected Writings II, Den Haag: Mouton, S. 130-147.

Kaminer, Wladimir (2001): Militärmusik. München: Goldmann.

Kayser, Wolfgang (1965): »Wer erzählt den Roman?«. In: Klotz, Volker (Hg.): Zur Poetik des Romans. Darmstadt: Wissenschaftliche Buchgesellschaft, S. 197-216.

Lachmann, Renate (1990): Gedächtnis und Literatur. Intertextualität in der russischen Moderne. Frankfurt a.M.: Suhrkamp.

Lotman, Jurij M. (1973): Die Struktur des künstlerischen Textes. Hg. v. Rainer Grübel. Frankfurt a.M.: Suhrkamp.

Man, Paul de (1993): »Autobiographie als Maskenspiel«. In: Ders.: Die Ideologie des Ästhetischen. Hg. v. Christoph Menke, übers. v. Jürgen Blasius. Frankfurt a.M.: Suhrkamp, S. 131-145.

Moníková, Libuše (1988): Pavane für eine verstorbene Infantin. München: dtv.

Özdamar, Emine Sevgi (2006): Sonne auf halben Weg. Die Istanbul-Berlin-Trilogie. Frankfurt a.M.: Kiepenheuer & Witsch.

Schmid, Wolf (²2008): Elemente der Narratologie. Berlin/ New York: De Gruyter.

Schmitz-Emans, Monika (2006): »Autobiographie als Transkription und Verwandlung: Yoko Tawada in den Spuren Kafkas«. In: Breuer, Ulrich/ Sandberg, Beatrice (Hg.): Grenzen der Identität und der Fiktionalität. München: iudicium, S. 140-155.

Schmitz-Emans, Monika (2008): Poetiken der Verwandlung. Innsbruck/Wien/Bozen: Studienverlag.

Spitzer, Leo (²1961): »Zum Stil Marcel Prousts«. In: Ders.: Stilstudien, Bd. II, Stilsprachen. Darmstadt: Wissenschaftliche Buchgesellschaft, S. 365-497.

Stanzel, Franz F. (³1985): Theorie des Erzählens. Göttingen: Vandenhoeck & Ruprecht.

Vogt, Jochen (⁸1998): Aspekte erzählender Prosa. Eine Einführung in Erzähltechnik und Romantheorie. Opladen: Westdeutscher Verlag.

Wagner-Egelhaaf, Martina (2006): »Autofiktion oder: Autobiographie nach der Autobiographie. Goethe – Barthes – Özdamar«. In: Breuer, Ulrich/ Sandberg, Beatrice (Hg.): Grenzen der Identität und der Fiktionalität. München: iudicium, S. 353-368.

Die Lyrik José F. A. Olivers
Versuch einer »modernen« interkulturellen Hermeneutik

Raluca Rădulescu

1. Einführung. Eine »moderne« interkulturelle Hermeneutik?[1]

In Deutschland, jedoch in einer Familie spanischer Migranten geboren, wird José F. A. Oliver als Autor mit Migrationshintergrund bezeichnet und somit einem Panoptikum von Schriftstellern eingegliedert, die in den letzten Jahren keine Nischenliteratur mehr betreiben, sondern den Weg zum Kanon der binnendeutschen Literatur gefunden haben. Die interkulturelle Germanistik hat die Autoren mit Migrationshintergrund längst für sich in Anspruch genommen, da in ihren Werken ausgiebige Stoffe für die Anwendung von Methoden und Begriffen aus der Kulturwissenschaft zur Verfügung standen. Trotzdem habe ich während meiner Forschungsarbeit der letzten Jahre wissenschaftliche Ansätze vermisst, die die Literarizität und den ästhetischen Wert der Texte hervorheben. Eine interkulturelle Hermeneutik ist der Deutung dieser Literatur unentbehrlich, und ich möchte mit meinen Anmerkungen keine Rückkehr zur strukturalistisch-formalistischen Philologie oder zur textimmanenten Kritik vorschlagen, sondern nur auf die Gefahr aufmerksam machen, dass in den letzten Jahren bei den meisten Deutungsversuchen der Migrationsliteratur die Literarizität der Texte oft zugunsten autobiographischer bzw. soziologischer Muster verloren gegangen ist.

Bereits bei der ersten Lektüre von José F. A. Olivers Gedichten konnte ich mit Vergnügen feststellen, dass ich vor einem *poeta doctus* stand, dem es nicht vordergründig galt, seine interkulturellen Erfahrungen literarisch zu verarbeiten, sondern eine kulturell-ästhetische Tradition zu verfolgen und in seinen Texten zu vergegenwärtigen, um sich dadurch Orientierung zu schaffen und seine literarische sowie allgemeinmenschliche Identität mit dieser in Beziehung zu setzen.

---

1 | Näheres zum Thema und zur Lyrik Olivers in: Rădulescu, Raluca (2016): Monologe und Dialoge der Moderne. Gottfried Benn, Paul Celan, José F. A. Oliver. Berlin/ Münster u.a.: LIT.

Eine besondere Stellung kommt bei Oliver der Rezeption von Paul Celans und darüber hinaus der Lyrik der europäischen und spanischen Moderne (Lorca, Hernandez) zu. Es lassen sich konkrete Verweise darauf in Form von Zitaten oder intertextuellen Einschüben feststellen. Die Interkulturalitätsbezüge sind der Fiktionalität der Texte sowie der poetischen Herangehensweisen zuzuschreiben. Ihr besonderer Wert besteht, um wiederum auf die Ansätze der Moderne zu greifen, nicht im »Was«, sondern im »Wie«. Bei Oliver kommt der Verfremdung von Stoffen, Zitaten, Autorenbezügen, Erfahrungen eine besondere Bedeutung zu.

Das der Migrationsliteratur inzwischen stereotypisch zugeordnete Repertoire an Stoffen, Themen und Motiven ist längst bekannt, und die Marktverhältnisse haben auch in diesem Literaturbetrieb die Rekurrenz bestraft und an den Rand geschoben. Die heutige Migrationsliteratur möchte nicht nur als solche wahrgenommen werden, die Problematiken werden den binnendeutschen Zusammenhängen angepasst, man schreibt bereits nicht mehr außerhalb, sondern in den Kanon mit den deutschen Kollegen Schulter an Schulter hinein. Die gegenwärtige Tendenz der wahrscheinlich in Kürze nicht mehr mit diesem Begriff bezeichneten »Migrationsliteratur« ist es, sich von heimatlichen Stoffen und Inhalten zu entfernen und sich mit den aktuellen Milieuverhältnissen im Einwanderungsland Deutschland auseinanderzusetzen.

Bei Oliver, wie bei inzwischen allen seinen Gefährten mit Migrationshintergrund, sind es nicht mehr die Stoffe, die Aufsehen erregen, sondern die Art und Weise, wie sie fiktionalisiert werden, inwiefern es dem Schriftsteller gelingt, die Wirklichkeit ästhetisch zu verfremden. Unter den oben geschilderten Umständen ist (auch) bei einem Autor mit Migrationshintergrund eine Hermeneutik der Moderne, die Klarheit über die intertextuelle Lesart schaffen sollte, unentbehrlich. Ohne den richtigen Schlüssel können seine Texte nicht gründlich untersucht und verstanden, noch kann das Wirkungsfeld der Interkulturalität angemessen beleuchtet werden.

Unter »Struktur« versteht Hugo Friedrich in seinem 1956 erschienenen grundlegenden und immer noch aktuellen Buch *Die Struktur der modernen Lyrik* »ein organisches Gefüge, eine typenhafte Gemeinsamkeit von Verschiedenem«[2], und setzt sie in Bezug zu einer Gruppe von Dichtern, die aus verschiedenen Ländern, Kulturtraditionen und geschichtlichen Epochen stammen, ohne sich unbedingt gegenseitig beeinflusst zu haben, und deren Eigentümlichkeiten sowohl bei jedem einzelnen als auch innerhalb der Gesamtgruppe zusammenstimmen. Von den französischen Lyrikern Baudelaire, Rimbaud und Mallarmé ausgehend, zählt Friedrich ihnen eine Reihe französischer Dichter von Apollinaire bis zu Saint-John Perse zu, im deutschsprachigen Raum den späten Rilke, Trakl und Benn, im spanischen García Lorca, Jiménez, Alberti, Diego, Guillén, Aleixandre, dem italienischen von Palazzeschi, bis zu Montale und Ungaretti, dem angelsächsischen

---

2 | Friedrich, Hugo (2006): Die Struktur der modernen Lyrik. Reinbek bei Hamburg: Rowohlt, S. 12.

von Yeats bis zu T.S. Eliot. Allen sind, was Friedrich anhand von nahen Textanalysen überzeugend beweist, ein Repertoire von ästhetischen Haltungen und Ausdrucksmitteln, eine »Struktureinheit«, eine stilistische Matrix gemeinsam, die sich transnational, transkulturell und generationsübergreifend behauptet.

Beim Anblick des modernen Kunstwerks werden die Erwartungen des Zuschauers oder des Lesers enttäuscht, er kann in ihm weder seine vertraute Wirklichkeit noch sich selbst wiederfinden, er wird in eine Verlegenheit getrieben, die den Zweifel an der Macht gesunden Menschenverstandes und den Eindruck der »Abnormität«[3] hervorruft. Traditions- und bahnbrechende Mittel werden eingesetzt, die die Norm und die Normalität in Frage stellen, sogar sich über sie hinwegsetzen. Das Verstehen wird »desorientiert«, es entsteht eine ursprünglich unüberwindbare »dissonantische Spannung«,[4] die ein Ziel der modernen Künste sein soll. Hugo Friedrichs Entscheidung, die moderne Dichtung von der Warte »negativer Kategorien« aus zu interpretieren, verwendet Begriffe, die nicht »abwertend, sondern definitorisch« angewendet werden, und anhand deren der Potential an Modernität überprüft werden soll. Die negativen Kategorien sehen in einer knappen Aufzählung zusammengefasst folgendermaßen aus: Desorientierung, Auflösung des Geläufigen, eingebüßte Ordnung, Inkohärenz, Fragmentarismus, Umkehrbarkeit, Reihungsstil, entpoetisierte Poesie, Zerstörungsblitze, schneidende Bilder, brutale Plötzlichkeit, dislozieren, astigmatische Sehweise, Verfremdung.[5]

Worauf ich mich ferner innerhalb meiner Untersuchung berufen werde ist ein Begriffsrepertoire, das von diesen Kategorien ausgeht und sie auf die Deutungsmuster des Expressionismus bezieht und darauf hybridisiert. Die Analysekategorien sind: Entpersönlichung/Enthumanisierung/das künstliche Ich; Artistik und Abstraktion; die leere Transzendenz/die leere Idealität; das Hässliche und das Groteske. Auf der Ebene der stilistischen Verfahren herrschen folgende vor: Der inkongruente Stil; Gleichzeitigkeit des (Un)gleichen. Das Simultangedicht. Parataxe. Synästhesie. Synekdoche; Visionäres Bild, Vision und Chiffre; Einblendungstechnik und Systembrüche.

---

3 | Ebd., S. 18.
4 | Ebd., S. 15.
5 | Ebd., S. 22.

2. José F. A. Oliver. Poetik des »dialogischen Dialogs«

Auf den ersten Blick soll der 2007 erschienene Essayband *Mein andalusisches Schwarzwalddorf*[6] Auskunft über den autobiographischen Hintergrund des einer spanischen Familie entstammenden Dichters José F. A. Oliver geben.[7] Das Pendeln zwischen den zwei Ländern Deutschland und Spanien, das sowohl geographisch als auch als Identitätsstiftungsprozess dargestellt wird, wirkt sich auf die Sprache aus, wird Teil eines ästhetischen Nachdenkens über den Ursprung der dichterischen Sprache im interkulturellen Umfeld. Der Weg der Eltern, die als damalige Gastarbeiter aus Andalusien in den deutschen Schwarzwald ausgewandert sind, sowie die temporäre Rückkehr im Sommerurlaub nach Spanien, wodurch das Kind erst die Möglichkeit bekommt, das Land seiner Vorfahren kennenzulernen, sollen als Meilensteine der Identitätsbildung aufmerksam verfolgt und rekonstruiert werden. Den physischen und seelischen Topographien, die vielfach umrissen, ja umkreist werden, entspricht eine sprachliche Landschaft, die sich über diese hinwegsetzt und sie transzendiert. Erst in der Sprache wird die erfahrene Wirklichkeit zum wahren Erlebnis, wird sich das Ich seiner Bestimmung und Berufung erst bewusst.

Drei Zitate dreier verschiedener Autoren werden den Essays Olivers vorangestellt. Der erste stammt von dem deutschsprachigen Schriftsteller bulgarischer Herkunft Ilija Trojanow und bringt die Schleier-Metapher ins Spiel. Man brauche einen gelüfteten Schleier, der »den Blick auf einen weiteren Schleier« öffnen sollte. Somit wird auf die vermittelnde und zugleich rätselhafte Funktion der Kunst hingewiesen, die eine Wirklichkeit zweiten Ranges schaffen soll, die

---

6 | Oliver, José F. A. (2007): Mein andalusisches Schwarzwalddorf. Essays. Frankfurt a.M.: Suhrkamp.

7 | José F. A. Oliver wurde als Sohn einer andalusischen Gastarbeiterfamilie geboren, die 1960 aus Málaga in die Bundesrepublik Deutschland gekommen war. Seit den Achtzigerjahren lebt er als freier Schriftsteller in seiner Heimatstadt Hausach, unterbrochen von Auslandsaufenthalten in der Schweiz, Spanien, Ägypten, Peru und den USA. Seine Gedichte wurden in mehrere Sprachen übersetzt und 1997 mit dem Adelbert von Chamisso- Preis ausgezeichnet. 2002 war Oliver Gastprofessor am Massachusetts Institute of Technology in den USA, 2007 übernahm er die Chamisso-Poetikdozentur an der TU Dresden, 2004 war er Stadtschreiber in Kairo und 2015 wurde ihm der Baseler Lyrikpreis verliehen. Zu seinem Werk gehören vor allem Lyrikbände und Essays: *Auf-Bruch*, Berlin 1987; *Heimatt und andere fossile Träume*, Berlin 1989; *Vater unser in Lima*, Tübingen 1991; *Weil ich dieses Land liebe*, Berlin 1991; *Gastling*, Berlin 1993; *Austernfischer, Marinero, Vogelfrau*, Berlin 1997; *Duende*, Gutach 1997; *Hausacher Narren-Codex*, Hausach 1998; *fernlautmetz*, Frankfurt a.M. 2000; *nachtrandspuren*, Frankfurt a.M. 2002; *finnischer wintervorrat*, Frankfurt a.M. 2005; *unterschlupf*, Frankfurt a.M. 2006; *Mein andalusisches Schwarzwalddorf*, Frankfurt a.M. 2007; *fahrtenschreiber*, Berlin 2010; *Lyrisches Schreiben im Unterricht. Vom Wort in die Verdichtung*, Seelze 2013; *Fremdenzimmer*, Frankfurt a.M. 2015.

die erste verdeutlichen soll, wobei diese erst den Zugang zur dahinterstehenden ermöglicht. Eben das, was hinter der von Oliver geschilderten Realität seiner Herkunft und seiner Erfahrungen zwischen und mit den Kulturen steht, soll ins Blickfeld meiner Untersuchungen rücken, und zwar nicht nur in der seinen Essays abzulesenden Poetik, sondern vor allem in seiner Dichtung. Das Zitat geht mit Trojanows kritischer Erwägung zu Ende, das Paradoxon wäre im Westen »eine lästige Unstimmigkeit«. Gerade die den Modernen so vertraute und von ihnen so beschworene Kraft des Oxymorons, der Zusammenhängigkeit des Unzusammenhängenden, gerade die Vorliebe für das Fragmentarische, Brüchige, für den aus dem Kontext gerissenen Gegenstand wird Oliver anhand seiner Texte hervorragend veranschaulichen und damit Trojanow widersprechen.

Das zweite Zitat stammt von dem serbischen Schriftsteller jüdischer Herkunft David Albahari und hinterfragt die Möglichkeit, ob die Wirklichkeit bestimmte Grenzen hat bzw. ob die Grenzen »irgendeine bestimmte Wirklichkeit« haben. Im Gedicht werden sowohl die Grenzen der Wirklichkeit als auch die Wirklichkeit der Grenzen aufgelöst und eine kunstvolle Realität geschaffen, die sich über diese zwei Gegebenheiten hinwegsetzt und sie auflöst. Hier stimmt Olivers Kunstauffassung mit derjenigen Gottfried Benns überein, nur dass der erstere die Auswirkung der Dichtung auf das geschichtliche Umfeld, in das sie doch eingebettet ist, nicht verneint.

Und schließlich soll im dritten Zitat die Ästhetik vertreten werden. Oliver folgt den Spuren von Jorge Luis Borges und postuliert in postmodernem Stil die Allgegenwart der Schönheit, wobei jedoch ihre Anwesenheit auf den jeweiligen Kunstbereich (Film, Lied, Buch) eingeschränkt wird. Diese Aussage öffnet selbstverständlich mehrere Türen und macht darauf gespannt, was Olivers Stellung zur absoluten Dichtung bzw. zur engagierten Lyrik sein soll.

In dem ersten Essay, der den Namen seines Geburtsorts trägt (*Mein Hausach*), soll die Geburt des Dichters als ein im Wort stattgefundener Akt (»wortgebiert«[8]) erkundet werden. Mit dieser rätselhaften Wortschöpfung endet übrigens der Essay, sie soll zum Emblem dieser Kunstbiographie werden. Das Ich wird dann weiter »zwischensprachlich« erzogen und »kulturmehrfach« heranwachsen: andalusisch-alemannisch, spanisch-deutsch[9], und es verortet sich »irgendwo dazwischen«.[10] Hausach, der Ort seiner Geburt, die »Migrationsadresse« für seine aus Málaga stammenden Eltern, wird als »Wahlheimat«[11] oder »Landschaftsuhr«[12] bezeichnet, er wird zuerst sozial und erst dann ästhetisch definiert. Die in seiner Lyrik zur Besessenheit gewordene Vorliebe des Dichters, mit Wortspielen und Be-

---

8 | Oliver, José F. A. (2007): Mein Hausach. In: Ders.: Mein andalusisches Schwarzwalddorf. Essays. Frankfurt a.M.: Suhrkamp, S. 9-15, hier Seite 15.
9 | Ebd., S. 9.
10 | Ebd., S. 15.
11 | Ebd., S. 10.
12 | Ebd., S. 12.

deutungsumkehrungen zu arbeiten, wird in dieser Schrift eingestanden, ja zum poetischen und poetologischen Programm erklärt: »Bisweilen bin ich versucht, die Sprache auf den Kopf zu stellen. Dann schreibe ich unter anderem »ach-Haus!« und »waldSchwarz!««[13] Aber Umdrehung und Verkehrung, Inkongruenz und Willkür vollziehen sich im Text nicht nur der Sprache und der Kunst zuliebe (Benn), sondern damit das Ich durch Rückzug zur Geschichtlichkeit sich selbst und sein Umfeld erkunden kann (Celan). Olivers Dichtung ist in Anlehnung an Celans »Narbe«- und »Atem«-Begriffe

»ein Wortspiel in die vernarbte Zärtlichkeit einer Umgebung und ihrer Bewohner, die mir Rast und Unruh sind. Zugleich Gedächtnis werden und Erlebtes aufreiben aus den Revieren der Kindertage in die Ereignisse schierer Gegenwart. Aufgelesenes Bildwörterbuch, das nachgedeutet Blattfall ist und Antwort sucht. Sie schließlich findet in den parallelen Atemzügen dieser Welt und ihrer Lebensentwürfe. Ich erfahre hier das scheinbar Große im scheinbar Kleinen: Traum und Altheit, Sinn und *Ohnsinn*.«[14]

Sie soll Erinnerungsvorgänge in Gang setzen, Vergangenheit und Gegenwart miteinander verbinden. Dichtung prägt der Sprache ihre eigenen Bewegungen ein, zerstört eine Wirklichkeit, um eine neue schöpfen zu können (»Atemzug«-»Atemwende«), relativiert überkommene Maßeinheiten und stiftet eine selbstständige Topographie. Nur »sprachgetrieben« (d.h. getrieben in die Sprache), als »Kontemplation« in der »Einsamkeit« und als ästhetisches Erlebnis wird »mein Ort versöhnend«.[15] Durch Objektivierung nimmt das Ich von ihm Abstand und kann ihn durch die Linse der Kunst als »Herkunftsnähe und Abschiedsort« wahrnehmen. In dieser Dialektik der »Einkehr, um erneut aufzubrechen in die Widersprüche, Begegnungen und Alltäglichkeiten. Ganz auf mich zurückgeworfen«[16] findet ein harmonisches Selbstbegegnen statt. Celans Meridian-Chiffre sowie seine Hinwendung zur Geschichtlichkeit und zum Mitmenschen finden auch bei Oliver darin Anwendung, dass der Erkundungsweg seiner wahren (dichterischen) Identität, die erst in der Sprache manifest wird, über seine Umgebung zu sich selbst zurückführt. Was den von Benn oft eingesetzten Einsamkeitsbegriff angeht, der die Alleinherrschaft der Kunst aber auch die *splendid isolation* des Künstlers in seinem Elfenbeinturm bezeichnet, so ist er bei Oliver in einer Umformung, zur Kommunikation gestimmten Bedeutung anzutreffen, wenn in diesem Essay die »Einsamkeit des Anderen im unbekannten Ich«[17] angesprochen wird. In seiner Lyrik kommt das Ich selten explizit zum Ausdruck, entweder fehlt es ganz, oder es wird verschiedenen Motiven eingeschrieben. Die beiden Instanzen tauschen

---

13 | Ebd., S. 13.
14 | Ebd., Hervorhebung im Original.
15 | Ebd.
16 | Ebd., S. 13f.
17 | Ebd., S. 14.

die gegenseitige Fremdheit aus, die jede einzelne von ihnen kennzeichnet. Mit Celans Worten »Wir sind Fremde«, aber das Fremde des Anderen wird im Ich eingeschmolzen, vom Ich eingesaugt, sie schmelzen zu einer Einheit zusammen, die die Einsamkeit verneint und sie zu einer Gemeinsamkeit werden lässt. In diesem Sinne wird am Ende des Essays auch die Dichotomie Abschied-Rückkehr aufgelöst, Herkunftsort und die weite Welt werden zu einem Ganzen verschmolzen, der Einzelne kommt sich als Weltbürger ubiquitär vor: »zurückgekehrt, ohne wirklich wegzugehen, jemals weggegangen zu sein.«[18]

Der Übergang von einer Kultur zur anderen wird in Termini der Sprache erklärt, so wie der Titel des Essays *wortaus, wortein*. Die zwei Untertitel *In Vorüberheiten* und *Manchmal kann ein einzelnes Gedicht die Welt erklären* sollen den Dazwischen-Status einer Identität umreißen, bzw. deren Ansiedlung in der Sprache. Zwischen dem spanischen Herkunftsland und dem Aufnahmeland Deutschland entstehen »Monologe aus gestillter Lust«[19], grammatikalische Unstimmigkeiten, die erst in der Dichtung eingeebnet, ja zum stilvollen Ausdruck einer Zwiegeschlechtlichkeit werden. Anhand des auch in seinen Gedichten vorkommenden Wortpaars »Mondin & Mond: *la luna, / Mond*«, das dort zu einem Ganzen verschmolzen wird, werden Monologe zu einem Dialog zusammengeführt. Die neue, in der Sprache erworbene Identität wird durch die Metapher eines Hauses geschildert, »das zwei Häuser war. Zwei Häuser, die zwei Kulturen verleibten«.[20] Es gibt eine Textstelle in diesem Essay, die die Erinnerung an den Süden sowie die spanische Ausprägung des Identitätsbildes wiedergeben soll. Jedoch lässt sie unmittelbar eine Verbindungslinie zu Gottfried Benn entstehen, indem der deutsche Dichter spanischer Herkunft den von Benn beschworenen Süden nach Deutschland bzw. in die Sprache zurückbringt. Oliver erinnert sich an die Orangen, die er als Kind in den verschneiten Wintertagen in Deutschland verspeist hat. Dieser Geruch des Südens stellt sich »auf Transitstrecken wie durchwachte Nächte auf einer Heimatfahrt nach Andalusien«[21] ein, die Südfrüchte sind die in der Winterkälte durchschimmernde Wärme, die lebenspendende Glut. Seine Dichtung speist sich von eben aus diesem hellen und warmen Identitätsteil, der ihn nach Spanien zurückführt, damit er dort die regenerierenden Impulse finden kann.

Doch dieses Zusammenleben zweier Identitäten hat gewisse Spannungen und Zwistigkeiten in der Eigen- und Fremdwahrnehmung hervorgerufen, selbst das Ich wurde durch die Zugehörigkeit zu zwei Kulturen entzweit, in zwei Einheiten gespalten, die erst in der Sprache in einen Dialog zueinander gesetzt werden konnten. Oliver berichtet von einem »Jemand, der nicht dazu gehörte« und einem Anderen, vor dem er ein »Herzversteck« bauen musste, falls er ausbre-

---
18 | Ebd., S. 15.
19 | Oliver, José F.A. (2007): wortaus, wortein. In: Ders.: Mein andalusisches Schwarzwalddorf. Essays. Frankfurt a.M.: Suhrkamp, S. 17-27, hier S. 19.
20 | Ebd., S. 18.
21 | Ebd., S. 22.

chen sollte.[22] Einmal das sozial angepasste, doch sich dem Selbst entfremdete Integrationsbild, das zum eigentlichen Alter Ego wird, und andererseits die zum Anderen gewordene gefühlsbeladene Identität, die die spanischen Wurzeln wachruft. Zwischen diesen Identitätsteilen entstehen Brüche, Konflikte, Unruhe, was sich auch auf die dichterische Sprache auswirkt. Man ist *wortein wortaus* ständig unterwegs, auf der Suche nach sich selbst, nach seiner wahren Identität, die diese Gegensätze überwinden soll: »Deutsch und doch nicht deutsch. Spanisch und doch nicht spanisch. In Bewegung: Ich. Dazwischen«.[23] Das Versteck, eigentlich ein Zufluchtsort vor den alltäglichen Ismen, findet der Dichter am Schreibtisch, den er als Ort beschreibt, der sich aus Obstkisten, Schmierpapier und Bleistiften zusammensetzt. Die wahre, grenzüberschreitende Identität ist nur hier, in der Dichtung, zu suchen:

> »Wir waren beide auf der Suche nach Sprache
> ich und der Andere.«[24]

Die Sprache wird auch zu einem Gedächtnisraum, in dem Erinnerungen gespeichert werden. Um sie zu beschreiben, benutzt Oliver die Metapher der Reisenden, der Zeitpilger. In diesem Zusammenhang einer sozialen und ästhetischen Migration/Wanderung wird über den Vorgang der Wörterbildung auf der Schwelle zwischen den zwei Kulturen berichtet. »Ein Verkämpfen in Sprache, die wird und Wörter anrichtet«.[25] Das wahre Dasein in der Sprache muss erkämpft werden, die Dichtung entsteht und wählt ihre eigenen Wörtern nach ihrem Belieben. Diese Pilgerstimmen, die nicht sprechen, und bis heute schweigen, werden keiner Vereinsamung, keiner Isolierung und keiner Monologizität beschuldigt, denn »*Dem Verständigen reichen wenige Worte.*«[26]

3. Sprache. Der Dialog mit der Moderne

Die Sprache setzt sich aus Trennungsbereichen zusammen, sie ist bald monologisch, bald dialogisch. Es wird immer nach einem Ansprechpartner gesucht, doch der Kommunikationsversuch gelingt nicht immer. Manchmal zieht sich das lyrische Ich in das Selbst zurück und bleibt allein mit der Sprache, das sie als abstraktes, verschlossenes Gebilde miteinbezieht.

---

22 | Ebd.
23 | Ebd., S. 27.
24 | Ebd.
25 | Oliver, José F.A. (2007): In jedem Fluss mündet ein Meer. In: Ders.: Mein andalusisches Schwarzwalddorf. Essays. Frankfurt a.M.: Suhrkamp, S. 32-38, hier S. 32.
26 | Ebd., S. 33.

Im Gedicht *subversives mosaik Unter den Linden (ein sprechstück für acht männerstimmen)* wird zwischen dem »ungeborenen«, dem »gesprochenen« und dem »morgigen« Wort unterschieden, was dem Gedicht eine auf drei Ebenen geteilte Zeitstruktur einprägt. Dem ungeborenen Wort einer menschlichen Präexistenz entspricht die ursprüngliche Sprache der Anfänge, die als grüblerischer, forschender und verborgener Vorgang erscheint. Gedanken falten »wie maulwürfe boden auf«, das wort »gräbt furchen in deine stirn«, es wird »erdig sprache erwartet«. Die adverbiale Verwendung des Adjektivs erzeugt einen mehrdeutigen Zusammenhang: entweder wird auf die erdige Abstammung der Sprache als menschliche adamitische Eigenschaft hingewiesen, oder das Ich wird in einen Schöpfungsmythos eingeschlossen, in dem es als ein aus Lehm geschaffenes Wesen auf andere Begleiterscheinungen wartet.

Das gesprochene Wort »näht flügel zusammen« und denkt über einen Ort in der Nähe einer Küste nach, wo der Mensch anzutreffen ist. Auch hier werden Logos und Mensch in der Genesis zusammengebunden, es wird das Wasser angedeutet, worüber das Wort Gottes, der Logos schwebt. Diesem gelingt es, den Menschen zu verorten, ihm einen Platz einzuräumen. Das morgige Wort erzeugt »wie zweifelsfälle verse«. Das lyrische Ich, das mit der Dichterinstanz übereinstimmt, stellt Sprache und Dichtung als im Wort stattfindende Mitteilungsphänomene in Frage. Auch der Kommunikationswunsch wird somit bezweifelt, er taucht als Zukunftsprojektion ohne Gewähr auf: ist »mein gedicht/ein koffer in der hand/ dir entgegenzufliehen«.[27] Der zweite Teil des Gedichts wiederholt die Struktur und das Wortmaterial, jedoch mit pointierten Inversionen und bedeutungsändernden Einschüben. Jetzt wird die Wortgeschichte ins rein Menschliche versetzt und die Transzendenz verabschiedet. Das ungeborene Wort besteht schon im menschlichen Gehirn und »faltet wie maulwürfe gedanken«. Gedanken werden wie aufwendige, ermüdende Vorgänge in einer blinden Unterwelt gesponnen, wo die menschliche Tätigkeit einem abstoßenden Tierbereich zugeordnet wird. Jedes »und gesprochenes wort/zusammen näht flügel«, es wird an den »gestrigdeutschen silben« gezweifelt, das Gedicht ist »end/heil/rampen/mahl-/zeit«, Hoffnung auf einen Überwindungsversuch innerer Zwistigkeiten durch Kommunikation, die jedoch scheitert: ein Koffer »dir zu/entgegenfliehen«. Das Ich und das Du fliehen auseinander, das Gedicht kann letztendlich kein Heil bringen.

Im Gedicht *via Chiapas* soll das Bild im Wort geprägt werden. Das Gedicht ist der Ort, wo eine Baudelairesche dunkle Flora blüht: »schlammzweige/die/erd-über/verblühen«. Der alten Frau (bestimmter statt unbestimmter Artikel) wird dieses Bild zum »wort/zum eigenen tod«. Der Tod wird im Wort eingefangen, erst im Wort wird »irgendwann/entzifferbar/die eigene spur im schlamm«.[28] Ein

---

27 | Oliver, José F. A. (2000): subversives mosaik Unter den Linden (ein sprechstück für acht männerstimmen). In: Ders.: fernlautmetz. Gedichte. Frankfurt a.M.: Suhrkamp, S. 58-65.
28 | Ebd., S. 98.

einziges Attribut für das Menschliche, »alt«. Sonst wird die Frau durch das sich wiederholende Schlammbild beschrieben, das sie von oben nach unten rahmt. Inmitten dieses mit verfremdeten Naturelementen gestalteten Rahmenbildes wird das abstrakte Wortbild eingeblendet, das das Schlammmotiv entkonkretisieren und vergeistigen soll. Sicherlich weist Schlamm auf Lehm, auf den ursprünglichen Schöpfungsstoff hin, doch wird er hier als hässliche, widerliche Verfallsmaterie gezeichnet, worauf das Menschliche synekdochisch reduziert wird. Nicht etwa auf »Lehm« oder »Erde«. Die eigene Spur, eine Chiffre für das Wesen, die Identität, kann irgendwann vielleicht im Wort wieder dechiffriert werden.

Im Gedicht *kompaß und dämmerung*[29] wird das Wort verlegt. Mit dem Band *nachtrandspuren (2002)* ist das Graphem »Wort« in doppeltem Ausdruck und mit zwei aufeinander verweisenden Bedeutungen auftreten: einmal als »wort« und einmal als »w:ort«. Zwischen den zwei Schreibarten bestehen vielfache Querverbindungen und Austauschbeziehungen, wobei das eine dem anderen zuzuweisen oder einzuverleiben ist und umgekehrt. Das Wort wird als Verortungsmöglichkeit vergeistigter Stoffe und Inhalte angesehen. Andererseits ist das Wort der Schauplatz identitärer Selbstfindungsversuche in einer Welt, in der der Dichter seine autobiographisch geprägten Daseinsverhältnisse poetisch und poetologisch umreißt. Olivers Gedichte sind zugleich als poetologische Aussagen wie auch als identitätsstiftende Stätten, »Orte« zu deuten. Im Vergleich zu anderen Lyrikern mit Migrationshintergrund weist sich Oliver durch eine ausgeprägte Vorliebe für Wortkunst, für Artistik aus, jedoch kann bei der Deutung seiner Texte über den biographischen Zusammenhang nicht hinweggesehen werden, da dieser für die Auswahl bestimmter Wahrnehmungsmuster und der spezifischen Behandlung sonst geläufiger Themen und Motive verantwortlich ist.

Das lyrische Ich befindet sich an einer Kreuzung und sucht nach Orientierung. Die Himmelsrichtungen erweisen sich als beliebig zugewiesene Kategorien, die lauter Unbestimmtheiten hervorrufen oder bestätigen. Der Osten ist »weit«, der Westen ist »ein pfandaug hei/matt«. Heimat erscheint graphisch als zerlegtes und deformiertes Wort, darüber hinaus aber auch als zerspaltener Ort, der sich in seiner Mattheit, Unübersichtlichkeit dem lyrischen Ich entzieht. Der Süden ist »würfel/becher dem hunger«: Würfel und Becher, getrennt oder zugleich, oder auf einmal nur Würfelbecher. In beiden Fällen fungiert das Bild als Chiffre für die zufällig entschiedenen Schicksalsverhältnisse. Das mit Majuskeln wiedergegebene Wort NORDEN lenkt die Aufmerksamkeit auf die Himmelsrichtung, die immer vom Kompass angezeigt wird und welche als sicherer Anhalt anzunehmen ist. Am Himmel werden zugleich Sonne und Mond betrachtet, ihre simultane Aneinanderstellung durch eine künstliche Einblendung führt eine seltsame kosmische Perspektive ein. Während im ganzen Gedicht das Verb »ist« allgegenwärtig herrscht, wird die Kette ontologischer Angaben von der Suche des Mondes »nach dem zwiegeschlecht« unterbrochen. Das Erwartungssystem des

---

29 | Oliver, José F. A. (2002): nachtrandspuren. Gedichte. Frankfurt a.M: Suhrkamp, S. 12.

Lesers wird damit gebrochen. Der statischen Aufzählung der Himmelsrichtungen samt ihrer Eigenschaften folgt plötzlich eine Bewegung, die eine Chiffre mit sich bringt, worüber nachgedacht werden soll. Auf den ersten Blick würde man das Zwiegeschlecht mit der Einheit Sonne-Mond verbinden, die Tag und Nacht durch den gemeinsamen Nenner Licht aufeinanderbringen kann

Vorläufig erweist sich unsere logische Gedankenfolge als richtig, da in der nächsten Zeile ein völlig abstraktes Bild eingefügt wird, das seine Strahlungen dem nebenan stehenden »Licht« entnimmt. »Da ist/die SPRACHZEITLOSE licht/verzweigung der vogelunruh«. In der Sprache werden Unstimmigkeiten und Desorientierung getilgt, sie setzt sich über kulturelle, geographische und vorgegebene Grenzen aller Art hinweg. Ihr alleine gelingt es, die kosmische Ordnung zu zersprengen und Sonne und Mond nebeneinander zu setzen. Sprache wird zum Licht sublimiert, oder sie wurzelt in ihm, also im reinsten Stoff der dem Menschlichen zugänglichen Erscheinungen der Materie. Doch sowohl Licht als auch Sprache entstammen zugleich der Verzweigung der Vogelunruh; wieder wird auf Entzweiung, Zwiespalt, Fragmentarisierung hingewiesen. Das Licht ist nicht unmittelbar zu erfassen, sondern durch Strahlenbrechungen, ein Zweifel schleicht sich bei der Wahrnehmung der Transzendenz ein. Das synästhetische Bild des Taus, in dem man noch Brotwärme findet, was auf eine pantheistische, christologische Vereinigung der Naturelemente im eucharistischen Leib Christi hinweist, wird von dem Ausdruck »im verlegten w:ort« in Frage gestellt.

In der Tat ist dieses verlegte »w:ort« der Schlüssel zur dichterischen Aussage. Ungeachtet der Bewegungslosigkeit der bisherigen Bilder oder der danach einsetzenden Stille ist die W:ort-Chiffre das Gestirn, das sich um Sonne, Mond und die sonstigen Motive im Gedicht dreht. Der Tag ist ja »so reichbar nah«, wie es am Ende heißt, steht jedoch in vielfältigen Brüchen und kaum geahnten Unstetigkeiten. Im Wort können nach Belieben Bilder verlegt, eine Himmelsrichtung gegen die andere ausgetauscht werden, in der Sprache kann ein Schöpfungsakt, jedoch brüchig und unvollständig, wiederholt werden. Wie der Mond ist Sprache auf der Suche nach Zwiegeschlecht, nach der Versöhnung der Gegensätzlichkeiten, sie ist ständig im Wandel. Es sei hier an ein Zitat Olivers aus Octavio Paz erinnert, der gegen Ende des Bandes *fernlautmetz* selbstständig wiedergegeben wird:

»Gedichte sind stets unfertige und niemals zu vollendende verbale Objekte. Es gibt nichts, was sich definitive Version nennen könnte: Jedes Gedicht ist der Entwurf eines anderen, das wir niemals schreiben werden«.[30]

Im Gedicht *salto mortale*[31] wird nach Wörtern gefahndet, sie sollen gefangengenommen und festgehalten werden: »haftet die zunge am wort/das wort an der zunge«. Es wird wieder mit losen Übergängen von Konkreta zu Abstrakta, von

---
30 | Oliver, fernlautmetz, S. 108.
31 | Ebd., S. 29.

einer Sinneswahrnehmung zur anderen jongliert. Die Sinnesorgane werden zum simultanen Einsatz gerufen, wobei der Rhythmus so flott und die nach vorne geschobenen Handlungen sich so schnell abwechseln, dass auch dank der fehlenden Interpunktion das surreale Bild eines seltsamen gebastelten Wesens entsteht, das in eine bisher noch logische Gedankenabfolge eingebettet war: »die hand noch die/gespreizten finger zunge/rückwärts aug vorwärts/das wort haftet das wort«. In der Mitte des als Versblock verfassten Gedichts steht der Hinweis »symphonisch«, was jedoch nur als Wunschprojektion vorhanden sein kann, denn es wird ein deutliches Simultangedicht angeboten, in dem das harmonische Miteinbeziehen aller Instrumentengruppen eines Orchesters schwer vorstellbar ist. Der Mangel an graphischen Grenzen zwischen Wörtern trägt zu einer wachsenden Desorientierung bei, zugleich unterstützt er auch die Vieldeutigkeit des Gesagten. Der letzte Vers kann zum Beispiel sowohl als Aufforderung als auch als Aussage gedeutet werden. Im letzteren Fall ist das Gedicht als Kampfort der Wörter zu verstehen, Wörter fahnden nacheinander, sind sich selbst Täter und Opfer in einem Spiel um Leben und Tod, worauf auch der Titel *salto mortale* anspielt.

Das Wort entsteht aus der simultanen, synästhetischen Zusammenarbeit der Sinne, deren Wirkung vielfache Visionen erzeugt. Den Sinnesorganen werden jedoch solche paradoxe Eigenschaften zugeschrieben, dass ein erwarteter farbiger, duftender und lauter Stimmungsausbruch nicht zustandekommt: »du sagst: ›nimm den nacktgeruch‹//seine verDuftung licht/im bilden mund«. In der ersten Strophe des Gedichts *landgang, adagio*[32] stößt man auf das Bild eines »trompetenbaumes«, der im Zusammenhang des ganzen Gebilde als Anspielung auf die Anatomie des Ohrs und somit auf das Gehör gedeutet werden kann. Jedoch ist seine Farbe »albinogelb«, eine blasse, krankhafte Erscheinung, die in die Nähe des Weiß, also einer Verneinung der Farbe, rückt. Seinerseits ist der Mund »blind«, einer Wahrnehmung unfähig. Die Sinne sind folglich für den Empfang des Wortes untauglich, sie setzen sogar der dichterischen vergeistigten Welt eine Schranke. Erst in der Sprache findet eine Veredelung der sinnlichen Wahrnehmungen statt, die bei der Schaffung einer Transzendenz verwertet werden. Es ist ihrer Einwirkung zu verdanken, dass sie in der künstlichen Verklärung in Vermittler und Behälter einer transsubstanziierten Wirklichkeit verwandelt werden und mit ihr in Dialog treten. »dein w:ort ist augenkelch«: im Sehen vollzieht sich ein eucharistischer Akt, der den Zugang zu der rein geistigen Welt ermöglicht. Die somit durchschauenden, »unverdachten«, zu einem neuen Sehen fähigen Augen bringen Licht in den sonst blinden Mund, das Ausdrucksvermögen wird freigeschaltet. Das ist die Gedankenfolge, die auf der Ebene der Tiefenstrukturen im Gedicht entsteht. Im letzten Vers werden jedoch unsere Erwartungen enttäuscht, denn diese Augen müssten »vom fallenden w:ort« beschützt werden. Keine Hinweise im bisherigen Text auf einen möglichen Verfall, man kann deswegen annehmen, das er dem Wort ontologisch inbegriffen ist, weil in diesem Gedicht das Wort mit

---

32 | Ebd., S. 71.

dem Ort zusammenfällt, also zugleich mit einer dichterischen und kontingenten Wirklichkeit. Benötigt wird die Abkehr von der dinglichen Welt, sonst wird die Sprache sie nachahmen und an ihrer Vergänglichkeit teilnehmen.

Beim Nachdenken über die Aufgabe der Sprache als dialogischen Mitteilungsprozess wird dieser als Kinderspiel vorgestellt, in dem jeder Gesprächspartner am Ende eines eingebildeten Telefonzwirns steht. Es wird versucht, die Grenzen zwischen »wort« und »w:örtlich« zu vernichten, und die zwei Ebenen zu einer einzigen Einheit zusammen zu schmelzen. Der letzte Zweizeiler nimmt auf Rimbauds Diktum *Je est un autre*, »Ich ist ein anderer«, Bezug: »ich am ende/ist sprache du im andern«[33]. In der Sprache gelingt es dem lyrischen Ich, sich zu objektivieren, Wort zu werden, indem die zwei Gesprächspartner und die zwei Kommunikationsebenen getrennt voneinander bleiben und jede ihre Identität bewahrt.

Wie dichterische Identität zustandekommt, wie Sprache im Gedicht geschaffen wird, darüber gibt das Gedicht *ermittlungen an einem 6.tag*[34] im Band *finnischer wintervorrat* (2005) Auskunft. Schon im Titel ist der Hinweis auf den sechsten Schöpfungstag vorhanden. Die Entfernung von dem Mythos ist dem unbestimmten Artikel eingeschrieben, der das bekanntlich einmalige Geschehen verfremden soll. Ob es sich vielleicht als wiederholbar erweisen soll? Es wird »am wort entlanggeflohen/vom zungenband gehalten«. Erinnert wird an die Schöpfung des Menschen und seinen Befreiungsversuch von der Übermacht Gottes. Der Sündenfall bedeutet das Fallen der Sprache »ins sprechen«, die Verabschiedung des ursprünglichen himmlischen Logos und der Vorzug des menschlichen Ausdrucks. Der Bruch mit der göttlichen Einheit bringt den Bruch mit tradierten Vorschriften und die Zerlegung der Sprache mit sich, trotzdem wird dadurch eine zweite Schöpfung in der Dichtung möglich. Der *eine* sechste Tag ist der biblische Schöpfungstag des sündhaften Menschen, der andere ist der Schöpfungstag des Dichters, der aus dem unreinen Sprechen, aus der Brüchigkeit der Sprache zum Ganzen wird. Ein typischer Fall der »harmonischen Zusammenhanglosigkeit« in der modernen Lyrik.[35] »Die/grammatikfehler gereichten mir/zur poesie & brüchig ganz.//So ergab ich mich.« Die Geburt des Dichters in der Sprache vollzieht sich als Selbstschöpfung, Autopoiesis, was auf die selbstreferentielle Funktion der Kunst verweisen soll.

---

33 | Ebd., S. 113.
34 | Oliver, José F. A. (2005): finnischer wintervorrat. Gedichte. Frankfurt a.M.: Suhrkamp, S. 25.
35 | Heselhaus, Clemens (1961): Deutsche Lyrik der Moderne. Von Nietzsche bis Ivan Goll. Die Rückkehr zur Bildlichkeit der Sprache. Düsseldorf: August Bagel, S. 148f.; siehe auch Vietta, Silvio/ Kemper, Hans-Georg (1975): Expressionismus. München: Fink, S. 259.

4. Fazit

Ein Gedicht entsteht Olivers Auffassung nach auf der Kontakt- und Kontrastfolie mit der gegebenen Wirklichkeit, deren Not und Schmerz es in die Sprache übersetzt. Doch der Alltag dient nur als Ausgangspunkt und Grundlage, das verklärende Wunder geschieht im »W:ort« und »w:ortbaren«, im feinsten Stoff der Sprache oder in dem, das versprachlicht und poetisiert werden kann. Schreiben setzt aber nicht nur eine Begegnung mit der Empirie, sondern auch mit sich selbst voraus, oder diese wird eher von der Kunsttätigkeit begünstigt. Die Wortfindung ist zugleich Ver-wortung und Ver-ortung. In der Dichtung wird eine Selbstfindung, eine sprachliche, seelische und kulturelle Topographie manifest. Das Gedicht ist aber auch Schauplatz der Hoffnung, des Glaubens an die Schöpfung einer neuen Welt und der Menschenliebe. Das Ich geht auf den Anderen zu, es versetzt sich in das Du, das sich ihm mitteilt, das zu seinem *Alter Ego* wird.

Der Gegenwartslyriker José F. A. Oliver nimmt auf seine Vorgänger insofern Bezug, als er die bei ihnen vorhandene latente Monologizität übernimmt und streckenweise in einen »dialogischen Dialog« verwandelt, wo der zerstörerische oder resignative latente Monolog in den Ton eines neuen Anfangs, eines einsetzenden Dialogs mit der Sprache, der Transzendenz und der Natur übergeht. Sein Werk kann man als gegenwärtiges Gesicht einer Moderne betrachten, die sich den heutigen »postmodernen« Globalisierungserscheinungen anpasst, zu denen auch die Migration angehört.

Meine Bemühungen galten auch dem Versuch, an die interkulturelle Gegenwartsliteratur mit Methoden und Begriffen der Moderne heranzugehen. Der umgekehrte Weg der Anwendung von interkulturellen Deutungsrastern auf die moderne Lyrik (dort wo Fremdheits-Potentiale dies zulassen) zeichnet sich in diesem Zusammenhang als eine annehmbare Herausforderung ab.

Literatur

Primärliteratur

Benn, Gottfried (1984): Gesammelte Werke in der Fassung der Erstdrucke. Vier Bände. Hg. v. Bruno Hillebrand. Prosa und Autobiographie. Bd. I. Frankfurt a.M.: Fischer Taschenbuch.

Benn, Gottfried (1986): Gesammelte Werke in der Fassung der Erstdrucke. Vier Bände. Hg. v. Bruno Hillebrand. Gedichte. Bd. II. Frankfurt a.M.: Fischer Taschenbuch.

Celan, Paul (1983): Gesammelte Werke in fünf Bänden. Band III. Gedichte, Prosa, Reden. Frankfurt a.M.: Suhrkamp.

Oliver, José F. A. (2000): fernlautmetz. Gedichte. Frankfurt a.M.: Suhrkamp.

Oliver, José F. A. (2002): nachtrandspuren. Gedichte. Frankfurt a.M.: Suhrkamp.

Oliver, José F. A. (2005): finnischer wintervorrat. Gedichte. Frankfurt a.M.: Suhrkamp.
Oliver, José F. A. (2006): unterschlupf. Gedichte. Frankfurt a.M.: Suhrkamp.
Oliver, José F. A. (2010): fahrtenschreiber. Gedichte. Frankfurt a.M.: Suhrkamp.
Oliver, José F. A. (2007): Mein Hausach. In: Ders.: Mein andalusisches Schwarzwalddorf. Essays. Frankfurt a.M.: Suhrkamp, S, 9-15.
Oliver, José F.A. (2007): wortaus, wortein. In: Ders.: Mein andalusisches Schwarzwalddorf. Essays. Frankfurt a.M.: Suhrkamp, S. 17-27.
Oliver, José F.A. (2007): In jedem Fluss mündet ein Meer. In: Ders.: Mein andalusisches Schwarzwalddorf. Essays. Frankfurt a.M.: Suhrkamp, S. 32-38.
Oliver, José F. A. (2007): Mein andalusisches Schwarzwalddorf. Essays. Frankfurt a.M.: Suhrkamp.

Sekundärliteratur

Anz, Thomas (2002): Literatur des Expressionismus. Stuttgart: Metzler.
Anz, Thomas/ Stark, Michael (Hg.) (1994): Die Modernität des Expressionismus. Stuttgart: Metzler.
Bollack, Jean (2000): Paul Celan. Poetik der Fremdheit. Aus dem Französischen von Werner Wögerbauer. Wien: Zsolnay.
Călinescu, Matei (1987): Five faces of Modernity. Duke University Press.
Delabar, Walter/ Kocher, Ursula (Hg.) (2007): Gottfried Benn (1886-1956). Studien zum Werk. Bielefeld: Aisthesis.
Di Bella, Roberto (2010): »›W:orte‹. Poetische Ethnographie und Sprachperformanz im Werk von Yoko Tawada und José F. A. Oliver«. In:
Edschmid, Kasimir (1920): Über den Expressionismus in der Literatur und die Dichtung. Berlin: Erich Reiß.
Encarnac̃ao, Gilda (2007): »Fremde Nähe«. Das Dialogische als poetisches und poetologisches Prinzip bei Paul Celan. Würzburg: Königshausen & Neumann.
Fassbind, Bernard (1995): Poetik des Dialogs. Voraussetzungen dialogischer Poesie bei Paul Celan und Konzepte von Intersubjektivität bei Martin Buber, Martin Heidegger und Emmanuel Levinas. München: Fink.
Friedrich, Hugo (2006): Die Struktur der modernen Lyrik. Reinbek bei Hamburg: Rowohlt.
Heselhaus, Clemens (1961): Deutsche Lyrik der Moderne. Von Nietzsche bis Ivan Goll. Die Rückkehr zur Bildlichkeit der Sprache. Düsseldorf: August Bagel.
Hillebrand, Bruno (1966): Artistik und Auftrag. Zur Kunsttheorie von Benn und Nietzsche. München: Nymphenburger Verlagshandlung.
Jurt, Joseph (2006): »Die Fremde als Verlust, die Fremde als Gewinn. Zu José F. A. Olivers Lyrik«. In: Keller, Thomas/ Raphaël, Freddy (Hg.): Lebensgeschichten, Exil, Migration. Berlin: BWV, S. 223-250.
Kayser, Wolfgang (1961): Das Groteske. Seine Gestaltung in Malerei und Dichtung. Oldenburg: Gerhard Stalling.

Kramer, Andreas/ Röhnert, Jan (Hg.) (2010): Literatur – Universalie und Kulturspezifikum. Göttingen: Universitätsverlag, S. 242-257.

Lachmann, Renate (Hg.) (1982): Dialogizität. München: Fink.

Lampart, Fabian (2013): Nackriegsmoderne. Transformationen der deutschsprachigen Lyrik 1945-1960. Berlin: De Gruyter.

Lützeler, Paul Michael (Hg.) (1991): Spätmoderne und Postmoderne. Beiträge zur deutschsprachigen Gegenwartsliteratur. Frankfurt a.M.: Fischer.

Mehl, Dietrich (1961): Mitteilung und Monolog in der Lyrik Gottfried Benns. München: Uni-Druck.

Mueller, Marc James (2007): Zwischen Heimatt und Fremdw:ort. Über poetische Identitäts-Mobilität in der deutsch-spanischen Lyrik José F. A. Olivers. In: Glossen, H. 26, http://www2.dickinson.edu/glossen/heft26/article26/marcmueller26.html, abgerufen am 10.08.2016.

Pinthus, Kurt (2003): Menschheitsdämmerung. Ein Dokument des Expressionismus. Reinbek bei Hamburg: Rowohlt.

Rădulescu, Raluca (2016): Monologe und Dialoge der Moderne. Gottfried Benn, Paul Celan, José F. A. Oliver. Berlin/ Münster u.a.: LIT.

Rosenkranz, Karl (1968): Aesthetik des Häßlichen. Stuttgart-Bad Cannstatt: Friedrich Frommann.

Schmeling, Manfred/ Schmitz-Emans, Monika (Hg.) (2007): Das Paradigma der Landschaft in Moderne und Postmoderne. (Post)Modernist Terrains: Landscapes – Settings – Spaces. Würzburg: Königshausen & Neumann.

Schmid, Christof (1968): Monologische Kunst. Untersuchungen zum Werk von Hans Erich Nossack. Stuttgart: Kohlhammer.

Sideras, Agis (2005): Paul Celan und Gottfried Benn. Zwei Poetologien nach 1945. Würzburg: Königshausen & Neumann.

Sturm-Trigonakis, Elke (1998): Formen der Alterität in der neuen deutschen Dichtung. José F. A. Oliver und Dürs Grünbein. In: Wirkendes Wort 48, H. 3, S. 376-407.

Sturm-Trigonakis, Elke (2005): »Formen und Funktionen des Multilingualismus im poetischen Werk des José F. A. Oliver«. In: Butulussi, Eleni/ Karagiannidou, Evangelia/ Zachu, Katerina (Hg.): Sprache und Multikulturalität. Festschrift für Professor Käthi Dorfmüller-Karpusa. Thessaloniki: University Studio Press, S. 381-399.

Vietta, Silvio/ Kemper, Hans-Georg (1975): Expressionismus. München: Fink.

Vietta, Silvio (Hg.) (1990): Lyrik des Expressionismus. Tübingen: Niemeyer.

Waldschmidt, Christine (2011): »Dunkles zu sagen«: Deutschsprachige hermetische Lyrik im 20. Jahrhundert. Heidelberg: Winter.

Weinrich, Harald (1997): Laudatio auf José F. A. Oliver. Rede zur Verleihung des Adelbert-von-Chamisso-Preises 1997, http://web.mit.edu/course/21/21.german/www/oliverlaudatio.html, abgerufen am 10.08.2016.

Polypolare *Über*-setzungen
Eine historiographische Lokalisierung der Chamisso-Literatur am Beispiel Yoko Tawadas

Tobias Akira Schickhaus

Problemskizzierung

Die Werke der Adelbert-von-Chamisso-Preisträgerinnen und -Preisträger *über*setzen in fremde Sprachwelten und verhandeln unterschiedliche Aspekte von Fremdheitserfahrungen, wobei die aktuellen Preisstatuten der Robert Bosch Stiftung explizit den »Kulturwechsel«[1] ehren und somit auch Antwort auf das gewandelte Selbstverständnis interkultureller Lesarten im deutschsprachigen Raum geben.

Neue Perspektiven zur historiographischen Erforschung der Chamisso-Literatur in sprachlicher und thematischer Hinsicht finden sich in Karl Mannheims (1893–1947) *Beiträgen zur Theorie zur Weltanschauungs-Interpretation* (1921–1922)[2] und der damit verbundenen Stilforschung. Das Modell Mannheims soll vorgestellt und anhand folgender Fragestellung operationalisiert werden: Worin liegt das historiographische Potenzial im Werk der auf Deutsch und Japanisch schreibenden Schriftstellerin und Chamisso-Preisträgerin Yoko Tawada?

---

1 | Robert Bosch Stiftung 2015: Über den Chamisso-Preis. http://www.bosch-stiftung.de/content/language1/html/14169.asp, abgerufen am 28.08.2016.
2 | Mannheim, Karl (1921-22): »Beiträge zur Theorie einer Weltanschauungs-Interpretation«. In: Ders.: Wissenssoziologie. Auswahl aus dem Werk. Hg. v. Kurt H. Wolff (1964). Berlin: Luchterhand, S. 91-155.

1. Impulse der Historiographie

Das methodische Spannungsfeld zwischen Literatur- und Sozialgeschichte auf der einen Seite und der Geschichte ihres Verstehens auf der anderen schafft eine zeitliche Differenz, die jede Vollständigkeit beanspruchenden Geschichtsauffassung in Zweifel zieht: »Was du tust, sagt dir erst der andere Tag; und was du sagst, wird zum Ereignis, indem es sich dir entzieht. Was zwischenmenschlich, also gesellschaftlich geschieht und was dabei oder darüber gesagt wird, ruft eine stets sich weitertreibende Differenz hervor«.[3]

In den Geschichtswissenschaften setzte sich die Überzeugung durch, dass jede Beschreibung eines historischen Ereignisses weniger einer objektiven Beschreibung als vielmehr einer Argumentation folge, womit nicht mehr das datierte Ereignis, sondern die Betrachtung des Forschenden im Mittelpunkt steht. Freist[4] definiert Historiographie als menschliche Bemühung, »die Erinnerung an und das Wissen über historische Ereignisse und Erfahrungen in dauerhafter, verständlicher und zeitlich geordneter Form festzuhalten«. Auch wenn sich Erinnerung und Gedächtnis auf unterschiedliche Weise ausdrückten, käme hierbei der Schrift eine unabdingbare Voraussetzung zu, kulturelle Traditionen zu begründen. Dass sich dabei ein interessensgeleitetes Wechselspiel zwischen »historischem Forschungsinteresse und gegenwartsbezogenen Fragestellungen«[5] ergibt, könne nicht in Abrede gestellt werden.

Somit ist auch nicht mehr von *der* Geschichte die Rede als vielmehr von einem Interesse neben vielen anderen, Geschichten zu erzählen. Selbst wenn, nach einem Beispiel Veynes[6], der Geschichtsforscher Zeitgenosse und Zeuge oder gar Hauptakteur von Waterloo sei, könne das Ereignis nur aus einer bestimmten Perspektive betrachtet werden, welches dann als ein Aspekt, einem fotografischen Abbild gleich, durch den Historiker zum Ereignis von Waterloo erhoben wird.

Wellbery/Ryan[7] formulieren in *Eine neue Geschichte der deutschen Literatur* alternative Wege der Literaturgeschichtsschreibung anhand historisch wirkmächtiger Zeitkerne, um welche ihre Essaysammlungen kreisen. Die traditionelle Literaturgeschichte hatte einzelne Texte als Veranschaulichung einer Macht, Norm oder Geist eines Zeitalters und nicht als einzigartige Ereignisse behandelt. Somit

---

3 | Kosellek, Reinhart (2006): Begriffsgeschichten. Frankfurt a.M.: Suhrkamp.
4 | Freist, Dagmar (2008): Geschichte der Geschichtsschreibung. In: Budde, Gunilla et al. (Hg.): Geschichte. Studium – Wissenschaft – Beruf. Berlin: Akademie-Verl. (Akademie Studienbücher Geschichte), S. 178-189.
5 | Ebd., S. 182.
6 | Veyne, Paul (1990): Geschichtsschreibung. Und was sie nicht ist. Frankfurt a.M.: Suhrkamp, S. 14.
7 | Wellbery, David/ Ryan, Judith (Hg.) (2007): Eine Neue Geschichte der deutschen Literatur. Berlin: University Press.

wurde der »individuelle Fall als typisch für etwas anderes«[8] betrachtet – und somit als ersetzbar.

Schmid[9] kritisiert mit Blick auf das Modell Wellberys das Ausbleiben des »chronologischen Narrativs« und das weit verbreitete Denken, komplexe Gegenstände nur in ebenso diffizilen Theoriegebäuden dokumentieren zu können. »Eine chronologische Erzählung tut der »Wahrheit« letztlich nicht mehr Gewalt an als jede andere Darstellungsform, sie ist nur durch ihre (vermeintliche) Natürlichkeit anrüchig«.

Die teleologisch ausgerichteten Geschichtskonzepte werden heute weitgehend als obsolet gewordene verabschiedet und die Rückkehr zu einer bewusst partiell-problemorientierten Historiographie findet vermehrt Anwendung. Als Folge sieht Fischer-Lichte[10] eine Vielzahl von Mikrogeschichten, im Sinne einer diachron und synchron gleichermaßen verlaufenden Problembetrachtung, womit Literaturgeschichte seither als Geschichte der Ideen, der Gesellschaften, der Geschlechter oder interkulturellen Grenzüberschreitungen etc. untersucht werden kann.

Gegenstand des vorliegenden Aufsatzes ist die Chamisso-Literatur und die damit verbundene Frage, welches historiographische Organon einen Zugang zu dieser aktuell viel besprochenen, gerühmten, aber auch kontrovers umstrittenen (Gegenwarts-?)Literatur ermöglicht.[11] Bis heute haben es die Werke der Chamisso-Autorinnen und -Autoren schwer, als kanonfähige in den Bildungsinstitutionen anerkannt zu werden, was nach Wrobel[12] vor allem am unscharfen Konzept des Interkulturellen liegt sowie – mit Blick auf die Schulen[13] –, an dem bildungs-

---

8 | Ebd., S. 15.
9 | Schmidt, Johannes (2015): Die Vorzüge der Literaturgeschichte. Eine Neuauflage der von David E. Wellbery herausgegebenen »Neuen Geschichte der deutschen Literatur«. http://www.literaturkritik.de/public/rezension.php?rez_id=20705, abgerufen am 28.08.2016.
10 | Fischer-Lichte, Erika (1993): Kurze Geschichte des deutschen Theaters. Tübingen: Francke, S. 5.
11 | Zur Geschichte des Preises vgl. Ackermann, Irmgard (2004): »Der Chamisso-Preis und der Literaturkanon«. In: Durzak, Manfred/ Kuruyazici, Nilüfer (Hg.): Die andere Deutsche Literatur. Würzburg: Konigshausen & Neumann, S. 47-51. Esselborn, Karl (2004): »Der Adelbert-von-Chamisso-Preis und die Forderung der Migrationsliteratur«. In: Schenk, Klaus et al. (Hg.): Migrationsliteratur: Schreibweisen einer interkulturellen Moderne. Tübingen: Francke, S. 317-325. Kegelmann, René (2010): »Türöffner oder Etikettierung? Der Adelbert-von-Chamisso-Preis und dessen Wirkung in der Öffentlichkeit«. In: Grimm-Hamen, Sylvie/ Willmann, Fran oise (Hg.): Die Kunst geht auch nach Brot! Wahrnehmung und Wertschätzung von Literatur. Berlin: Frank & Timme, S. 13-28.
12 | Wrobel, Dieter (2015): Interkulturelle Literatur und Literaturdidaktik. Kanonbildung und Kanonerweiterung als Problem und Prozess. http://www.bgdv.be /Dokumente/GM-Texte/gm68_wrobel.pdf, abgerufen am 06.08.2016.
13 | Zur didaktischen Schnittstelle vgl. Rösch, Heidi (1992): Migrationsliteratur im interkulturellen Kontext. Eine didaktische Studie zur Literatur von Aras Ören, Aysel Özakin,

ökonomischen »Widerspruch zwischen der Knappheit der Bildungsressource »Zeit« und der Entscheidung, welche Texte nach welchen Kriterien ausgewählt werden«.[14]

Gleichzeitig zeigen aber die nicht selten mit Schärfe geführten Debatten sowohl um ihren kulturpolitischen als auch ästhetischen Wert, dass die Chamisso-Literatur einen festen Platz im literarischen Leben hat,[15] was nicht nur auf ihren historischen Namensgeber zurückzuführen ist: Besonders der seit 1985 durch die Robert Bosch Stiftung verliehene Adelbert-von-Chamisso-Preis ruft stets von Neuem Diskussionen hervor, ob eine begrifflich-additive Aneinanderreihung muttersprachlicher und interkultureller Literatur in Zeiten zunehmender Globalisierung und Internationalisierung überhaupt noch haltbar sei.[16] Überdies birgt jede historiographische Lokalisierung der Chamisso-Literatur auch immer die Gefahr, die Ideologieanfälligkeit eines Dokumentes, einer Autorin oder eines Werkes außer Acht zu lassen. Man wird von der Poetik Abschied nehmen müssen, dass ein wie auch immer gearteter Konsens gegeben sei hinsichtlich des Objektes Chamisso-Literatur.

Aus dieser Feststellung folgt aber keineswegs, dass eine Geschichte der Chamisso-Literatur partout nicht betrieben werden könne oder dürfe. Ganz im Gegenteil richten sich zahlreiche Forschungsfelder auf den sowohl institutionalisierten als auch werkimmanenten Kommunikationsprozess der Chamisso-Literatur mit all seinen verschiedenen Komponenten inbegriffen; seien es die Bedingungen der Produktion und Rezeption, der (Re-)Konstruktion einer inter-/transkulturel-

---

Franco Biondi und Rafik Schami. Frankfurt a.M.: IKO-Verlag. Dies. (1995): Interkulturell unterrichten mit Gedichten. Zur Didaktik der Migrationsforschung. Frankfurt: IKO-Verlag.
14 | Wrobel, Interkulturelle Literatur, S. 23.
15 | Hübner, Klaus (2015): Chamisso im Aufwind. Die Literatur der Preisträger stößt weltweit auf Interesse. In: Chamisso. Viele Kulturen - eine Sprache, H. 13, S. 19-21.
16 | Zur Klärung dieser Frage versammelten sich vom 25. bis 27. November 2009 Vertreterinnen und Vertreter des Literaturbetriebes sowie der -wissenschaft im Literaturarchiv Marbach. Hierbei tat sich der Schriftsteller Ilija Trojanow hervor, der den akademischen Begriffsdebatten um die richtige Gattungsbezeichnung wenig abgewinnen konnte. Ihm sei schon immer klar gewesen, dass er auf allen Bühnen der Welt arbeiten und sprechen könne, nicht nur »im Migrantenstadl«. Vgl. Hilgruber, Katrin: »Raus aus dem Migrantenstadl«, in: Der Tagesspiegel vom 01.12.2009, S.21. Der Mitinitiator des Adelbert-von-Chamisso-Preises Harald Weinrich (2014) warnt bei der Eröffnungsrede des Internationalen Forschungszentrums Chamisso-Literatur (IFC) vor dem Missverständnis, die Chamisso-Literatur als »Sammelnamen für das Insgesamt« der Preisträgerinnen und Preisträger zu vermengen. Keineswegs handelt es sich hierbei um einen abgegrenzten »Club«, sondern um das Selbstverständnis einer »möglichst weit gefassten Vielfalt« von Literatur. Insofern sei der Adelbert-von-Chamisso-Preis nicht von anderen Literatur- und Förderpreisen zu unterscheiden. Vgl. Weinrich, Harald (2014): Was heißt IFC? Unveröffentlichter Vortrag, München: Internationales Forschungszentrum Chamisso-Literatur (IFC).

len Literatursprache oder der Frage nach der öffentlichen Wirkmächtigkeit von Literatur mit einer doch wichtigen Schlussfolgerung.

Ungeachtet der methodischen Gewichtung fordert Mecklenburg[17] für die interkulturelle Literaturgeschichtsschreibung als »Grunddimension der Literaturwissenschaft« eine »kultur- und gesellschaftsbezogene Sichtweise« in Verbindung mit einer »ästhetisch-kritischen«. Eine historisch-empirische Situierung von Inter- oder Transkulturalität bleibt für Esselborn[18] »unverzichtbar, wenn metaphorische Begriffe wie [...] Verfremdung oder Hybridisierung nicht völlig abstrakt bleiben sollen«. Dies sind wichtige Desiderata, wenn man sich mit Hofmann/Patrut[19] vor Augen hält, dass eine umfassende Geschichte der deutschen Literatur als interkulturelle Literatur bis heute nicht geschrieben wurde und Joachimsthaler[20] warnt vor einer definitorischen Engführung des Fachprofils zuungunsten der Historiographie.

»Die noch in Entstehung begriffene interkulturelle Literaturwissenschaft in Deutschland konstituiert als eine von gegenwärtigen gesellschaftlichen Entwicklungen (Migration, Globalisierung) inspirierte Forschungsrichtung ihren Gegenstandsbereich vorrangig auf Basis der aktuellen Literatur von Zuwanderern und in Deutschland geborenen Menschen mit Migrationshintergrund. Fast hat man deshalb den Eindruck, interkulturelle Literatur wäre in Deutschland erst im Zuge der Zuwanderung ausländischer Arbeitskräfte während der Nachkriegsjahre entstanden«.[21]

Mit Blick auf die Chamisso-Autorinnen und -Autoren artikulieren sich zahlreiche Denkstile verschiedener Regionen und mittels Entgrenzung medialer Kommunikationsweisen figurieren sie in der Wahrnehmung der Rezeption zu einer transkulturellen Haltung des Dialogs mit dem Anspruch auf Ent-Ortung. Solche Literaturen schaffen ästhetische Erfahrung und genau darin könnte sich ein historiographisches Arbeitsfeld auftun, ein polypolarer Weg der Gegenwartsforschung.

---

17 | Mecklenburg, Norbert (2008): Das Mädchen aus der Fremde. Germanistik als interkulturelle Literaturwissenschaft. München: iuidicium, S. 33.
18 | Esselborn, Karl (2009): »Neue Zugänge zur inter-/transkulturellen deutschsprachigen Literatur«. In: Schmitz, Helmut (Hg.): Von der nationalen zur internationalen Literatur. Transkulturelle deutschsprachige Literatur und Kultur im Zeitalter globaler Migration. Amsterdam/New York: Rodopi, S. 43-59, hier S. 58.
19 | Hofmann, Michael/ Patrut, Iulia-Karin (2015): Einführung in die interkulturelle Literatur. Darmstadt: Wissenschaftliche Buchgesellschaft, S. 23.
20 | Joachimsthaler, Jürgen (2009): »›Undeutsche Bücher‹. Zur Geschichte interkultureller Literatur in Deutschland«. In: Schmitz, Helmut (Hg.): Von der nationalen zur internationalen Literatur. Transkulturelle deutschsprachige Literatur und Kultur im Zeitalter globaler Migration. Amsterdam/New York: Rodopi, S. 19-41.
21 | Ebd., S. 19.

Bleibt man bei dem zugegebenermaßen oberflächlichen Abriss zu den Positionen und Perspektiven der Geschichtsschreibung, so lässt sich eine methodische Verschiebung erkennen von der Quelle als Objekt zur Objektivierung des beschreibenden Blickes – nämlich dem Eingeständnis, dass jede Betrachtung auf einen Gegenstand eine spezifische Einheit, eine ganz eigenartige partielle Färbung aufweist. Mit diesem Bewusstsein einer standort- und perspektivgebundenen Vorgehensweise wäre die Voraussetzung geschaffen für eine problemorientierte Lokalisierung von Chamisso-Literaturen.

2. Stil und Weltanschauung In Karl Mannheims Werk

Nicht unproblematisch, aber durchaus viel versprechend kann in diesem Zusammenhang Karl Mannheims[22] frühe Schrift *Über die Eigenart kultursoziologischer Erkenntnis* (1922)[23] gelesen werden, insbesondere seine Ausführungen zur »Doppelfunktion des Stilbegriffs«.[24]

Mannheim definiert Stil als »eine ästhetische und eine soziologische Kategorie zugleich«.[25] Es ist der besondere Fall, dass ein und dieselbe Bezeichnung für zwei ganz unterschiedliche Erfahrungen verwendet wird. Innerhalb der an der Ästhetik orientierten Kunstwissenschaft bezeichnet Stil »ein in vielen, derselben Richtung angehörigen Werken vorkommendes und wiederkehrendes kompositionelles Moment«.[26] Nun verfährt und strukturiert aber jede rein ästhetische Betrachtung auch gleichzeitig sprachlich-normierend, da zur Grundlage eines Stilbegriffes gemachte Gemeinsamkeiten immer den Akt der Selektion vorausset-

---

22 | Heute zählt Karl Mannheim (1893-1947) zu den Klassikern der Soziologie und sein interdisziplinär ausgerichtetes Werk – heute vor allem als Grundlagenliteratur der Wissenssoziologie bekannt – nimmt maßgeblich Einfluss auf zahlreiche Forschungsfelder der Philosophie, Kultur- und Politikwissenschaft. Studien zur wissenssoziologischen Methodik Mannheims finden sich bei Bohnsack, Ralf (1997): »Dokumentarische Methode«, in: Hitzler, Ronald/ Honer, Anne (Hg.): Sozialwissenschaftliche Hermeneutik. Eine Einführung. Wiesbaden: VS Verlag für Sozialwissenschaften, S. 191-212. Ders. (2006): »Mannheims Wissenssoziologie als Methode«. In: Tänzler, Dirk/ Knoblauch, Hubert/ Soeffner, Hans-Georg (Hg.): Neue Perspektiven der Wissenssoziologie. Konstanz: UVK Universitätsverlag (Erfahrung, Wissen, Imagination, Bd. 8), S. 271-291. Mit Blick auf die Stilanalyse vgl. Barboza, Amalia (2005): Kunst und Wissen. Die Stilanalyse in der Soziologie Karl Mannheims. Konstanz: UVK Verlagsgesellschaft (Erfahrung, Wissen, Imagination, Bd. 9).
23 | Mannheim, Karl (1922): »Über die Eigenart kultursoziologischer Erkenntnis«. Hg. v. Kettler, David et al. (2003): Karl Mannheim. Strukturen des Denkens. Frankfurt a.M.: Suhrkamp, S. 95.
24 | Ebd., S. 94-110.
25 | Ebd., S. 95.
26 | Ebd.

zen, um Erlebniszusammenhänge zu schaffen. Unter dem Aspekt des Stils einen Form- und einen dazugehörigen Erlebniszusammenhang zu erfassen, erfordert, die betreffenden Momente des Werkes nicht nur dem schöpferischen Individuum, sondern auch dem dazugehörigen Gruppenerlebnis zuzurechnen. Stil »ist eben ein Phänomen, das darauf hinweist, dass gewisse Sinnschichten im Kunstwerk fortsetzbar sind«.[27] Eine immanente, aus sich selbst verstehbare Einstellung zum Werk reformuliert unwillkürlich den aus der Werklektüre resultierenden, »gemeinschaftlichen Zusammenhang«.[28] Diesen Faktor, in den das Soziale und Geistige ineinander fallen, nennt Mannheim »Weltanschauung«, eine »strukturell verbundene Reihe von Erlebniszusammenhängen, die zugleich für eine Vielheit von Individuen die gemeinsame Basis ihrer Lebenserfahrung [...] bildet«.[29]

Wenn man nun das Konzept von Interkulturalität in den Werken von Chamisso-Autorinnen und -Autoren als literarischen Stil verstehen will, müssen 1.) Kriterien eines solchen Konzeptes des Geistigen gesammelt und dokumentiert werden, damit sie dann 2.) über die Weltanschauung einer Gruppe, Gesellschaft oder Epoche auf die Chamisso-Literatur Eingang in die historiographische Diskussion findet.

In seiner Schrift *Beiträge zur Theorie der Weltanschauungs-Interpretation* (1921–22) greift Mannheim auf Alois Riegls Begriff des Kunstwollens[30] zurück und entwickelt ein Modell zur Wechselwirkung sinngenetischer und weltanschaulicher Interpretation, die Lehre vom dreifachen Sinn. Demnach ist uns jede vermittelte Idee durch die Perspektiven des Ausdrucks, und der Dokumentation gleicher-

---

27 | Ebd., S. 97.
28 | Ebd., S. 98.
29 | Ebd., S.101. Diese Anforderung steht in methodischer Verwandtschaft zu den Arbeiten des Kunsthistorikers Erwin Panofsky (1892-1962). Sein Aufsatz *Das Problem des Stils in der bildenden Kunst* (1915) geht davon aus, dass stilistisch formale Unterschiede auch außerhalb des Kunstwerkes zu suchen sind und entwickelt einen erweiterten Stilbegriff, der die weltanschauliche Perspektivik mitberücksichtigt. Panofsky, Erwin (1992): »Das Problem des Stils in der bildenden Kunst«. In: Oberer, Hariolf (Hg.): Aufsätze zu Grundfragen der Kunstwissenschaft. Berlin: Spiess, S. 19-27.
30 | Nach Riegl soll das Kunstschaffen anderer Epochen und Kulturen nicht nach einem normativen, auf einen bestimmten Begriff oder eine Haltung von Wertschätzung verweisenden Aspekt hin analysiert werden. Der Blick ist vielmehr auf die fremde bzw. in einem Werk vorhandene, immanente weltanschauliche Haltung zu richten, ohne dabei aus einem klassischen Ideal der Kunst heraus zu werten. Vgl. Riegl, Alois (1899): »Die Stimmung als Inhalt der modernen Kunst«. In: Rosenauer, Artur (Hg.) (1996): Alois Riegl. Gesammelte Aufsätze. Wien: WUV-Universitätsverlag, S. 27-37. Riegl, Alois (1901): Die spätrömische Kunst-Industrie nach den Funden in Österreich-Ungarn im Zusammenhange mit der Gesamtentwicklung der bildenden Künste bei den Mittelmeervölkern. Wien: Verlag der Kaiserlich-Königlichen Hof- und Staatsdruckerei.

maßen gegeben.[31] Bezug nehmen beide Sinne auf den Gegenstand, der uns unvermittelt, objektiv gegeben ist. Dieses Modell kann anhand eines Beispiels verdeutlicht werden.

Objektiv gegeben ist als Gegenstand folgende Szene: Ein Mann hält einer Frau die Tür auf. In diesem objektiven Kontextfeld wird der Mann zum Sinnträger für gute Erziehung. Indem er die Tür aufhält, signalisiert er der Frau Aufmerksamkeit und Fürsorge, stets für sie da zu sein und diese Aufgabe auch in der Öffentlichkeit wahrzunehmen. Der Innenweltbezug zum ausdrückenden Sinn ist somit hergestellt.

Nun sind aber die Interpretationsmöglichkeiten nicht erschöpft, denn eine dritte, die Szene beobachtende Frau bringt den intendierten Ausdruck der Aufmerksamkeit mit dem objektiven in Verbindung und gewinnt eine ganz andere Erkenntnis: Bei dem Akt der Aufmerksamkeit handele es sich um nichts anderes als eine unzeitgemäße Gebärde ungleicher Geschlechterinszenierungen, die nur das hierarchische Gefälle zwischen Mann und Frau zum Ausdruck bringt sowie eine Unfähigkeit der Frau kommuniziert, in der Öffentlichkeit alleine und selbstbestimmt zu handeln. Es spielt nun keine Rolle mehr, was durch die objektive Tat hätte ausgedrückt werden sollen, sondern nur, was durch die Tat über den Mann dokumentiert wird.

In Mannheims 1931 veröffentlichtem *Handwörterbuch der Soziologie*[32] findet sich eine explizite Stellungnahme, die Methodik der Kunstgeschichte als Stilgeschichte für die Kultursoziologie fruchtbar zu machen:

»Was die Kunstgeschichte bereits für die Kunst mit ziemlicher Eindeutigkeit herausgearbeitet hat, dass es in Kunstgestalten genau datierbare Stile gibt, weil jedes Gestaltungselement nur zu einem bestimmten historischen Zeitpunkt möglich war und dessen Merkmale in sich enthält, das kann man auch auf dem Gebiet des Denkens mutatis mutandis erweisen, indem man die ›Aspektstruktur‹, die in einer Erkenntnis steckt, auf Grund immer exakter werdender Kriterien fixiert.«

Für die Literaturgeschichtsschreibung könnte ein solches Modell dreier Sinnebenen unterteilt werden in die 1.) Reformulierung des literarischen Textes als Quelle der Untersuchung (=objektiver Sinn), 2.) der Autorenpoetik, oder der preisstiftenden Institution (=Intendierter Ausdruckssinn) sowie der literarischen Öffentlichkeit, wie etwa der Literaturkritik (= Dokumentarischer Sinn). Somit wäre ein triadisches Kommunikationsfeld geschaffen, in dem zuvörderst ästhetische Wertung durch ein dialektisches Feld von gegebenen Strukturen und den darin ermöglichten Handlungsoptionen erzeugt wird. Dieses wissenssoziologische Modell einer

---

31 | Vgl. Mannheim, Weltanschauungs-Interpretation, S. 104.

32 | Mannheim, Karl (1931/1995): »Wissenssoziologie«. In: Ders.: Ideologie und Utopie. Frankfurt a.M.: Klostermann, S. 227-267, hier S. 233.

seins- und perspektivgebundenen Suche nach Erkenntnis soll für die literaturwissenschaftlich-historiographische Diskussion appliziert werden.

2.1 Yoko Tawadas Raum-Zeit-Konzepte (Objektiver Sinn)

Die Essaysammlung *Ekusofonī. Bogo no soto e deru tabi* zeichnet in 20 außerhalb von Japan liegenden Stadtportraits (3–153) wie Dakar, Berlin, Los Angeles, Paris oder Kapstadt das Gemälde einer selbst-bewusst machenden Sprachreise, welche sich im Titel an den aus der Ortsnamenskunde stammenden Begriff der Exophonie anlehnt – nämlich im Prozess der Sprachadaption den ambivalenten Zustand einer gleichzeitigen Distanzierung und Annäherung zwischen einer Literatur- und Sprachgemeinschaft und dem Reisenden.[33] Exophones Schreiben als bewusstes Heraustreten der Stimme aus der Muttersprache thematisiert die Vielstimmigkeit und den Gedankenreichtum unterschiedlicher Denkstile trotz der vorherrschenden Oberfläche oftmals nur einer Verkehrssprache.

Im zweiten Teil des Werkes, *doitsugo no bōken*,[34] verschiebt sich der Fokus in zehn Unterkapiteln auf Besonderheiten der deutschen Sprache. So nimmt das Wort »Raum«[35] einen wichtigen Platz zur Beschreibung des Deutschen ein. Seine Besonderheit liege in der geistesgeschichtlichen Tradition, die dieses Wort als Gefäß in sich trage – als abstrakter Begriff umfasst der Raum sowohl die Kategorien Zeit als auch Dichte –, könne aber gleichzeitig mit dem Ort des »profan Alltäglichen« in Verbindung gebracht werden, was die zahlreichen Kompositumsmöglichkeiten wie »Raumpfleger«, »Abstellraum«, »Raumschiff« usw. bewiesen. Im Wort »Spielraum« träfen sich die Sphären des Abstrakten und Profanen besonders deutlich, da »ohne Raum keine Handlung möglich ist«.[36]

Auch dem an verschiedenen Bedeutungsebenen nicht armen Verb »spielen« kommt hier ein neuer Aspekt der Flexibilität hinzu. Zu Tawadas Lieblingswörtern zähle vor allem das Wort »Zwischenraum«.[37] Das Besondere daran sei der Aspekt, dass die deutsche Perspektive des Wortes nur schwer ins Japanische übersetzt werden könne, denn im japanischen Wort »Raum« (kûkan, 空間) ist im zweiten Kanji »間« das »zwischen« bereits enthalten. Somit nimmt das Bild in

---

33 | In den Kulturwissenschaften erscheint der Begriff in den neunziger Jahren zunächst in der Diskussion um die Sprachproblematik anglo- oder frankophoner afrikanischer Autoren, wo sie auch erstmals 2002 in einer vom Goethe Institut organisierten Veranstaltung als Beschreibungskategorie stark gemacht wurde. Vgl. Lughofer, Johann Georg (2010): Exophonie. Literarisches Schreiben in anderen Sprachen. Eine Einordnung. Ljubljana: Goethe Institut. In: http://www.goethe.de/ins/si/pro/10j/publikationen/Exo-01-04-web.pdf, abgerufen am 06.08.2016.
34 | Tawada, Yōko (2003): Ekusofoni. Bogo no soto e deru tabi, Tōkyō, S. 161-205.
35 | Ebd., S. 162.
36 | Ebd., S. 163.
37 | Ebd.

der japanischen Sprache bereits vorweg, was in der deutschen Sprache erst durch Wortkomposition zu leisten ist, wenn die Präposition »zwischen« erst ihre Basis, den »Raum«, näher beschreibt, wohingegen in der japanischen Sprache der »Raum« sich nicht nur durch die Leere im Inneren, sondern durch die Grenzen nach außen definiert.

Anhand dieses Beispiel wäre zu überlegen, ob das Sprachkunstwerk Yoko Tawadas nicht mehr als Vertreter, sondern vielmehr als Metapher für einen runden Tisch oder interkulturellen Kommunikationsraum zu verstehen sei, an dem Schriftstellerinnen und Schriftsteller zusammenarbeiten, die sich sonst ohne dieses Forum nie getroffen hätten.

Die Chamisso-Literatur als Ort des interkulturellen Dialogs und Wissenstransfers wäre überdies automatisch eine Infragestellung von unterkomplexen Konzepten wie das der Integration, im Sinne einer »wechselseitigen Einschränkung von Freiheitsgraden des Verhaltens«.[38] Das *Über*-setzen von Weltanschauungen zeigt auf, wie an fast jeder Kommunikationsform eine Pluralität mehrerer Kulturen beteiligt ist und inwieweit aufgrund dieser ästhetischen Verwebung das interkulturelle Potenzial der Chamisso-Literatur zu Tage tritt. War der Blick auf ein Werkbeispiel gerichtet, schwenkt er nun um auf die Autorin selbst.

2.2 Yoko Tawadas Poetik der Fremde (Ausdruckshafter Sinn)

Die 1960 in Tokyo geborene und seit 1982 in Hamburg lebende Schriftstellerin Yoko Tawada erhielt zahlreiche Auszeichnungen und Stipendien für ihre in japanischer und deutscher Sprache erschienen Werke, darunter 1993 den renommierten Akutagawa-Literaturpreis in Japan und den Adelbert-von-Chamisso-Preis 1996. Ein Blick auf Ihr Werkverzeichnis macht deutlich, dass die oftmals gängige Vorstellung einer vereinheitlichten Beziehung zwischen Autor, Werk und Sprache nicht haltbar ist.[39]

Bei Yoko Tawada werden Erlebnisse des Fremden als produktive Perspektivwechsel vermittelt, als Abstand gegenüber Inszenierungen von Realitäten, der Durchbrechung festgefahrener Sprachsehgewohnheiten, wobei auf der poetolo-

---

38 | Stichweh, Rudolf (2010): »Interkulturelle Kommunikation in der Weltgesellschaft. Zur politischen Soziologie der Integration udn Assimilation«. In: Ders.: Der Fremde: Studien zu Soziologie und Sozialgeschichte. Frankfurt a.M.: Suhrkamp, S. 195-206, hier S. 202.

39 | Es existieren Texte, die auf Japanisch geschrieben wurden und nur in Japan veröffentlicht wurden wie z.B. *Exophonie* (2003); Texte, die auf Deutsch geschrieben nur auf Deutsch in Deutschland veröffentlicht wurden, wie z.B. *Wo Europa anfängt* (1991) oder *Ein Gast* (1993). Auf Deutsch geschriebene Texte, die ins Japanische übersetzt und veröffentlicht wurden, wie *Das nackte Auge* (2004) oder *Schwager in Bordeaux* (2009) sowie umgekehrt Texte, die auf Japanisch geschrieben wurden und ins Deutsche übersetzt und in Deutschland veröffentlicht wurden, wie *Nur da wo du bist da ist nichts* (1987) oder *Das Bad* (1989).

gischen Ebene sich die Frage aufdrängt, ob hier eine Absicht zur Aufklärung artikuliert wird.

»Fremdsein ist dann sozusagen positiv gemeint oder die Haltung, die man dann behält, bewusst einnimmt. Sonst heißt fremd bleiben ja oft, jemand hat es nicht geschafft, sich zu integrieren. Das meine ich nicht. Fremd sein ist eine Kunst. Man ist ja nicht unbedingt fremd, eigentlich fühle ich mich ganz zu Hause hier. Aber das Fremdsein braucht der Autor immer, auch im eigenen Land, dass man nicht ein blinder Teil von einem Ganzen ist, dass man Distanz hat, dass man nicht einverstanden sein kann oder selbstverständlich empfindet, dass man immer denken kann, es könnte anders sein, das ist fremd sein«.[40]

Feststeht für die Autorin, dass die Lokalisierung des Fremden außerhalb der Gesellschaft nicht mehr zum Kennzeichen oder Makel einer Gruppe von Migranten zugeschoben, sondern zur Voraussetzung künstlerischer Produktivität erhoben wird. Durch die Erweiterung semantischer Erschließungstechniken inspirieren aus der Fremde kommende Autorinnen und Autoren in ihrem künstlerischen Schaffen nicht nur. Sie haben gegenüber dem Muttersprachler sogar insofern den Vorteil, als mit einer schönen Sprache zwar zeitgenössischen Stilempfehlungen entsprochen werden kann, jedoch die Innovation im Schreiben nur durch das Neue entfaltet wird. Auf der intentionalen Ebene des Ausdrucks kann festgehalten werden, dass die Autorin Fremdheit als physische Zuschreibung auf Leib und Reisepass umdeutet als literarisches Potenzial, ein qualitatives Merkmal zur Bestimmung literarischer Kunstwerke.

Nun wird ästhetische Qualität erst durch die Rückkopplung mit der literarischen Öffentlichkeit vollzogen, womit die dritte Ebene, die dokumentarische beschritten wird. Nachdem die Quelle in Form einer immanenten Interpretation reformuliert und die Stimme der Produktion auf die Poetik des Schreibens befragt wurde, soll nun die Literaturkritik, bekannt (und gefürchtet) als Regulator der Beziehung zwischen Konsumption und Produktion ästhetisch-moralischer Wertvorstellungen, befragt werden.

2.3 Yoko Tawada im Licht Literarischer Öffentlichkeit (Dokumentarischer Sinn)

25 deutschsprachige Rezensionen aus Tageszeitungen, Online-Portalen oder Fachzeitschriften anerkannter Verlage, veröffentlicht im Zeitraum zwischen 1992 und 2015, wurden herangezogen.[41] Methodische Hilfsmittel zur fachsprachlichen

---

40 | Heinrich Böll Stiftung (2009): Dossier Migrationsliteratur. In: http:// heimat-kunde.boell.de/sites/default/files/dossier_migrationsliteratur.pdf, abgerufen am 06.08.2016.
41 | Eine Liste der untersuchten Rezensionen findet sich im im Anhang: Textkorpus der Rezensionen.

Untersuchung von Funktion, Inhalt, Argumentation und Stilistik in Rezensionen finden sich bei Anz (1990),[42] Klauser (1992)[43] und Şenöz-Ayata (2009).[44]

Die überwiegende Mehrheit von 24 Rezensionen übt eine werbende Funktion für die Autorin und ihr Werk aus, eine kritisch-abwägende Unterscheidung findet bei diesen Besprechungen nicht statt. Auf der Argumentationslinie – also der Frage nach dem Wie zur textinhaltlichen und -funktionellen Ebene – fällt besonders auf, dass die Aussagen in 18 Rezensionen im höchsten Maße objektbezogen verlaufen, d.h. den Fokus auf die Person betonen, und einem Vergleich mit anderen Texten aus dem Weg gehen.

Sämtliche attributiven Werte werden in Verbindung gebracht mit der Lebenserfahrung und der interkulturellen Mehrperspektivik der Autorin; ihr Vermögen in zwei Sprachen nicht nur zu sprechen, sondern auch zu schreiben und als akademisch promovierte Autorin die kulturelle Fremde den Lesern in Japan und Deutschland zu vermitteln.[45] Mehr noch wird gerade der Fremdsprachenerwerb, also der Lernprozess, zur ausschlaggebenden Komponente des literarischen Schaffens erklärt.[46] Denn durch die fremde Brille nehme man das Deutsche anders wahr, dies wiederum erlaube es den muttersprachlichen Lesern einen alternativen Blick auf die eigene Sprache zu entwickeln.[47]

Diese Argumentationsform einer stark objektbezogenen, den ästhetischen Wert auf der Grundlage von Biografie, Fremdsprachenerwerb und -vermittlung verortenden Literaturkritik prägt den Denkstil über das poetologisch-interkultu-

---

42 | Anz, Thomas (1990): »Literaturkritisches Argumentationsverhalten. Ansätze zu einer Analyse am Beispiel des Streits um Peter Handke und Botho Strauß«. In: Barner, Wilfried (Hg.): Literaturkritik - Anspruch und Wirklichkeit. DFG-Symposion 1989. Stuttgart: Metzler, S. 415-430.

43 | Klauser, Rita (1992): Die Fachsprache der Literaturkritik. Dargestellt an den Textsorten Essay und Rezension. Frankfurt a.M.: Peter Lang.

44 | Şenöz-Ayata, Canan (2009): »Sind Textsorten kulturell bedingt? Ein interkultureller Vergleich literaturkritischer Texte anhand von konkreten Beispielen«. In: Hess-Lüttich, Ernest W. B. et al. (Hg.): Translation und Transgression. Interkulturelle Aspekte der Übersetzung(swissenschaft). Frankfurt a.M.: Peter Lang, S. 309-319.

45 | Keller, Marc (2013): Sprachsprünge als Abenteuer. In: Tagblatt, 29.06.2013, S. 48. Oesterle, Kurt (1996): Heimatlust dank Fremdsprache. Literarische Essays der Chamisso-Preisträgerin Yoko Tawada. In: Süddeutsche Zeitung, 06.07.1996.

46 | Buss, Tanja (2007): Verwirrungen der Sprache. Yoko Tawada und Peter Pörtner lesen im Meta-Theater. In: Süddeutsche Zeitung, 22.10.2007, S. 5.

47 | Funck, Gisa (2002): Lotusfüße. Beim Lyrikfestival in Köln trafen asiatische auf deutsche Dichter. In: Süddeutsche Zeitung, 09.07.2002, S. 16. Surkus, Andrea (2000): Reisende Seele und die Erotik des Bleistifts. Was die japanische Schriftstellerin Yoko Tawada alles sieht, wenn sie in Hamburg Tee kocht. In: Süddeutsche Zeitung, 18.03.2000, S. 20.

relle Potenzial Yoko Tawadas maßgeblich, zumal sich diese Argumentationslinie nun fast 15 Jahre beharrlich gehalten hat.

3. EIN FAZIT

Das Beispiel Yoko Tawada zeigt, nicht Gesellschaften generieren stilprägende Kunst, sondern die Werke und ihre Autorinnen und Autoren. Gesellschaftlich bedingt sind viel eher die Beschreibungen eines Stils als wiederkehrendes Moment in der Literatur. Das wiederum bedeutet, Kunst-, Literatur- oder allgemein Kulturgeschichten müssen kein genaues Spiegelbild der Geschichte ihrer Gesellschaften sein. Hierin ist die Stärke von Mannheims Methode zu suchen; gerade eben nicht der vereinfachenden Synthese von Interpretationen, sondern in der bewusst polypolaren Aneinanderreihung verschiedener Perspektiven. Hat man in der Kunstgeschichte die Ikonographie als historiographisches Organon entdeckt, stellt sich für die Literaturgeschichtsschreibung noch die Frage, wie eklektische Einzelversuche wie die vorliegende in ein dokumentarisches Gefäß der Gegenwartsforschung gebündelt werden könnten.

Diese Untersuchung hat jedenfalls ergeben, dass der von der Autorin erhobene Anspruch, Fremdheit nicht mehr als Identitätszuschreibung, sondern als künstlerische Haltung zu definieren – und damit korrespondiert ihre Poetik mit den Preisstatuten der Robert Bosch Stiftung[48] – auf der weltanschaulichen, durch die Literaturkritik vertretenen Ebene überwiegend noch nicht ganz aufgenommen wurde. Im Gegenteil: Hier bleibt der Leib der Autorin weiterhin aufs Engste verknüpft mit dem literarischen Körper, so die Wahrnehmung. Der interkulturelle Stil als literarischer Kunstgriff würde demnach in einer Vermittlung fremdkultureller Erfahrungen liegen, obgleich dieser Überschuss an Fremdheit nicht aufgelöst, sondern stets beibehalten wird.

Man kann jetzt an dieser Stelle natürlich streiten, ob diese einseitige Deutung dem zeitökonomischen Leistungsdruck im Kulturjournalismus geschuldet ist oder dem des Autors dieses Aufsatzes selbst. Fest steht jedoch, dass die drei Sinne des Objekts, des Ausdrucks und des Dokuments als vielstimmige, je nach Perspektive polypolar mehrdeutige Zeugnisse exemplarisch für die Frage nach der historiographischen Lokalisierung der Chamisso-Literatur einstehen, wenngleich gerne der gattungsproblematischen Tatsache Rechnung getragen wird, dass eine solche Literatur nicht existiere – die darum geführten Debatten tun es.

---

48 | Robert Bosch Stiftung 2015: Über den Chamisso-Preis. http://www.bosch-stiftung. de/content/language1/html/14169.asp, abgerufen am 28.08.2016.

Literatur

Anhang Textkorpus der Rezensionen

Bruens, Elke (1995): Ein Fisch braucht ein Mountainbike. In: TAZ, 27.05.1995, S. 15.

Buss, Tanja (2007): Verwirrungen der Sprache. Yoko Tawada und Peter Pörtner lesen im Meta-Theater. In: Süddeutsche Zeitung, 22.10.2007, S. 5.

Endres, Elisabeth (1996): Die liebenswerten Exoten. Zur Verleihung des Adelbert-von-Chamisso-Preises in München. In: Süddeutsche Zeitung, 26.02.1996, S. 10.

Funck, Gisa (2002): Lotusfüße. Beim Lyrikfestival in Köln trafen asiatische auf deutsche Dichter. In: Süddeutsche Zeitung, 09.07.2002, S. 16.

Jähnigen, Brigitte (2012): Das Eigene und das Fremde. In: Stuttgarter Nachrichten, 15.11.2012, S. 17.

Keller, Marc (2013): Sprachsprünge als Abenteuer. In: Tagblatt, 29.06.2013, S. 48.

Krekeler, Elmar (2009): Schwager in Bordeaux. In: Die Welt, 18.07.2009, S.15 u. 33.

Kuhlbrodt, Detlef (1996): Lustig leiden am »MOI«. In: TAZ, 02.07.1996, S. 17.

Kunisch, Hans-Peter (1996): Sprachmutter statt Muttersprache. Schriftstellerin Yoko Tawada bekommt den Chamisso-Preis. In: Süddeutsche Zeitung, 22.02.1996, S. 13.

Kunisch, Hans-Peter (2000): Unrasiert wie Bären. Yoko Tawada verabreicht »Opium für Ovid«. In: Süddeutsche Zeitung, 17.06.2000, S. 4.

Lützeler, Paul Michael (2011): Ich Pistole, du Angst. Zwischen Nippon und Nippes: Yoko Tawada abenteuert durch Grammatik und Metropolen. In: Der Tagesspiegel, 23.07.2011, S. 26; 28.

Neidel, Heinz (2014): Eisbären sind auch nur Menschen. Yoko Tawadas ungewöhnliches Familienepos »Etüden im Schnee«. In: Nürnberger Nachrichten, 30.06.2014.

Neubert, Marina (2008): Yoko Tawadas Spiel um das nackte Auge. In: Berliner Morgenpost, 05.12.2008.

Oesterle, Kurt (1996): Heimatlust dank Fremdsprache. Literarische Essays der Chamisso-Preisträgerin Yoko Tawada. In: Süddeutsche Zeitung, 06.07.1996, S. 905.

Osterkamp, Ester (2000): Heiteres Mythenraten. Alles ganz verwandelt: Yoko Tawadas Kopfkissenbuch. In: Frankfurter Allgemeine Zeitung, http://www.faz.net/aktuell/feuilleton/buecher/rezensionen/belletristik/rezension-belletristik-heiteres-mythenraten-112924.html, abgerufen am 06.08.2016.

Paluskova, Barbara (1998): Vateraugen aus Rosinen. Die Hamburger Autorin Yoko Tawada entwirft in »Talisman« ein eher merkwürdiges Bild ihrer Wahlheimat und der Sozialpraktiken der Bewohner. In: TAZ, 16.04.1998, S. 4.

Patzer, Georg (2004): Belle de jour in der letzten Métro nach Indochine. Yoko Tawadas neue Erzählung »Das nackte Auge« wirkt ein bisschen zu verträumt. In: Stuttgarter Zeitung, 24.08.2004, S. 9.

Red. (2005): Zwischen Text und Körper. Yoko Tawada in der Autorenarena des Renitenz-Theater. In: Stuttgarter Zeitung, 21.12.2005, S. 28.

Red. (2008): Gallo und Papasov beim Festivalauftakt. In: Stuttgarter Zeitung, 26.06.2008, S. 10.

Ronner, Markus (2000): Sagen Sie mal, warum schreiben Sie eigentlich?. In: Welt am Sonntag, 15.10.2000.

Schomacker, Tim (2001): Fünf »S« oder die Kunst, Sprache zu sehen. Die in Hamburg lebende japanische Schriftstellerin Yoko Tawada glaubt, dass kulturelle Unterschiede nur konstruiert sind. Am Wochenende liest sie in Bremen. In: TAZ, 20.04.2001, S. 23.

Spinnler, Rolf (2009): Modernes Kopfkissenbuch. Yoko Tawadas Roman »Schwager in Bordeaux«. In: Stuttgarter Zeitung, 02.02.2009, S. 26.

Sternburg, Judith von (2014): Eine Autorin sollte nie nackt arbeiten. In: Frankfurter Rundschau, 01.07.2014, S. 30.

Surkus, Andrea (2000): Reisende Seele und die Erotik des Bleistifts. Was die japanische Schriftstellerin Yoko Tawada alles sieht, wenn sie in Hamburg Tee kocht. In: Süddeutsche Zeitung, 18.03.2000, S. 20.

Primärliteratur Japanisch

Tawada, Yōko (2003): Ekusofoni. Bogo no soto e deru tabi, Tōkyō.

Weitere Forschungsliteratur

Ackermann, Irmgard (2004): »Der Chamisso-Preis und der Literaturkanon«. In: Durzak, Manfred/ Kuruyazici, Nilüfer (Hg.): Die andere Deutsche Literatur. Würzburg: Königshausen & Neumann, S. 47-51.

Anz, Thomas (1990): »Literaturkritisches Argumentationsverhalten. Ansätze zu einer Analyse am Beispiel des Streits um Peter Handke und Botho Strauß«. In: Barner, Wilfried (Hg.): Literaturkritik - Anspruch und Wirklichkeit. DFG-Symposion 1989. Stuttgart: Metzler, S. 415-430.

Barboza, Amalia (2005): Kunst und Wissen. Die Stilanalyse in der Soziologie Karl Mannheims. Konstanz: UVK Verlagsgesellschaft.

Barboza, Amalia (2007): »Stilanalyse«. In: Schützeichel, Rainer (Hg.): Handbuch Wissenssoziologie und Wissensforschung. Konstanz: UVK Verlagsgesellschaft, S. 94-101.

Bohnsack, Ralf (1997): »Dokumentarische Methode«. In: Hitzler, Ronald/ Honer, Anne (Hg.): Sozialwissenschaftliche Hermeneutik. Eine Einführung. Wiesbaden: VS Verlag für Sozialwissenschaften, S. 191-212.

Bohnsack, Ralf (2006): »Mannheims Wissenssoziologie als Methode«. In: Tänzler, Dirk/ Knoblauch, Hubert/ Soeffner, Hans-Georg (Hg.): Neue Perspektiven der Wissenssoziologie. Konstanz: UVK Universitätsverlag, S. 271-291.

Esselborn, Karl (1997): »Von der Gastarbeiterliteratur zur Literatur der Interkulturalität. Zum Wandel des Blicks auf die Literatur kultureller Minderheiten in Deutschland«. In: Wierlacher, Alois (Hg.): Jahrbuch Deutsch als Fremdsprache. Intercultural German Studies. München: iudicium, S. 47-75.

Esselborn, Karl (2004): »Der Adelbert-von-Chamisso-Preis und die Forderung der Migrationsliteratur«. In: Schenk, Klaus et al. (Hg.): Migrationsliteratur: Schreibweisen einer interkulturellen Moderne. Tübingen: Francke, S. 317-325.

Esselborn, Karl (2009): »Neue Zugänge zur inter-/transkulturellen deutschsprachigen Literatur«. In: Schmitz, Helmut (Hg.): Von der nationalen zur internationalen Literatur. Transkulturelle deutschsprachige Literatur und Kultur im Zeitalter globaler Migration. Amsterdam/New York: Rodopi, S. 43-59.

Feist, Dagmar (2008): »Geschichte der Geschichtsschreibung«. In: Budde, Gunilla (Hg.): Geschichte. Studium - Wissenschaft - Beruf. Berlin: Akademie-Verlag, S. 178-189.

Fischer-Lichte, Erika (1993): Kurze Geschichte des deutschen Theaters. Tübingen: Francke.

Grimm-Hamen, Sylvie/ Willmann, Françoise (Hg.) (2010): Die Kunst geht auch nach Brot! Wahrnehmung und Wertschätzung von Literatur. Berlin: Frank & Timme.

Heinrich Böll Stiftung (2009): Dossier Migrationsliteratur. In: http:// heimatkunde.boell.de/sites/default/files/dossier_migrationsliteratur.pdf, abgerufen am 06.08.2016.

Hilgruber, Katrin (2009): Raus aus dem Migrantenstadl. In: Der Tagesspiegel, 01.12.2009, S. 21.

Hofmann, Michael/ Patrut, Iulia-Karin (2015): Einführung in die interkulturelle Literatur. Darmstadt: Wissenschaftliche Buchgesellschaft.

Hübner, Klaus (2015): Chamisso im Aufwind. Die Literatur der Preisträger stößt weltweit auf Interesse. In: Chamisso. Viele Kulturen - eine Sprache, H. 13, S. 19-21.

Joachimsthaler, Jürgen (2009): »›Undeutsche Bücher‹. Zur Geschichte interkultureller Literatur in Deutschland«. In: Schmitz, Helmut (Hg.): Von der nationalen zur internationalen Literatur. Transkulturelle deutschsprachige Literatur und Kultur im Zeitalter globaler Migration. Amsterdam/New York: Rodopi, S. 19–41.

Kegelmann, René (2010): »Türöffner oder Etikettierung? Der Adelbert-von-Chamisso-Preis und dessen Wirkung in der Öffentlichkeit«. In: Grimm-Hamen, Sylvie/ Willmann, Françoise (Hg.): Die Kunst geht auch nach Brot! Wahrnehmung und Wertschätzung von Literatur. Berlin: Frank & Timme, S. 13-28.

Klauser, Rita (1992): Die Fachsprache der Literaturkritik. Dargestellt an den Textsorten Essay und Rezension. Frankfurt a.M./New York: Peter Lang.

Kosellek, Reinhart (2006): Begriffsgeschichten. Frankfurt a.M.: Suhrkamp.
Lughofer, Johann Georg (2010): Exophonie. Literarisches Schreiben in anderen Sprachen. Eine Einordnung. Ljubljana: Goethe Institut. In: http://www.goethe.de/ins/si/pro/10j/publikationen/Exo-01-04-web.pdf, abgerufen am 06.08.2016.
Mannheim, Karl (1921-22): »Beiträge zur Theorie einer Weltanschauungs-Interpretation«. In: Ders.: Wissenssoziologie. Auswahl aus dem Werk. Hg. v. Kurt H. Wolff (1964). Berlin: Luchterhand, S. 91–155.
Mannheim, Karl (1931/1995): »Wissenssoziologie«. In: Ders.: Ideologie und Utopie. Frankfurt a.M.: Klostermann, S. 227–267.
Mannheim, Karl (1922): »Über die Eigenart kultursoziologischer Erkenntnis«. Hg. v. Kettler, David et al. (2003): Karl Mannheim. Strukturen des Denkens. Frankfurt a.M.: Suhrkamp.
Mecklenburg, Norbert (2008): Das Mädchen aus der Fremde. Germanistik als interkulturelle Literaturwissenschaft. München: iudicium.
N.N. (2005): Zwischen Text und Körper. Yoko Tawada in der Autorenarena des Renitenz-Theaters. In: Stuttgarter Zeitung, 21.12.2005, S. 28.
N.N. (2008): Gallo und Papasov beim Festivalauftakt. In: Stuttgarter Zeitung, 26.06.2008.
Panofsky, Erwin (1992): »Das Problem des Stils in der bildenden Kunst«. In: Oberer, Hariolf (Hg.): Aufsätze zu Grundfragen der Kunstwissenschaft. Berlin: Spiess, S. 19–27.
Riegl, Alois (1901): Die spätrömische Kunst-Industrie nach den Funden in Österreich-Ungarn im Zusammenhange mit der Gesamtentwicklung der bildenden Künste bei den Mittelmeervölkern. Wien: Verlag der Kaiserlich-Königlichen Hof- und Staatsdruckerei.
Riegl, Alois (1899): »Die Stimmung als Inhalt der modernen Kunst«. In: Rosenauer, Artur (Hg.) (1996): Alois Riegl. Gesammelte Aufsätze. Wien: WUV-Universitätsverlag, S. 27–37.
Rösch, Heidi (1992): Migrationsliteratur im interkulturellen Kontext. Eine didaktische Studie zur Literatur von Aras Ören, Aysel Özakin, Franco Biondi und Rafik Schami. Frankfurt a.M.: Verlag für Interkulturelle Kommunikation.
Rösch, Heidi (1995): Interkulturell unterrichten mit Gedichten. Zur Didaktik der Migrationsforschung. Frankfurt: IKO-Verlag für Interkulturelle Kommunikation.
Schmidt, Johannes (2015): Die Vorzüge der Literaturgeschichte. Eine Neuauflage der von David E. Wellbery herausgegebenen »Neuen Geschichte der deutschen Literatur«. In: Literaturkritik.de, H. 6, http://www.literaturkritik.de/public/rezension.php?rez_id=20705, abgerufen am 06.08.2016.
Şenöz-Ayata, Canan (2009): »Sind Textsorten kulturell bedingt? Ein interkultureller Vergleich literaturkritischer Texte anhand von konkreten Beispielen«. In: Hess-Lüttich, Ernest W. B. et al. (Hg.): Translation und Transgression.

Interkulturelle Aspekte der Übersetzung(swissenschaft). Frankfurt a.M.: Peter Lang, S. 309–319.

Shchyhlevska, Natalia (2011): »ich pistole / du angst«. Zu Yoko Tawadas neuem Gedichtband »Abenteuer der deutschen Grammatik«. In: Literaturkritik.de, H. 4, http://www.literaturkritik.de/public/rezension.php?rez_id=15401, abgerufen am 06.08.2016.

Stichweh, Rudolf (2010): »Interkulturelle Kommunikation in der Weltgesellschaft. Zur politischen Soziologie der Integration udn Assimilation«. In: Ders.: Der Fremde: Studien zu Soziologie und Sozialgeschichte. Frankfurt a.M.: Suhrkamp, S. 195-206.

Veyne, Paul (1990): Geschichtsschreibung. Und was sie nicht ist. Frankfurt a.M.: Suhrkamp.

Weinrich, Harald (2014): Was heißt IFC? München: Internationales Forschungszentrum Chamisso-Literatur (IFC).

Wellbery, David/ Ryan, Judith (Hg.) (2007): Eine Neue Geschichte der deutschen Literatur. Berlin: University Press.

Wrobel, Dieter (2015): Interkulturelle Literatur und Literaturdidaktik. Kanonbildung und Kanonerweiterung als Problem und Prozess. http://www.bgdv.be / Dokumente/GM-Texte/gm68_wrobel.pdf, abgerufen am 06.08.2016.

Migrationsroman, der gar keiner sei: Malin Schwerdtfegers *Café Saratoga*
Überlegungen zu der (so genannten) Migrationsliteratur

Alicja Krauze-Olejniczak

Einleitung

Die gegenwärtige deutschsprachige Literatur ist ohne mehrsprachige AutorInnen mit transgressiven Lebensläufen[1] nicht mehr wegzudenken. Obwohl das Phänomen der migrierenden SchriftstellerInnen und des literarischen Sprachwechsels keineswegs neue Phänomene sind (Vladimir Nabokov oder Joseph Conrad wären hier prominente Beispiele), spielten die Austauschprozesse und die internationalen Verflechtungen innerhalb jeweiliger Nationalliteraturen für die deutschsprachige Forschung lange keine Rolle. Erst seit der zweiten Hälfte des 20. Jahrhunderts ist eine zunehmende Sensibilisierung im akademischen Diskurs für Literaturschaffende nichtdeutscher Herkunftssprache zu verzeichnen. Langsam änderte sich der Blick auf das bisher nach nationalstaatlichen Grenzen definierte Literaturfeld, was größtenteils den AutorInnen selbst zu verdanken ist, die ihr eigenes literarisches Schaffen parallel mit Autoreflexionen zum Schreibprozess und Berichten aus der literarischen Praxis versahen, was die Grundlage und den Ausgangspunkt für erste ernsthafte wissenschaftlich-methodische Analysen jener Werke schuf.

Doch die Grenzziehungen zwischen dem nationalen Kanon und der »Migrationsliteratur« sowie die literarische Zugehörigkeit, die nicht immer mit der nationalen zusammenfällt, sind immer noch ein Gegenstand heftiger Diskussionen

---

1 | Madeleine Herren entwickelt das Konzept des globalen Subjekts, welches sie mit dem Begriff der »Transgression« analytisch in Verbindung bringt. Transgressive Subjekte sind laut Herren durch mehrfahre Grenzüberschreitungen, die gleichzeitig in politischen, nationalen und anderen Bereichen stattfinden, gekennzeichnet. Vgl. Herren, Madeleine (2005): »Inszenierungen des globalen Subjekts. Vorschläge zur Typologie einer transgressiven Biographie«. In: Historische Anthropologie, 13. Jg., H. 3, S. 1-18.

um die Begriffsproblematik der Literaturrezeption, die nicht zuletzt ein Ausdruck des Geltungsbedürfnisses der SchrifstellerInnen sind, die meistens als integraler wie natürlicher Teil der deutschen Literaturlandschaft und nicht als bunte Exotik betrachtet werden wollen. Dabei taucht immer wieder die zentrale Frage auf, inwieweit die biographische Erfahrung der Migration für die wissenschaftliche Analyse relevant ist, oder mehr noch, ob man sie als ein (zentrales) Kriterium anwenden kann. Durch Mobilität, Globalisierung und Grenzüberschreitungen, die die (post)moderne Lebensweise kennzeichnen, verlieren die nationalkulturellen Raster in den Geisteswissenschaften zusehends an Bedeutung, weswegen in der Literaturwissenschaft immer mehr Stimmen laut werden, die für die kritische Hinterfragung der dominanten nationalstaatlichen Paradigmen und für die Transnationalisierung des literarischen Raumes plädieren, was einen reflektierten und differenzierten Umgang mit Werken von AutorInnen mit transgressiven Biographien voraussetzt. Bei all den inhaltlichen und ästhetischen Differenzen und bei der Komplexität von Identitätsentwürfen, die jene Texte aufweisen, verwundert immer noch eine leichtfertige Eindeutigkeit, mit der die Literaturkritik die Werke aufgrund nationalstaatlicher Herkunft und lebensrealer Erfahrung zuordnet.[2] Die Lektüre durch das Prisma der Autorschaft scheint immer noch ein gängiges Interpretationsverfahren zu sein, das die literaturkritische und –wissenschaftliche Analyse erheblich beschränkt. Die unreflektierte Hypothese, ein Autor – um es einmal ganz plakativ auszudrücken – mit einem ausländischen Nachnamen zeichnet in seinen etwas exotisierend anmutenden Werken seine Vita nach, hat auch eine umgekehrte Wirkung, nämlich, dass die AutorInnen, die zwar aufgrund ihrer nationalstaatlichen Zugehörigkeit zweifellos zu den Nationalliteraturen gerechnet werden und die das Thema der Migration mit all ihren interkulturellen Potenzialen und Nöten aufgreifen, durch den ausbleibenden biographischen Bezug nicht im Kontext der Migrationsliteratur gelesen werden, obwohl ihre Prosatexte viele Parameter des Migrationsromans aufweisen.

Im Folgenden wird die Korrelation zwischen der (fehlenden) biographischen Migrationssituation und der von der Kritik angeschlagenen Interpretationsrichtung am Beispiel des Debütromans von Malin Schwerdtfeger *Café Saratoga* aufgezeigt. Einen Ausgangspunkt stellt dabei die These dar, dass ein Migrationsroman auf der Ebene des Inhaltlichen und Ästhetischen festgemacht werden kann.

---

2 | Schweiger, Hannes (2012): »Transnationale Lebensgeschichten. Der biographische Diskurs über die Literatur eingewanderter AutorInnen«. In: Cornejo, Renata/ Piontek, Slawomir/ Vlasta, Sandra (Hg.): Aussiger Beiträge: germanistische Schriftenreihe aus Forschung und Lehre. Ústí nad Labem: Univerzita J. E. Purkyn v Ústí nad Labem, H. 6, S. 17.

1. EINFÜHRENDES ZUR MIGRATIONSLITERATUR IM DEUTSCHSPRACHIGEN RAUM

Saša Stanišić, ein aus Bosnien und Herzegowina stammender deutschsprachiger Schriftsteller, setzt sich in einem 2008 veröffentlichten Aufsatz: *Wie ihr uns seht. Über drei Mythen vom Schreiben der Migranten* mit der abgrenzenden Kennzeichnung der Literatur von AutorInnen nichtdeutscher Herkunft als Migrationsliteratur auseinander, indem er u.a. dafür plädiert, dass im Umgang mit Werken von MigrantenautorInnen keine vorschnellen Schlüsse gezogen werden sollen, hinsichtlich der Thematik, auf die scheinbar nur SchriftstellerInnen mit autobiografischer Migrationserfahrung zurückgreifen können. Er schreibt:

»Jeder ›gute‹ Schriftsteller sollte jederzeit in der Lage sein, einen ›guten‹ Roman über ein Kind, das Krebs hat, zu schreiben, über ein Huhn mit drei Beinen oder einen krummen Hund, der die Geschichte eines Migrantenautors erzählt, ohne dabei jemals mit einem krebskranken Kind gesprochen, Hühner gezüchtet oder meine Bekanntschaft gemacht zu haben. Wer schreibt, der erfindet Welten, die nicht Teil der Welt des Schreibenden sind. Durch Recherchen, Reisen, Gespräche und andere Methoden, sich dem Unbekannten zu nähern, jene Erfahrungen liegen in Reichweite jedes Schriftstellers. Obwohl er das von sich weisen kann, vermag jeder Autor, sich mit neuen Aspekten des Lebens vertraut zu machen und aus ihnen das ›Erzählbare‹ zu konstruieren, indem er sich eine Perspektive oder eine Stimme aussucht, die möglicherweise einem anderen Autor, der mitten in diesem Thema lebt, niemals eingefallen wäre. Ich finde Nicht-Migranten, die schreibend hinter die für Migranten ›reservierten‹ Themen zu kommen versuchen, ebenso bemerkenswert.«[3]

Die Anfänge der Selbst- und Fremdwahrnehmung von SchrifstellerInnen mit s.g. Migrationshintergrund reichen in die frühen 70er Jahre zurück, als ein Publikationsforum für MigrantenautorInnen, nämlich *Südwind gastarbeiterdeutsch*[4] ins Leben gerufen wurde. Der Begriff »Gastarbeiterliteratur« wurde von den AutorInnen bewusst als politisches Schlagwort eingesetzt, da sie mit dem Medium Literatur das politische Engagement für humanitäre und soziale Rechte der MigrantInnen manifestierten. Ende der 80er Jahre brach eine neue Entwicklungsphase der Migrantenliteratur an, mit der Tendenz zur Individualisierung und Öffnung, sowohl in Bezug auf die formelle Gestaltung als auch auf häufig reflektierte Themen und Darstellung des Migrantenschicksals – weg vom Bild der zu bemitlei-

---

[3] | Stanišić, Saša (2008): »Wie ihr uns seht. Über drei Mythen vom Schreiben der Migranten«. In: Pörksen, Uwe/ Busch, Bernd (Hg.): Eingezogen in die Sprache, angekommen in der Literatur. Göttingen: Wallstein, S. 104-109, hier S. 107.

[4] | Die Reihe wurde wenig später in die *Südwind Literatur* umbenannt, da tatsächliche Fabrikarbeiter in den Anthologien kaum vertreten waren.

denden Opfern der Migrationssphänomene[5], die der feindlichen Fremde, Einsamkeit und allem Leid ausgesetzt sind. Viele der AutorInnen sowie ihre literarischen Protagonisten entscheiden sich bewusst für die mobile Existenz des Migranten, die im modernen Zeitalter zum Modellsubjekt aufsteigt[6] und pendeln zwischen Ost und West, zwischen Heimat und Fremde, atmen den inspirierenden Hauch des Neuen, ohne auf die Bindung zu ihren Wurzeln völlig verzichtet zu haben. In dieser Auffassung wird die Erfahrung der Migration nicht mehr als schmerzvoller Lebensbruch oder als aufgezwungene Verbannung verstanden, sondern als ein Anzeichen neuer Qualitäten im Umgang mit ethnischen Identitätsgrenzen und kulturellen Schemata.[7] Die Bewegungen zwischen den zwei Kulturen und die Prozesse der Grenzüberschreitung projizieren die Entstehung des s.g. »Zwischenraums«, der gleichzeitig Ausgangspunkt der künstlerischen Praxis der AutorInnen und Handlungsort der Abenteuer ihrer Helden ist. Zentrale Motive der Migrationsliteratur im klassischen Sinne treten deutlich hervor: Unterwegssein, Erfahrungen der Fremde, Annäherung an die Aufnahmegesellschaft und ihre Sprache, aber auch die erlebte Diskriminierung und kulturelle Zerrissenheit sowie die problematische Beziehung zur Fremde bzw. zur schmerzlich vermissten Heimat. Auffallend war damals die Tendenz der Literaturkritik zur Bevorzugung von Werken, deren Hauptfiguren in ihrer Migrationssituation gescheitert sind. Die Texte dagegen, die die Möglichkeit einer erfolgreichen Eingliederung in die Aufnahmegesellschaft bezeugen, fanden verhältnismäßig wenig Beachtung. An diesem Bespiel lassen sich nicht nur die festgelegten Stereotype über MigrantInnen erkennen, sondern auch die stark zum Vorschein tretende Rollenzuweisung, die sich für die Rezeption der Migrationsliteratur und ihre RepräsentantInnen als eine gewaltige Last erweisen.[8] Daher wundern nicht die damals laut werdenden starken emanzipatorischen Ansätze, die Literatur von AutorInnen nicht deutscher Muttersprache von der Verpflichtung zu entbinden, über Migration zu schreiben, und sie in erster Linie als »Künstler« und nicht als »Ausländer« zu betrachten.[9]

Langsam vollzieht sich ein seit langer Zeit gefordertes Umdenken der Wahrnehmung der Migrationsliteratur ohne jeglichen Mitleidbonus und dass diese – mit Rafik Schami gesprochen – weder mit Samthandschuhen noch mit eisernen

---

5 | Straňáková, Monika (2009): Literarische Grenzüberschreitungen: Fremdheits- und Europa-Diskurs in den Werken von Barbara Frischmuth, Dževad Karahasan und Zafer Şenocak. Tübingen: Stauffenburg, S. 45.
6 | Vgl. Keller, Johanna (2005): Neue Nomaden? Zur Theorie und Realität aktueller Migrationsbewegungen in Berlin. Berlin/Münster u.a.: LIT, S. 10.
7 | Vgl. ebd.
8 | Vgl. Klüh, Ekaterina (2009): Interkulturelle Identitäten im Spiegel der Migrationsliteratur. Würzburg: Königshausen & Neumann, S. 14.
9 | Vgl. Arens, Hiltrud (2008): Kulturelle Identität in der deutschen Minoritätenliteratur der achtziger Jahre. Tübingen: Stauffenburg, S. 35.

Zangen angefasst wird.[10] Die Debatten um die Migrationsliteratur werden nicht mehr durch den Begriff der Betroffenheit geprägt, wobei bei den Bemühungen um eine terminologische Systematisierung immer deutlicher ihr historischer und variabler Charakter zum Vorschein kommt. So setzen sich heutzutage einige Literaturwissenschaftler für eine neue Auffassung der Migrationsliteratur ein, die als »eine historische und prozessuale Variable«[11] und »eine Form der kommunikativen literarischen Praxis«[12] verstanden wird, die sowohl auf der biographischen Erfahrung des Einzelnen, als auch auf der imaginativen Erkenntnis und der transkulturellen Kompetenz basieren kann – so die Herausgeber des 2014 erschienenen Bandes *Wie viele Sprachen spricht die Literatur? Deutschsprachige Gegenwartsliteratur aus Mittel- und Osteuropa*. Sie weisen auf die Notwendigkeit hin, sich in den wissenschaftlichen Analysen von der biographischen Verstrickung zu lösen, den analytischen Fokus auf die Poetik zu richten und damit den emanzipatorischen Ansprüchen der AutorInnen gerecht zu werden.

2. MIGRATIONSROMAN UND POETIK DER MIGRATION

Im globalisierten »Zeitalter der Gleichzeitigkeit und des Aneinanderreihens«[13] bekommt die Kategorie des Raums eine neue, essenzielle Bedeutung, da sich die fiktionale Subjektbildung in der zeitgenössischen Literatur immer häufiger mit räumlicher Verortung und Positionierung vollzieht, die für die Identitätskonstruktionen von grundlegender Relevanz sind.[14] Viele Forscher der Migrationsliteratur geben gerade die Bewegung im Raum als einen der wichtigsten (wenn nicht den wichtigsten) thematischen Schwerpunkte an, die sich als charakteristisch für den Migrationsroman festlegen lassen. So können laut Maria E. Brunner jene Texte durch den Wechsel von Zeit- und Raumkoordination, die Thematisierung der Ortsvielfalt, die Schwankung zwischen Heimat und Fremde und durch die Reflexion der kulturellen, durch die Migrationssituation bedingten Zwischenstel-

---

10 | Robert Bosch Stiftung (Hg.) (2009): Chamisso. Viele Kulturen - eine Sprache. Heft Juni-August, http://www.bosch-stiftung.de/content/language1/downloads/CH_Magazin_2.pdf, abgerufen am 04.08.2016.
11 | Cornejo, Renata/ Piontek, Sławomir/ Sellmer, Izabela/ Vlasta, Sandra (Hg.) (2014): Wie viele Sprachen spricht die Literatur? Deutschsprachige Gegenwartsliteratur aus Mittel- und Osteuropa. Wien: Praesens, S. 11.
12 | Ebd.
13 | Foucault, Michel (2005): »Von anderen Räumen.« In: Dünne, Jörg/ Günzel, Stephan (Hg.): Raumtheorie. Grundlagentexte aus Philosophie und Kulturwissenschaft. Frankfurt a.M.: Suhrkamp, S. 317-329, hier S. 321.
14 | Hallet, Wolfgang/ Neumann, Birgit (2009): »Raum und Bewegung in der Literatur: Zur Einführung«. In: Dies. (Hg.): Raum und Bewegung in der Literatur: Die Literaturwissenschaften und der Spatial Turn. Bielefeld: transcript, S. 11-32, hier S. 25.

lung abgegrenzt werden.[15] Wichtig erscheint auch das Thema der Mehrsprachigkeit und der sprachlichen Identität, die ferner ein emanzipatorisches Potenzial freisetzen. Die Bewegung im Raum, die identifikations- und identitätsstiftend ist, die Mobilität der Figuren, die einerseits Handlungsmöglichkeiten freigibt, andererseits diese einschränkt, ihre Mehrfachzugehörigkeiten und (kulturellen) Grenzüberschreitungen[16], der Wechsel in eine neue Sprache sowie die sprachliche Identitätsfindung bzw. die Mehrsprachigkeit werden somit im vorliegenden Beitrag als thematische Attribute des Migrationsromans aufgefasst.

Als Ausgangspunkt für die Auseinandersetzung mit der Ebene des Ästhetischen in der Migrationsliteratur wird der Aufsatz von Eva Hausbacher *Schreiben MigrantInnen anders? Überlegungen zu einer Poetik der Migration*[17] herangezogen, in dem die Forscherin die Grundmuster für die migratorische Poetik erarbeitet. Sie nennt konkrete Literaturformen, die für die Poetik der Migration charakteristisch sind: Multiperspektivität (wechselnde Perspektive), Neuverortung in Raum und Zeit (»dazwischen«), Doppelungen von Raum und Zeit, z.B. Überlagerung von Gegenwart und Erinnerung, ästhetisch definierte Mehrsprachigkeit – die Sprache mit vielen fremden (fremdsprachigen) Elementen, Verfremdungsstrategien wie Mimikry, Parodie, Ironie und Spiel mit nationalen Stereotypen, und schließlich Verwischung von Gattungsgrenzen. Hausbacher betont dabei den Unterschied zwischen der Ästhetik der Migration und einer avantgardistischen und postmodernen Vorgehensweise, den die Anbindung an die außerliterarische Realität ausmacht:

»Das Einst und Jetzt, das Hier und Dort ist prägender als im postmodernen Spiel mit kulturellen Traditionen. Gesucht und konstruiert wird nicht mehr ein Raum des ›anything goes‹ sondern ein ›third space‹ der Freiheit, in dem individuelle Existenz möglich ist, in dem ›doing culture‹ weniger stark durch vorgegebene Konzepte und kulturelle und politische Machtapparate eingeschränkt ist.[18] Die Differenzen von transnationalen Schreibweisen zu

---

15 | Brunner, Maria E. (2003): »Literarische Mehrsprachigkeit und Transkulturalität. Der Dialog zwischen den Kulturen und das Echo von Mimikry und sprachlicher Hybridität im Werk deutsch-türkischer Autorinnen«. In: Linguistica Antverpiensia. New Series – Themes in Translation Studies, H. 2, S. 115-128, hier S. 117, https://lans-tts.uantwerpen.be/index.php/LANS-TTS/article/view/80/35, abgerufen am 04.08.2016.
16 | Vgl. Hallet, Wolfgang/ Neumann, Birgit (2009): »Raum und Bewegung in der Literatur: Zur Einführung«. S. 25.
17 | Hausbacher, Eva (2012): »Schreiben MigrantInnen anders? Überlegungen zu einer Poetik der Migration«. In: Binder, Eva/ Mertz-Baumgartner, Birgit (Hg.): Migrationsliteraturen in Europa. Innsbruck: iup, S. 169-184.
18 | Die Begriffe »third space« und »Hybridität« wurden von den postkolonialen Theorieansätzen auf die Literaturwissenschaft übertragen, die zwar neue Herangehensweisen an die Migrationsliteratur ermöglichen, aber auch nicht unreflektiert angewendet werden sollen, da sie das Bild des Migrantenschicksals gegebenenfalls verklären können. Vgl. dazu z.B.

anderen postmodernen Verfahren liegen einmal im unterschiedlichen Wirkungspotenzial, das diese Texte in Bezug auf die für die Poetik der Migration zentralen Schlüsselkategorien der Identität und Hybridität ausstrahlen.«[19]

Obwohl sich Hausbacher grundsätzlich vom biographistischen Zugang distanziert, bezieht sie in die Analyse auch die biographische Erfahrung der AutorInnen ein, was sie durch das Literaturverständnis als Handlung, der konkrete private Erfahrungen vorausgehen, erklärt.[20] Damit teilt Hausbacher die Auffassung von Irmgard Ackermann und Harald Weinrich, denen die deutschsprachige Literaturwissenschaft eine der ersten Abhandlungen zur »Ausländerliteratur« verdankt, dass die persönliche Erfahrung der Migration und Fremde für einen glaubhaften Migrationsroman unentbehrlich ist, da diese dem Text einen charakteristischen Anstrich verleiht, der »aus bloßer Imagination nicht zu erfinden ist.«[21] Der Roman *Café Saratoga* von Malin Schwerdtfeger lässt diese Annahme anzweifeln, was im Folgenden zu beweisen versucht wird.

3. MALIN SCHWERDTFEGERS CAFÉ SARATOGA – MIGRATIONSROMAN EINER NICHT-MIGRANTIN

Um es sofort vorwegzunehmen: Malin Schwerdtfeger ist keine Migrantin. Geboren wurde sie 1972 in Bremen, wo sie »ziemlich bürgerlich«[22] aufwuchs, seit 1992 lebt sie in Berlin. Dort studierte sie Judaistik und Islamwissenschaft. *Café Saratoga*, 2001 veröffentlicht, ist ihr erster Roman; ein Jahr zuvor erschien ihr Prosadebüt, eine Erzählungssammlung *Leichte Mädchen*. Für eine der Erzählungen aus diesem Band erhielt sie einen Preis bei den Tagen der deutschsprachigen Literatur in Klagenfurt. Das Wettbewerbsverfahren beschreibt sie als »eine schreckliche Erfahrung«.[23] In einem Interview erzählt sie:

Günther, Petra (2002): »Die Kolonisierung der Migrantenliteratur«. In: Hamann, Christof/ Sieber, Cornelia (Hg.): Räume der Hybridität. Postkoloniale Konzepte in Theorie und Literatur. Hildesheim: Olms, S. 151-160.
19 | Vgl. Hausbacher, Schreiben MigrantInnen anders?, S. 174.
20 | Ebd.
21 | Ackermann, Irmgard/ Weinrich, Harald (Hg.) (1986): Eine nicht nur deutsche Literatur. Zur Standortbestimmung der »Ausländerliteratur«. München: Piper.
22 | Höbel, Wolfgang (2001): Schlachtfest der Liebe. In: Der Spiegel vom 26.11.2001, http://www.spiegel.de/spiegel/print/d-20849313.html, abgerufen am 04.08.2016.
23 | Orliński, Wojciech (2005): Pisarka Malin Schwerdtfeger. In: Wysokie Obcasy vom 23.07.2005, http://www.wysokieobcasy.pl/wysokie-obcasy/1,96856,2830056.html, abgerufen am 04.08.2016. Original auf Polnisch, hier übersetzt von Alicja Krauze-Olejniczak.

»Man liest Fragmente eigener Prosa vor einem Rat vor, der aus lauter wichtigen Kritikern besteht, die zuerst kein gutes Haar an dir lassen und dann lange darüber streiten, was an dem, was sie gehört haben, am schrecklichsten ist. Als ich dort ein Fragment meines Romans über Polen vorgelesen habe, sind sie auf mich losgegangen, dass es [...] eine erfundene, aus Stereotypen aufgebaute Welt sei, dass sich Polen gar nicht so verhalten, und auch wenn, dann dürfen deutsche Schriftsteller darüber nicht schreiben. [...] In Polen gebe es viele talentierte Schriftsteller, denen ich dieses Thema überlassen und mich mit etwas anderem beschäftigen sollte, z.B. mit jungen Deutschen.«[24]

Eine solche Einstellung der Wettbewerbskommission lässt sich laut Schwerdtfeger auf die Schuldkomplexe der 68er Generation zurückführen, deren Nebenwirkung die Überzeugung war, dass es in der deutschsprachigen Nachkriegsliteratur verboten sei, über ehemalige Naziopfer nicht anders zu schreiben, als eben über Opfer.

Malin Schwerdtfeger hält wenig vom autobiografischen Schreiben und behauptet, ihr Leben wäre zu langweilig, um es literarisch verarbeiten zu wollen. Sie eignet sich Anekdoten und zufällig belauschte Gespräche an, macht die Geschichten von Freunden und (Un-)Bekannten literarisch fruchtbar. Deswegen erzählt ihr Debütroman *Café Saratoga* von einer skurrilen polnischen Aussiedlerfamilie: zwei heranwachsende Schwestern Sonja (die Ich-Erzählerin) und Majka verlassen ihr polnisches Ferienparadies, die Ostsee-Halbinsel Hel und gehen, ihren Eltern und verheißungsvollen Vorstellungen der schönen westlichen Welt folgend, nach Westdeutschland, wo sie auf eine fremde Sprache, fehlendes soziales Umfeld und die Notwendigkeit, alles von Grund auf neu zu starten, stoßen also auf die meisten Nöte des klassischen Migrantenschicksals, obwohl die Migrationsaspekte von der Literaturkritik kaum wahrgenommen wurden. *Café Saratoga* lässt sich aber durchaus in das Konzept des Migrationsromans sowohl in thematischer wie auch in ästhetischer Hinsicht einfügen.

Die Bewegung im Raum und die Verlegung des Lebensmittelpunktes bilden das thematische Gerüst des Romans, der auf zwei Handlungs- und Zeitebenen spielt. Das erste Kapitel handelt von gegenwärtigen Ereignissen: die Ich-Erzählerin fährt mit ihrem alten Fiat Mirafiori zurück zur Halbinsel Hel, wo sie als Mädchen so glücklich war. In dem auseinanderbrechenden Auto sitzen noch ihre an Panikattacken leidende und sich im Medikamentenrausch befindende Mutter Lilka und ihre Freundin Jane (die laut Aussage der Autorin ihre Doppelgängerin im Roman ist), die sich von einer Reise nach Polen ein wildes Abenteuer verspricht. Als der Mirafiori nach einer kurzen Fahrpause nicht mehr anspringt, werden die Frauen von einem polnischen Lastwagenfahrer mitgenommen. Hier bricht diese Handlungs- und Zeitachse ab, um auf den letzten zwei Seiten des Romans wieder aufgegriffen zu werden. Malin Schwerdtfeger passte also die Handlung in einen

---

24 | Ebd.

Rahmen ein, dazwischen wird rückblickend die Geschichte der Einspannung zwischen Ost und West, zwischen gestern und heute erzählt.

Nicht nur die dargestellte Welt, sondern auch die innere Welt der Protagonistin wird in zwei Räume aufgeteilt: die zurückgelassene polnische Heimat – die Halbinsel Hel und die Bundesrepublik Deutschland, das im Unterschied zum »Nazideutschland«[25] also der DDR, »das gute Deutschland«[26] darstellte, und das von Schwerdtfegers Figuren zärtlich als »Bundes« bezeichnet wird, weil dieses Wort so »weich auf der Zunge lag [...] wie etwas Süßes und Schaumiges.«[27] Von Bundes schwärmt vor allem Sonjas Vater Kazik, genannt auf Polnisch Tata (Papa), der nach eigener Aussage »körperlich ein Faun und geistig ein Hermaphrodit«,[28] in Wirklichkeit ein egoistischer, hochmütiger und chauvinistischer, aber auch charmanter Spinner ist, der von seinen Töchtern bedingungslos anhimmelt wird – »Tata ist das Leben«[29], sagt die Protagonistin. Zwei andere Pole des Romans bilden beide geschiedene Elternteile, die sich doch nicht wirklich voneinander trennen können. Sonjas Mutter ist das genaue Gegenteil von Tata: belesen, aber tat- und kraftlos, frustriert trauert sie immer noch der Jugendliebe und ihrem verpassten Leben nach. Sie schuf sich ihre eigene Welt, die sie aus den Romanen Leo Tolstojs kennt: sie sehnt sich nach ihrer imaginären Jasnaja Poljana, dem Landgut der Familie Tolstoj: »Jasnaja Poljana war Mamas Spiel. Es war ein Spiel ohne Regeln, nur mit Wünschen.«[30] Obwohl sie ihrem verabscheuten Exmann die Schuld für ihr Scheitern gibt, zieht sie ihm und seinen, so weit von ihren entfernten Vorstellungen vom erfolgreichen Leben, zweimal nach: zuerst nach Chałupy, wo Kazik ein heruntergekommenes Café am Meer übernimmt, und dann nach Westdeutschland, wo er eine Stelle bei Mercedes ergattert.

Die (aufgezwungene) Grenzüberschreitung der mythischen Ost-West-Grenze und die anstehende Ausreise aus dem überschaubaren und sicheren Zentrum der Welt, das die Halbinsel Hel für die Protagonistinnen darstellte, wird bereits in den ersten Zeilen des Romans angekündigt:

»Jeden Tag im Café Saratoga erklärte uns unser Vater die zwei Deutschlands. Er erklärte sie uns, wie er den Tod erklärte und die nächsthöhere Dimension: Nur durch das eine war das andere zu erreichen, das andere aber war gut. Sein Name war Bundes.«[31]

Der Vater ließ bei den Mädchen, die in dem kommunistischen Polen aufwuchsen (obwohl die polnischen politischen Umstände im Roman gar nicht thematisiert

---

25 | Schwerdtfeger, Malin (2010): Café Saratoga. Gräfelfing: Silke Weniger, S. 34.
26 | Ebd.
27 | Ebd.
28 | Ebd., S. 184.
29 | Ebd., S. 223.
30 | Ebd., S. 57.
31 | Ebd., S. 9.

werden) ein Bild vom fremden Land Bundesrepublik Deutschland entstehen als Schlaraffenland, wo alle Hoffnungen und Träume in Erfüllung gehen und wo sie für alle Mühe belohnt werden:

»Die Straße nach Bundes war wie die Straße auf Hel, auf der wir Eis holen fuhren mit Tata: Am Ende stand etwas sehr Süßes, Lohnendes. [...] Auch Bundes roch nach Neuem, nach Meer, wie damals das Café Saratoga an unserem ersten Tag.«[32]

Direkt nach der Ankunft in Deutschland wurden die Mädchen mit der Fremde konfrontiert. Tata setzt auf schnelle und brutale Integrationsmethoden und lässt seine Töchter alleine auf die Straße laufen, um dort, in der Menge aufgegangen, die Einheimischen zu beobachten und ihnen zuzuhören, damit »ihre Stimmen ein Bett in [das] Bewusstsein [der Mädchen] graben konnten«[33], also damit sie Deutsch lernen:

»›Raus auf die Straße mit euch!‹ [...] Er lief in den Flur, riss unsere Jacken vom Garderobenhaken und warf sie auf den Boden. ›Wir sind jetzt Auswanderer‹, sagte er, ›Fluchttiere. Wir sind wie Antilopen oder Gnus in der Steppe. Junge Antilopen und Gnus müssen gleich nach der Geburt aufstehen und laufen, damit sie nicht von Raubtieren zerfleischt werden. [...] und das ist ihre einzige Chance in der Steppe.‹«[34]

Die Erfahrung der neuen Sprache, die man sich nicht selten unter Schmerzen aneignen muss, ist im Roman als Motiv stark vertreten. Majka und Sonja müssen schnell ihre Deutschkenntnisse aufbessern, weil »das Deutsch, das [sie] in der Schule oder von [ih]rer Großmutter gelernt hatten, nicht das richtige war. Die Aussprache war falsch.«[35] Da sie aber nach ersten erfolglosen Versuchen, sich der neuen, fremden Realität zu stellen, kaum mehr ausgehen, lernen sie aus Musikkassetten, »von spitzen, süßen Stimmen der Schlümpfe und vom Mainzelmännchengesang«[36] und von den telefonischen Zeit- und Fahrplanansagen: »Es war die Bundesstimme, und ich fragte mich, wie die Frau wohl aussähe, zu der diese Stimme gehörte, sehr hübsch und streng wahrscheinlich, wie eine junge Lehrerin.«[37] Erst nach Monaten, als die Mädchen in die Schule und damit unter Deutsche gehen, merken sie, dass es etwas noch Schlimmeres gibt, als ihre Aussprache, nämlich die falsche Höhe, in der sie sprachen. Sonja erfährt es von ihrer deutschen Freundin, die ihr diese sprachliche Unart auf dem Klavier demonstriert:

---

32 | Ebd., S. 36.
33 | Ebd., S. 178.
34 | Ebd., S. 140.
35 | Ebd., S. 148.
36 | Ebd., S. 148f.
37 | Ebd., S. 154.

»Wir sprechen um das C herum, deutsche Männer eine Oktave tiefer. [...] Vermutlich C-Dur. Wenn wir sprechen, klingt das wie eine Proklamation. Wenn ihr sprecht, wie eine Beschwerde. Wie eine Beschwerde über etwas, was sich nicht mehr ändern lässt, oder als müsstet ihr euch selbst gegen eine Beschwerde verteidigen. [...] Grundbestimmung unzufrieden, aber nicht böse darüber. Melancholisch, aber nicht düster. Vielleicht a-Moll. [...] Beides zusammen, die Proklamation und Beschwerde, das gibt Ärger!«[38]

Die mühsame Aneignung der Fremdsprache und der Prozess der Umstellung auf das deutsche Schulsystem beschreibt die Protagonistin als eine gewaltige Anstrengung, vor allem wegen der Notwendigkeit ständiger Konzentration »bis [ihre] Augen blutunterlaufen waren und es in [ihren] Ohren sauste«,[39] um alles verstehen zu können.

In dem fremden Land fühlen sich die Mädchen wie in einer parallelen zeit- und raumlosen Welt, einem Nichts, zwischen der Vergangenheit, an die man keinen Anschluss mehr finden kann, und der unsicheren Zukunft, die keinen Halt bietet:

»Wir gingen nicht raus. Wir waren ungeborene Steppentiere. Wir waren nicht im eigentlichen Sinne auf der Welt. [...] Wir hatten kein Bild von der Zukunft. Wir waren blind, und unter unseren Lidern klebten die Reste unserer nutzlosen Vergangenheit. Mit geschlossenen Augen sah ich Gdingen und Hel, aber das waren blasse Abzüge, ich wusste nicht, ob ich die Originale wiedersehen würde. Immer häufiger schloss ich die Augen und sah nur noch Dunkel. Das war das Nichts zwischen uns und der Vergangenheit. Und wenn ich aus dem Fenster schaute auf den blanken Fluss, war es, wie in das andere Nichts zu gucken, das zwischen uns und der Zukunft.«[40]

Den Umzug nach Deutschland empfinden sie als einen Riss in der Kontinuität der Zeit, von der sie sich auch viel erhofft haben: »In Polen wäre alles einfach so weitergegangen.«[41] In Bundes ändert sich die zeitliche Koordination und dieser Wechsel ist ebenfalls für einen Migrationsroman bezeichnend, genauso wie der Eindruck der Vorläufigkeit der Migrationssituation, begleitet vom dem Gefühl der Unmöglichkeit der Rückkehr:

»›Wir kommen eines Tages wieder‹, sagte ich.
›Wer ist denn jemals wiedergekommen?‹, fragte Majka.
[...] ›Wenn Tata will, geht es eines Tages weiter‹, sagte ich. ›Weißt du, Majka, manchmal stelle ich mir vor, wir sind hier nur zu Besuch.‹

---

38 | Ebd., S. 177.
39 | Ebd., S. 196.
40 | Ebd., S. 149.
41 | Ebd., S. 159.

›Ein langer Besuch‹, sagte Majka. ›Mein Leben wird ein einziger Besuch sein, danke, Tata!‹«[42]

Tatsächlich war es nur Tata, der als Einziger relativ erfolgreich in der BRD war und der am meisten von dem Umzug der Familie profitierte. Dem Rest fällt es schwer, sich mit den neuen Verhältnissen zu arrangieren. Majka, im Unterschied zu ihrer Schwester, der Ich-Erzählerin, emanzipiert sich schnell von dem Vater und, da sie auf Hel ihre erste Liebe zurückgelassen hat, zeigt sie sich von Anfang an enttäuscht und desillusioniert. Sie will sich in die deutsche Umgebung nicht integrieren und schließlich entfernt sie sich von ihrer Schwester:

»›Du bist wie Betonkopf. Du knallst mit dem Kopf auf den Boden, grinst und findest alles toll‹, sagte Majka.
›Es ist toll‹, sagte ich. ›Tata findet es toll. Wir müssen uns nur daran gewöhnen.‹
›Tata findet es toll, und du bist glücklich. Du hast ja auch nichts verloren.‹
Ich fing an zu heulen. ›Wieso habe ich nichts verloren? Ich habe Hel genauso verloren wie du [...]‹.«[43]

Bei Sonja, anders als bei Majka, vollzieht sich der Prozess der Emanzipierung von ihrem Vater erst nachdem sie Jane kennenlernt, bei der sie sich die Trauer nach der vermissten Heimat erlaubt und sie auch sprachlich verarbeiten kann. Damit geht die Bewusstwerdung eigener sprachlichen Identität einher:

»›Erzähl!‹, flüsterte Jane. Und ich erzählte ihr, woher ich kam. Ich erzählte vom Café Saratoga. Ich erzählte nur wenig, weil meine Wange perfekt in ihre Hand passte, und doch musste ich weinen, weil ich auf Deutsch erzählte und alles einen falschen Klang hatte.«[44]

Durch das Erzählen, das eine befreiende Funktion einnimmt, wird es ihr bewusst, dass die Welt, die ihr der Vater so viele Male im Café Saratoga (der Satz »Tata hat uns jeden Tag die Welt erklärt«[45] zieht sich fast leitmotivisch durch den ganzen Roman) erklärt hatte, die durch die »kosmische Zyklizität«[46] den darwinistischen Überlebenswettbewerb geregelt wird, keine reale Welt ist:

»Frau Göbbels' Töchter redeten nicht mit Tata, sie schrien ihn an wie einen schwerhörigen Diener, und Tata lächelte entschuldigend. Frau Göbbels' Töchter machten sich lustig über Tatas Aussprache, seinen Bart, seine schiefen, gelben Zähne, und Tata, der alles wusste, und die ganze Welt verstand, Tata, der Majka und mir die Welt und Bundes erklärt hatte,

---

42 | Ebd., S. 158f.
43 | Ebd., S. 156.
44 | Ebd., S. 223.
45 | Ebd., mehrmals im Text, z.B. S. 19.
46 | Ebd., S. 223.

jeden Tag im Café Saratoga, Tata entschuldigte sich bei den Töchtern von Bundes für seine Dummheit. Und Frau Göbbels' Töchter waren so sehr Bundes.«[47]

Und deswegen, Tata zum Trotz, und trotz der quälenden Ahnung, dass keine Rückkehr mehr möglich ist,[48] kann Sonja der Versuchung nicht widerstehen, nach Polen zurückzufahren und sich mit ihren Erinnerungen zu konfrontieren, die sich im Roman grundsätzlich im affektiven Bezug zur Halbinsel Hel, dem »alten Planeten, den wir verlassen hatten«[49], manifestieren, zumal der Besuch der vermissten Heimat bald durch den Fall der Berliner Mauer möglich gemacht wird. Die Rückkehr wäre aber für Tata mit der Niederlage gleichbedeutend:

»›Vielleicht können wir bald zurück‹, sagte ich. ›Vielleicht können wir bald das Café Saratoga wiedersehen.‹
›Zurück?‹, fragte Tata. ›Diese Richtung existiert für mich nicht. Du bist meine Tochter, aber du redest wie eine Anfängerin. Zurück gehe ich niemals, egal, wo dieses Zurück ist. Ich bin ein Fortgeschrittener‹.«[50]

Auch hinsichtlich der Ästhetik entspricht Schwerdtfegers Roman durchaus dem Modell der migrantischen Poetik von Hausbacher. *Café Saratoga* weist eine offene Romanform auf, die aus vielen, teilweise zersplitterten Erinnerungsstücken und Handlungsbrüchen besteht. Die Erzählchronologie wird ebenfalls zum Teil gebrochen, am Ende des Romans treffen sich schließlich die bereits angesprochenen doppelten Zeit- und Handlungsebenen, indem die Erzählung immer näher an die in der Anfangsszene konturierte Gegenwart rückt, die erst am Ende aufgeklärt wird.

Die Narration in *Café Saratoga* ähnelt einer mündlichen Erzählung: sie ist fragmentarisch, sprunghaft, voller Abschweifungen und deswegen nicht immer konsistent, das Gegenwärtige vermischt sich mit der Erinnerung, lyrisch anmutende Passagen gehen ohne Übergang in die Umgangssprache über. Schwerdtfeger erlaubt sich auch Ausflüge zum Geschmacklosen und Kitschigen, wie sie sagt: »das kann ruhig auch mal peinlich werden und kommt dann irgendwann zurück zum

---

47 | Ebd., S. 248.
48 | Artur Becker, der sich als polnischer Autor deutscher Sprache bezeichnet, drückte dieses ambivalente Verhältnis zur verlassenen Heimat in seinem Roman *Wodka und Messer* folgendermaßen aus: »Die Emigration ist eine Fünfstufenrakete. Eins – man flieht; zwei – man gewöhnt sich; drei – man vergisst; vier: man erinnert sich; und fünf – man will zurück, aber es geht nicht mehr.« Becker, Artur (2008): Wodka und Messer: Lied vom Ertrinken. Frankfurt a.M.: Weissbooks, S. 454.
49 | Schwerdtfeger, Café Saratoga, S. 19.
50 | Ebd., S. 272.

richtigen Ton«.[51] Sie spielt auch mit nationalen Klischees und stellt die östliche Realität der westlichen gegenüber, ohne aber dass eine der Seiten deutlich aufgewertet wird. Dabei werden vor allem – was auch zahlreiche deutschsprachige Migrationsromane von AutorInnen osteuropäischer Herkunft kennzeichnet – die Unterschiede in der Mentalität hervorgehoben, zwischen dem warmherzigen und gefühlsbetonten Osten und dem kühlen, verschlossenen Westen, z.B. als Tata seiner Tochter mit einem Wodka-Glas ins Gesicht schlägt, schaut sich die Mutter von Sonjas bester Freundin die Wunde an ihrer Wange an:

»›Mann!‹ sagte Janes Mutter und beugte sich vor, um sich meine zerschnittene Wange anzusehen, ohne mich zu berühren, die Hände auf dem Rücken. Das war Bundes: In Polen hätte jeder sofort die Haare über der Wunde auseinandergezupft, mein Kinn zur Seite geschoben und mich mitfühlend in den Arm gekniffen.«[52]

Schwerdtfeger greift auf viele auf beiden Ufern der Oder gepflegte Stereotype zurück. Demnach sind Polen nicht nur herzhaft, sondern auch – vor allem die männlichen Figuren: Tata und sein Kumpel Bocian – dem Alkohol nicht abgeneigt, faul (»Das ist die polnische Einstellung, [...] alles irgendwie hinmogeln und hoffen, dass es nicht zusammenkracht«)[53], ziemlich primitiv, brutal und schroff. Die russischen Kinder, die gemeinsam mit den polnischen Mädchen im Grenzdurchgangslager in Worpswede wohnen, werden von ihnen als »Betonköpfe«[54] wegen ihrer Stumpfheit und Trägheit beschimpft. Die Autorin bedient sich dabei literarischer Groteske, die bekanntermaßen keine Objektivität beansprucht und die häufig von AutorInnen der Migrationsliteratur zwecks der Entkräftung und Überwindung der nationalen Klischees eingesetzt wird.

Schließlich weist die Sprache in *Café Saratoga* fremdsprachige Elemente auf, was nach dem Entwurf der migrantischen Poetik von Hausbacher den Roman als Migrationsroman klassifizieren lässt. In den Text werden polnische Ausdrücke eingeflochten, die meistens kursiv markiert sind: *Biznesmeny*,[55] *biznes*,[56] *cipka*,[57] *sisiak*,[58] Kawiarnia Zatoka – dt. Café Bucht[59], Niemiecka Republika Demokratyczna – dt. Deutsche Demokratische Republik,[60] Szleswyk-Holsztyn – dt. Schleswig-

---

51 | Höbel, Wolfgang (2001): Schlachtfest der Liebe. In: Der Spiegel vom 26.11.2001, http://www.spiegel.de/spiegel/print/d-20849313.html, abgerufen am 04.08.2016.
52 | Schwerdtfeger, Café Saratoga, S. 216.
53 | Ebd., S. 110.
54 | Ebd., z.B. S. 144, 155, 259.
55 | Ebd., S. 141.
56 | Ebd., mehrmals im Text, z.B. S. 81.
57 | Ebd., mehrmals im Text, z.B. S. 43, 199, 244, 261f.
58 | Ebd., mehrmals im Text, z.B. S. 113, 120, 128.
59 | Ebd., S. 44, 121.
60 | Ebd., S. 33.

Holstein.[61] Vornamen oder Spitznamen der Figuren sind größtenteils typisch polnisch: Kazik, Majka, Witek, Ilonka, Danusia, Tata (dt. Papa), Bocian (dt. Storch), Cybula[62] (dt. Zwiebel). Während einige von denen direkt ins Deutsche übertragen werden, bleiben andere unübersetzt, obwohl sie im Text zu Schlüsselwörtern avancieren – die Bedeutung kann aber leicht aus dem Kontext erschlossen werden, wie im Falle von den zwei polnischen (umgangssprachlichen, wenn nicht obszönen) Bezeichnungen der Geschlechtsteile (*sisiak* und *cipka*).

Schließlich soll noch auf die Rezeption von *Café Saratoga* eingegangen werden. Der Roman ist 2001 erschienen, also zu der Zeit, als die Migrationsliteratur bereits eine literaturwissenschaftliche und -kritische Anerkennung, sowie ein breites öffentliches Echo fand. Martin Hielscher, der das Nachwort für die 1. Auflage verfasste und der sich anderwärtig auch mit der Migrationsliteratur wissenschaftlich beschäftigte,[63] schreibt in Bezug auf die zentralen Motive in *Café Saratoga* über die Veränderung oder gar Auflösung alter Familienstrukturen, die Umkehrung des Fürsorgeverhältnisses von Eltern und Kindern und über das daraus resultierende frühe Erwachsenwerden.[64] Für den *Welt*-Rezensenten geht es im Roman um die verlorene Kindheit, um familiären Wahnsinn und »die größtmögliche Störung der Pubertät durch deren völlige Veröffentlichung«.[65] Der *Tagesspiegel* berichtet »von einem originellen Zeugnis vom Erwachsenwerden in einer Welt von verrückten Erwachsenen«.[66] Der Kritiker des elektronisch publizierten Literaturmagazins *u-lit* bezeichnet das Mädchendasein als das tragende Grundthema von Schwerdtfegers Prosa, wobei die Wirren der Pubertätszeit, die Erprobung des eigenen Körpers und die Abhängigkeit von männlichen Autoritäten den Kern des Romans bilden.[67] Einige erinnert der Erzählstil von Schwerdtfeger, der Obszönität mit erzählerischer Farbigkeit verbindet, an die *Danziger Trilogie* von Günther

---

61 | Ebd.
62 | Obwohl »Zwiebel« im Polnischen eigentlich »cebula« heißt.
63 | Vgl. z.B. Hielscher, Martin (2010): »Kontinuität und Bruch der Genealogie. Die Inszenierung archaischer Familienstrukturen im Roman der ›Migranten‹«. In: Costagli, Simone/ Galli, Matteo (Hg.): Deutsche Familienromane. Literarische Genealogien und internationaler Kontext. München, Paderborn: Fink, S.195-206.
64 | Hielscher, Martin (2010): Unruhige Mädchen. Ein Nachwort. In: Nölle, Karen/ Gräbe, Christine: Malin Schwerdtfeger: Café Saratoga. Gräfelfing: Silke Weniger, S. 289-291.
65 | Förster, Jochen (2001): Der letzte Sommer der Kindheit. In: Die Welt vom 01.09.2001, http://www.welt.de/print-welt/article473233/Der-letzte-Sommer-der-Kindheit.html, abgerufen am 04.08.2016.
66 | Hirsch, Anja (2001): »Café Saratoga«: Mutterland, ade. In: Tagesspiegel vom 24.08.2001, http://www.tagesspiegel.de/weltspiegel/cafe-saratoga-mutterland-ade/25 0732.html, abgerufen am 04.08.2016.
67 | Klammt, Ulrich (2001): Rezension zu Malin Schwerdtfeger: Café Saratoga vom 28.05.2001, http://www.u-lit.de/rezension/schwerdtfeger.html, abgerufen am 04.08. 2016.

Grass,[68] die sich auch geographisch in der Nähe der Handlungsorte von *Café Saratoga* abspielt. Der Rezensent der *FAZ* nennt zwar die Aneignung der Fremde als eins der vielen im Roman angesprochenen Themen, stellt aber fest, dass sich die banale Körperlichkeit und irritierende Sinnlichkeit der Pubertät als zentral im Buch erweist.[69] In nahezu jeder Besprechung fällt der Oberbegriff »Pubertätsroman«. Die analytischen Erfahrungen mit der Literatur transgressiver AutorInnen lassen eine starke Vermutung zu, wäre die Autorin keine Deutsche, würde die Migrationserfahrung als Interpretationsschlüssel viel stärker in den Vordergrund der kritischen Diskussion rücken, die man eventuell erst im zweiten Schritt symbolisch deuten würde: der Prozess der Anpassung an das neue Land als die Adaptation an die Welt der Erwachsenen, in der man womöglich in gleichem Maß der Fremde ausgesetzt wird.

Café Saratoga wurde drei Jahre nach dem Erscheinen in Deutschland ins Polnische übersetzt. Der Roman erzielte keinen großen Erfolg, die polnische Leserschaft nahm ihn allerdings mit Interesse und einiger Überraschung wahr. Obwohl man Schwerdtfegers skurrile Gestalten nicht als typisch polnisch lesen wollte (was die Autorin auch nicht beabsichtigte), sei es ihr gelungen, die Halbinsel Hel der 1980er Jahre realistisch darzustellen, indem sie die Atmosphäre und regionale Finessen wiedergegeben hat, so der Rezensent der *Wyborcza*-Zeitung, Wojciech Orliński.[70] Der polnische Kritiker findet im Roman »keinen falschen Akzent«,[71] hält ihn für sehr überzeugend und kann es kaum glauben, dass eine Nicht-Polin so zutreffend den Tourismus- und Gastronomiebetrieb der späten Volksrepublik Polen abbilden konnte. Orliński sieht in *Café Saratoga*, obwohl die Figuren Schwerdtfegers teilweise zwischen Phantastik und Realität schwanken, eine Allegorie des Zerfalls vieler anderer polnischer Familien jener Zeit, die in den 1980er Jahren ihr Glück im Westen suchten und daran scheiterten. Ganz anders als Wolfgang Höbel, der in seiner Rezension für den *Spiegel* schreibt, dass Malin Schwerdtfeger glücklicherweise »nicht auf die nahe liegende Manie verfällt, die Ankunft in der Bundesrepublik als böse Desillusionierung zu schildern«.[72] Die Ich-Erzählerin kommentiert das erzählte Geschehen tatsächlich nur

---

68 | Vgl. z.B. Förster, Jochen (2001): Der letzte Sommer der Kindheit. In: Die Welt vom 01.09.2001, http://www.welt.de/print-welt/article473233/Der-letzte-Sommer-der-Kindheit.html, abgerufen am 04.08.2016.

69 | Küchemann, Fridtjof (2001): Strenge Gerüche, seltsame Sitten: Malin Schwerdtfegers erster Roman. In: Frankfurter Allgemeine Zeitung vom 03.10.2001, http://www.faz.net/aktuell/feuilleton/buecher/rezensionen/belletristik/rezension-strenge-geruesche-seltsame-sitten-malin-schwerdtfegers-erster-roman-117467.html, abgerufen am 04.08.2016.

70 | Orliński, Wojciech (2005): Pisarka Malin Schwerdtfeger. In: Wysokie Obcasy vom 23.07.2005, http://www.wysokieobcasy.pl/wysokie-obcasy/1,96856,2830056.html, abgerufen am 04.08.2016.

71 | Ebd.

72 | Höbe, Schlachtfest der Liebe.

sparsam, beiläufig, fast wie unbeteiligt, nicht selten zwischen den Zeilen, so dass der Zusammenstoß zweier Welten von beiden Seiten des Eisernen Vorhangs, den sie schmerzhaft zu spüren bekommt, einem unaufmerksamen Leser oder eben einem, der auf andere Inhalte eingestellt war, entgehen kann.

4. Fazit

Mittlerweile sorgt das Etikett der Migrationsliteratur für Erfolge auf dem Buchmarkt. Die etablierte Position der Migrationsliteratur bringt natürlich klare Vorteile für die NachwuchsautorInnen, die von der literarischen Öffentlichkeit ohne Schwierigkeiten wahrgenommen werden. Der laxe Umgang mit diesem Phänomen bringt aber die Gefahr einer vorschnellen Auslegung nach traditionellen kulturellen Taxonomien und der daraus resultierenden Ausgrenzung mit sich. In der Forschung wurde bereits mehrmals unterstrichen, dass sich die nationale Herkunft als zentrales Kriterium der Klassifizierung und schließlich auch der Interpretationsrichtung als durchaus inadäquat erweist, weil es feste Erwartungen hervorruft, die zum einen aus dem (unbewussten) Reservoir an nationalen Stereotypen schöpfen[73] und zum anderen die Lektüre auf andere Aspekte lenken, in der unbewussten Annahme, ein Schriftsteller/eine Schriftstellerin, der/die einen anderen (nicht deutschen) kulturellen Hintergrund in den Roman mitbringt, sich zwangsläufig mit den Themen rund um die Migrationserfahrung beschäftigen wird: Fremdheitsgefühl, Kulturschock, Zähmung der neuen Wirklichkeit, Schwankung zwischen Heimat und Fremde usw. Gleichzeitig ist aber auch eine umgekehrte Tendenz zu verzeichnen, nämlich dass der Migrationsroman als eine nach literarästhetischen bzw. formalen Kriterien abgesonderte Gattung ausnahmslos für die AutorInnen mit transgressiven Lebensläufen reserviert zu sein scheint, obwohl diese auch von »nationalen« SchriftstellerInnen geschrieben werden – auch wenn diese von der Literaturkritik fast fünfzig Jahre nach Michel Foucaults und Roland Barthes' Postulat vom »Tod des Autors« als solche nicht wahrgenommen werden. Somit versteht sich der vorliegende Beitrag als ein Plädoyer für eine nicht biographisch aufgefasste Migrationsliteratur, der im Zeitalter der allgegenwärtigen Mobilität auch die imaginative Auseinandersetzung mit der Migrationserfahrung zugrunde liegen kann.

---

73 | Vgl. Klüh, Ekatarina (2009): Interkulturelle Identiäten im Spiegel der Migrationsliteratur. Würzburg: Königshausen & Neumann, S. 40.

Literatur

Primärliteratur

Schwerdtfeger, Malin (2010): Café Saratoga. Gräfelfing: Silke Weniger.

Sekundärliteratur

Ackermann, Irmgard/ Weinrich, Harald (Hg.) (1986): Eine nicht nur deutsche Literatur. Zur Standortbestimmung der »Ausländerliteratur«. München: Piper.

Arens, Hiltrud (2008): Kulturelle Identität in der deutschen Minoritätenliteratur der achtziger Jahre. Tübingen: Stauffenburg.

Becker, Artur (2008): Wodka und Messer: Lied vom Ertrinken. Frankfurt a. Main: Weissbooks.

Brunner, Maria E. (2003): Literarische Mehrsprachigkeit und Transkulturalität. Der Dialog zwischen den Kulturen und das Echo von Mimikry und sprachlicher Hybridität im Werk deutsch-türkischer Autorinnen. In: *Linguistica Antverpiensia. New Series – Themes in Translation Studies*, H. 2, S. 115-128, https://lans-tts.uantwerpen.be/index.php/LANS-TTS/article/view/80/35, abgerufen am 04.08.2016.

Cornejo, Renata/ Piontek, Sławomir/ Sellmer, Izabela/ Vlasta, Sandra (Hg.) (2014): Wie viele Sprachen spricht die Literatur? Deutschsprachige Gegenwartsliteratur aus Mittel- und Osteuropa. Wien: Praesens.

Foucault, Michel (2005): »Von anderen Räumen.« In: Dünne, Jörg/ Günzel, Stephan (Hg.): Raumtheorie. Grundlagentexte aus Philosophie und Kulturwissenschaft. Frankfurt a. Main: Suhrkamp, S. 317-329.

Förster, Jochen (2001): Der letzte Sommer der Kindheit. In: Die Welt vom 01.09.2001, http://www.welt.de/print-welt/article473233/Der-letzte-Sommer-der-Kindheit.html, abgerufen am 04.08.2016.

Günther, Petra (2002): »Die Kolonisierung der Migrantenliteratur.« In: Hamann, Christof/ Sieber, Cornelia (Hg.): Räume der Hybridität. Postkoloniale Konzepte in Theorie und Literatur. Hildesheim: Olms, S. 151-160.

Hallet, Wolfgang/ Neumann, Birgit (2009): »Raum und Bewegung in der Literatur: Zur Einführung«. In: Dies. (Hg.): Raum und Bewegung in der Literatur: Die Literaturwissenschaften und der Spatial Turn. Bielefeld: transcript, S. 11-32.

Hausbacher, Eva (2012): »Schreiben MigrantInnen anders? Überlegungen zu einer Poetik der Migration.« In: Binder, Eva/ Mertz-Baumgartner, Birgit (Hg.): Migrationsliteraturen in Europa. Innsbruck: iup, S. 169-184.

Herren, Madeleine (2005): Inszenierungen des globalen Subjekts. Vorschläge zur Typologie einer transgressiven Biographie. In: Historische Anthropologie, 13. Jg., H. 3, S. 1-18.

Hielscher, Martin (2010): »Kontinuität und Bruch der Genealogie. Die Inszenierung archaischer Familienstrukturen im Roman der ›Migranten‹«. In: Costagli, Simone/ Galli, Matteo (Hg.): Deutsche Familienromane. Literarische Genealogien und internationaler Kontext. München, Paderborn: Fink, S.195-206.

Hielscher, Martin (2010): Unruhige Mädchen. Ein Nachwort. In: Nölle, Karen/ Gräbe, Christine: Malin Schwerdtfeger: Café Saratoga. Gräfelfing: Silke Weniger, S. 289-291.

Hirsch, Anja (2001): »Café Saratoga«: Mutterland, ade. In: Tagesspiegel vom 24.08.2001, http://www.tagesspiegel.de/weltspiegel/cafe-saratoga-mutterland-ade/250732.html, abgerufen am 04.08.2016.

Höbel, Wolfgang (2001): Schlachtfest der Liebe. In: Der Spiegel vom 26.11.2001, http://www.spiegel.de/spiegel/print/d-20849313.html, abgerufen am 04.08.2016.

Keller, Johanna (2005): Neue Nomaden? Zur Theorie und Realität aktueller Migrationsbewegungen in Berlin. Berlin/Münster u.a.: LIT.

Klammt, Ulrich (2001): Rezension zu Malin Schwerdtfeger: Café Saratoga vom 28.05.2001, http://www.u-lit.de/rezension/schwerdtfeger.html, abgerufen am 04.08.2016.

Klüh, Ekaterina (2009): Interkulturelle Identitäten im Spiegel der Migrationsliteratur. Würzburg: Königshausen & Neumann.

Küchemann, Fridtjof (2001): Strenge Gerüche, seltsame Sitten: Malin Schwerdtfegers erster Roman. In: Frankfurter Allgemeine Zeitung vom 03.10.2001, http://www.faz.net/aktuell/feuilleton/buecher/rezensionen/belletristik/rezension-strenge-gerueche-seltsame-sitten-malin-schwerdtfegers-erster-roman-117467.html, abgerufen am 04.08.2016.

Orliński, Wojciech (2005): Kawiarnia Saratoga, Schwerdtfeger, Malin. In: Gazeta Wyborcza vom 04.03.2005, http://wyborcza.pl/1,75517,2585600.html?disableRedirects=true, abgerufen am 04.08.2016.

Orliński, Wojciech (2005): Pisarka Malin Schwerdtfeger. In: Wysokie Obcasy vom 23.07.2005, http://www.wysokieobcasy.pl/wysokie-obcasy/1,96856,2830056.html, abgerufen am 04.08.2016.

Robert Bosch Stiftung (Hg.) (2009): Chamisso. Viele Kulturen - eine Sprache. Heft Juni-August, http://www.bosch-stiftung.de/content/language1/downloads/CH_Magazin_2.pdf, abgerufen am 04.08.2016.

Schweiger, Hannes (2012): »Transnationale Lebensgeschichten. Der biographische Diskurs über die Literatur eingewanderter AutorInnen«. In: Cornejo, Renata/ Piontek, Slawomir/ Vlasta, Sandra (Hg.): Aussiger Beiträge: germanistische Schriftenreihe aus Forschung und Lehre. Ústí nad Labem: Univerzita J. E. Purkyně v Ústí nad Labem, Heft Nr. 6, S. 13-32.

Stanišić, Saša (2008): »Wie ihr uns seht. Über drei Mythen vom Schreiben der Migranten.« In: Pörksen, Uwe/ Busch, Bernd (Hg.): Eingezogen in die Sprache, angekommen in der Literatur. Göttingen: Wallstein, S. 104-109.

Straňáková, Monika (2009): Literarische Grenzüberschreitungen: Fremdheits- und Europa-Diskurs in den Werken von Barbara Frischmuth, Dževad Karahasan und Zafer Şenocak. Tübingen: Stauffenburg.

Sprache, die zum Raum wird

Zur Latenz des Rumänischen in Herta Müllers *Herztier*

Raluca Hergheligiu

> L'espace pris dans sa généralité agence un croisement de réalités physiques, mentales et sociales. (Henri Lefebrve, 1974)

> Jede Landschaft ist das Produkt des betrachtenden Blicks. (Manfred Schmeling/Monika Schmitz-Emans: Das Paradigma der Landschaft in der Moderne und Postmoderne, 2007)

1. Sprache und Raum: Visualitätsbedingte Voraussetzungen der Metaphorik in Herta Müllers Literatur

Sissel Laegreids Interpretation von Herta Müllers Metapher der Heimat als »das, was gesprochen wird«[1] – das Beispiel einer Strategie, die einen fast räumlichen Eindruck der Konkretisierung, ja der Verdinglichung eines abstrakten Prinzips (der Sprache) beim Leser hervorruft[2] – hat für Herta Müllers Literatur einen repräsentativen Charakter. Mit merkbarer Plastizität drückt die norwegische Literaturwissenschaftlerin mehr oder weniger die Meinungsrichtung einer weiten Kategorie der Literaturkritiker aus, wenn sie merkt, dass Herta Müllers Sprache sich darin fast als ein Ort offenbart, »an den man sich zurück erinnern und topographisch vorstellen kann«[3]. Wichtig ist dabei die gegenseitige Bedingtheit des

---

1 | Der Ausdruck erscheint im Titel eines Essays Herta Müllers (2001): Heimat ist das, was gesprochen wird. Rede an die Abiturienten des Jahrgangs 2001. Blieskastel: Goldstein.
2 | Laegreid, Sissel (2013): »Sprachaugen und Wortdinge – Herta Müllers Poetik der Entgrenzung«. In: Mahrdt, Helgard/ Laegreid, Sissel (Hg.): Dichtung und Diktatur. Die Schriftstellerin Herta Müller. Würzburg: Königshausen & Neumann, S. 55-79, hier S. 55.
3 | Ebd., S. 56.

Visuellen und des Auditiven bei Herta Müller, die mit einem Prozess der »Materialisierung der Sprache«[4] zusammenhängt. Die Sprache läßt sich »[...] doch damit zugleich als etwas Konkretes vorstellen [...]«:[5] Herta Müllers literarische Sprache ertappt eine Art Übergang vom Auditiven (Substanz der Sprache) zum Visuellen (Referenzobjekt), »eine Art Materialisierung des Nicht-Materiellen«,[6] was ihren literarischen Diskurs und ihre poetologische Strategie kennzeichnet.

Dieser Prozess der »Materialisierung des Nicht-Materiellen«, der die Beziehung des Geschriebenen zum innerlich Geschauten in Herta Müllers Literatur voraussetzt, kleidet sehr verschiedene Formen und erfüllt multiple Funktionen. Die interkulturelle Funktion dieser Beziehung, die durch Assoziierung der Sprache mit dem Raum – mit einem inneren Raum des Bewusstseins, in dem die interkulturelle Erfahrung gelagert wird – entsteht, spielt die Rolle eines bedeutenden identitären Markers und verdient es, ins Augenmerk der aktuellen Herta-Müller-Literaturwissenschaft häufiger zu treten. Der interkulturellen Inszenierung der Sprachbildlichkeit und ihrer spezifischen Funktion, »Augenblicke und Räume«[7] entstehen zu lassen, in denen »das ausstehende Ich sich in Einklang mit Vergangenheit und Gegenwart entwickeln kann«[8] soll die Aufmerksamkeit dieses Beitrags gewidmet werden.

2. Interkulturell inszenierte Sprachbildlichkeit in Herta Müllers Literatur

Trotz des erwähnten, oft gezeigten Interesses für Herta Müllers Bildlichkeit der Sprache lassen sich in der heutigen Literaturwissenschaft jedwede Tendenzen, die die interkulturelle Konnotation ihrer visuellen Metaphorik hervorheben und kommentieren, ziemlich selten sehen. Eher stilistisch und philosophisch als im Rahmen einer interkulturellen Perspektive, die einem interkulturellen Text und Kontext angemessen sein sollte, betrachten die aktuellsten Vertreter der internationalen Herta-Müller-Kritik[9] die Sprachmetaphern aus ihrem Werk. Vor allem die sprachbezogenen selbstreflexiven metaphorischen Konstruktionen aus Herta Müllers Essays, aber auch diejenigen aus ihren Romanen, sind durch die entsprechende Funktion und Semantik eine interkulturalitätsbezogene Betrachtung wert.

---

4 | Ebd.
5 | Edd.
6 | Ebd.
7 | Franco Biondi zitiert nach Chiellino, Carmine (2001): Liebe und Interkulturalität. Tübingen: Stauffenburg, S. 9.
8 | Ebd.
9 | Sissel Laegreid, Helgard Mahrdt, Emanuelle Prak-Derrington, Julia Müller und Carmen Wagner sind einige Beispiele in dieser Richtung.

Herta Müllers Reflexionen über die Eröffnung der semantischen Sphären, die die gegenseitige Konfrontierung der drei Sprachen (des Rumänischen, des Schwäbischen und des Deutschen) in ihrem Essay *In jeder Sprache sitzen andere Augen* aus dem Band *Der König verneigt sich und tötet*[10] ermöglicht, enthalten die Exemplifizierung eines sprachpolarisierten Denkprozesses, den die Schriftstellerin selbst in einem rumänischsprachigen Interview an Elisabeta Lasconi von 2005 definiert: »Wenn ich schreibe, schreibt die rumänische Sprache mit«.[11] Das Phänomen, das diese Metapher der mitschreibenden rumänischen Sprache definiert, bezieht sich auf eine weitgefasste Kategorie von stilistischen Verfahren, bei denen die konsekutive Handhabung der Sprachen, die gleichzeitige Exploitierung ihres semantischen und denotativen Potenzials eine wichtige Rolle spielen.

Die interkulturelle Nuancierung des Textes durch die alternierende oder konzentrische Verwendung der Schriftsprache und der Herkunftsprache ist nicht nur für Herta Müller typisch, sondern kennzeichnet das Werk zahlreicher interkultureller Autoren, die die Sprachen als Mittel dazu nutzen, um in die Erfahrung einer *interkulturellen Memoria* visuelle Breschen zu schlagen: Marica Bodrožić, Zsuzsa Bánk, Yoko Tawada, Theodor Kalifatides etc. nutzen die im Denk- und Schreibprozess interferierenden Sprachen zu metaphorischen Zwecken und dazu, um identitätsprägende kulturelle Erfahrungen zu kodifizieren. Ihre Texte zeugen nicht selten von einem Dialog zwischen der Sprache der Schrift und der Herkunftssprache. Dieses Phänomen, das zuerst auf der Ebene der Psyche, dann des geschriebenen Textes eines interkulturellen Autors fungiert, definiert der Augsburger Literaturwissenschaftler Carmine Chiellino anhand des Begriffs *Sprachlatenz*.

2.1 Sprachlatenz

In Carmine Chiellinos Auffassung läßt sich die Sprachlatenz in Bezug auf zwei wichtige Koordinaten definieren: 1) die interkulturelle Biographie des Schriftstellers (»Unter Sprachlatenz verstehe ich das Auftreten der Herkunftssprache der Protagonisten oder des Schriftstellers in einem Werk, das in der Landessprache

---

10 | Müller, Herta (2003): »In jeder Sprache sitzen andere Augen«. In: Müller, Herta: Der König verneigt sich und tötet. München: Hanser, S. 7-39.

11 | Lasconi, Elisabeta: »Cînd scriu, limba română scrie întotdeauna cu mine«. In: Adevărul literar și artistic vom 15.03.2005, http://www.adevarul.ro/articole/2005/cand-scriu-limba-romana-scrie-intotdeauna-cu-mine.html, abgerufen am 01.05.2015. Die Idee der mitschreibenden rumänischen Sprache wird im Essay In jeder Srache sitzen andere Augen aus dem Band Der König verneigt sich und tötet wieder aufgenommen: „Ich habe in meinen Büchern noch keinen Satz auf Rumänisch geschrieben. Aber selbstverständlich schreibt das Rumänische immer mit, weil es mir in den Blick hineingewachsen ist." (Müller, In jeder Sprache sitzen andere Augen, S. 27).

geschrieben wird.«)[12]; 2) die sprachlich-kulturelle Strukturierung des fiktionalen Inhalts des Textes in Bezug auf eine interkulturelle Thematik:

»Als latente Sprache fungiert: Entweder die Sprache der kulturellen Herkunft des Protagonisten, falls der Roman in einer anderen Sprache abgefasst ist (z.B. das Französische bei Theodor Fontane und das Italienische bei Franco Biondi), oder die Sprache der Raum-Zeit-Konstellation, in der das Werk zum Teil angesiedelt ist (wie das Amerikanische bei Johnson und das Deutsche bei Ören)«.[13]

Als latente Sprache fungiert also jede zweite oder dritte Sprache, über die der Protagonist oder der Autor verfügt, und die in ein bestimmtes Verhältnis der Komplementarität zur angewandten Sprache tritt.[14]

»[...] meistens übt die angewandte Sprache eine analytische Funktion, indem sie, ausgehend von Farben und Gegenständen, die Erinnerung aus der latenten Sprache auf ihren Wahrheitsgehalt überprüft. Die Überprüfung vollzieht sich durch eine breitangelegte Kontextualisierung der physischen Dimension des Gedächtnisses des Protagonisten in das kulturhistorische, politische und literarische Gedächtnis. Das Läutern der latenten durch die angewandte Sprache lässt nach Biondi ›Augenblicke und Räume‹ entstehen, in denen das ausstehende Ich sich in Einklang mit Vergangenheit und Gegenwart entwickeln kann.«[15]

2.2 Sprachimaginär

In der französischsprachigen Literaturtheorie der Postmoderne erkannte der aus Martinique stammende Schriftsteller, Philosoph und Lieraturtheoretiker Edouard Glissant, dass es zwischen den Sprachen, die ein interkultureller Autor beherrscht, Interferenzen gibt, und dass diese Interferenzen sich in seinem geschriebenen Text erkennen lassen. Er führte dieses Phänomen der Interferenz zwischen den Sprachen auf das Phänomen der Durchkreuzung von Arealen der Bildlichkeit zurück, an die sie meistens binden. Deshalb strukturierte sich die Definition dieses Sprachphänomens in seiner Auffassung in Bezug auf den Be-

---

12 | Chiellino, Liebe und Interkulturalität, S. 101.
13 | Ebd., S. 109f. Es geht um die Schriftsteller Uwe Johnson und Aras Ören.
14 | Zum Begriff Sprachlatenz beim Literaturwissenschaftler Carmine Chiellino und zur Latenz des Rumänischen in Herta Müllers Literatur siehe noch Hergheligiu, Raluca (2010): »Augen, die in der Sprache sitzen: Zur Latenz des Rumänischen in Herta Müllers Literatur«. In: Palimariu, Ana-Maria/ Berger, Elisabeth (Hg.): Die fiktive Frau. Konstruktionen der Weiblichkeit in der deutschsprachigen Literatur. Iași/Konstanz: Editura Universității Iași/ Hartung Gorre, S. 391-404. Raluca Hergheligiu: Augen, die in der Sprache sitzen: Zur Latenz des Rumänischen in Herta Müllers Literatur, in: E. Berger/A. Palimariu: Die fiktive Frau. Konstruktionen der Weiblichkeit in der deutschsprachigen Literatur, S. 391-404.
15 | Chiellino, Liebe und Interkulturalität, S. 113.

griff des *Sprachimaginärs*. Das Imaginäre einer Sprache definiert eine eigenartige, intime Reflexion der Objekte und Phänomene des Bewusstseins, eine Konstruktion von Bilderreihen, von sogenannten Landschaften. Jede Sprache ist zugleich ein Mittel zur Poetisierung, sie einen eigenartigen Wahrnehmungsfilter. Glissant spricht von Landschaften des Wortes, aber auch von dem inneren Nutzen der Landschaften in unserem Bewusstsein, von inneren Treffen der Landschaften in uns. Vor allem diejenigen Kulturen, die lebendig an ihre Herkunft binden, verfügen über ein reges Bilderdenken. Ein mehrsprachiger Autor ist wie ein Pendel, das sich von einer Landschaft zur anderen bewegt. Die Literatur solcher Autoren reflektiert oft eine Kombination von Landschaften, so wie ihr Bewußtsein eine Kombinierung von Sprachen und Kulturen reflektiert. Glissant spricht von inneren Landschaften, die zusammengesetzte Landschaften sind: »Dans notre imaginaire nous avons toujours présent à l'esprit notre paysage«.[16]

2.3 Chiellino/Glissant

Wir haben es bei Carmine Chiellino und bei Edouard Glissant mit verschiedenen Begrifflichkeiten zu tun, unter deren Tragweite sich dasselbe Phänomen der sich im Text eines interkulturellen Autors durchkreuzenden Sprachen mit ihrer identitären Prägung und ihren subsumierten metaphorischen Bilderarealen definiert. Die beiden theoretischen Sichtweisen entfalten Beschreibungen der poetischen Artikulierung des Sprachphänomens, die visuelle Voraussetzungen ins Spiel setzen: Bei Carmine Chiellino rückt die Sprachlatenz sehr stark in die Nähe einer Art Eingang in das weite Areal innerer Visualisierungen, die an die Erfahrung des Protagonisten oder des Ich-Erzählers im längst verlassenen Heimatland knüpfen. Daher kann man anführen, dass die Sprachen eines interkulturellen Textes (die angewandte Sprache und die latente Sprache) innere Räume der Erfahrung kodifizieren. Als Sprachlatenz sind diejenigen Fälle von Sprachinterferenzen zu verstehen, die in der visuellen Artikulierung des Diskurses eine interkulturelle Metaphorik auslösen: Ein Wort oder ein Ausdruck mit dieser Funktion wirken sich auf das Bewusstsein eines interkulturellen Lesers wie ein *sui generis* Fenster aus, das sich auf eine andersartige kulturelle Wirklichkeit hin öffnet oder durch das man auf eine fremde, emotional konnotierte »kulturelle Landschaft« (Edouard Glissant) hinausblicken kann. Man könnte im subjektiven Sinne des Wortes anführen, dass die Sprachlatenz im raumzeitlichen Gewebe eines Textes

---

16 | »In unserem Imaginären haben wir immer wach in unserem Denken unsere eigene Landschaft« (Übersetzung von Raluca Herghéligiu). Edouard Glissant zitiert nach Zarate, Carlos Ortiz de (1999): »Le vent dans la dramatisation romanesque«. In: Chevrier, Jacques (Hg.): Poétiques d'Edouard Glissant. Paris: Presses de l'Université Paris-Sorbonne, S. 179-193, hier S. 185.

ein Diskontinuum bewirkt:[17] Sie führt in den Zeitraum der angewandten Sprache (in Glissantschen Termini: in das »Imaginär« der angewandten Sprache) ein »Irgendwann und Irgendwo« der latenten Sprache ein (bei Glissant: ein Imaginär, eine innere Landschaft, die der latenten Sprache entspricht). In der Glissantschen Auffassung wird die visualitätsbezogene Artikulierung des Phänomens durch eben die ausgewählte Begrifflichkeit reflektiert.[18] Die beiden Theorien stehen in einem Verhältnis der Komplementarität zueinander, sie ergänzen sich gegenseitig. Durch die Metapher der Kombination von inneren Landschaften hebt Glissant die räumliche Komponente des Phänomens hervor. Beide Theorien ermöglichen einen weiten Einblick in die identitären Valenzen der Interferenzen zwischen den Sprachen[19]; den Beziehungen, in denen die verschiedenen Sprachen eines interkulturellen Autors einander stehen, ihnen schenkt Glissant eine besondere Aufmerksamkeit.[20]

---

17 | Siehe dazu die entsprechende metaphorische Bezeichnung der Sprachlatenz bei Franco Biondi als in den Text andersartige »Augenblicke und Räume« öffnend.

18 | Der Begriff *Imaginär* stammt vom Lateinischen Wort *imago, imaginis* (Bild). Das Imaginäre läßt sich wie eine Summe von Bildern definieren, die einem Oberbegriff subsumiert werden können.

19 | In seiner Einleitung zu seiner Introduction à une poétique du divers schreibt Glissant: »Jedes Mal, wenn wir die Sprache absichtlich mit der Identität in Verbindung setzen, begehen wir einen Fehler, meiner Meinung nach. Weil das, was unsere Zeit ganz genau charakterisiert, ist das, was ich das Imaginäre der Sprachen nenne, d.h. die gleichzeitige Anwesenheit des Menschen in allen Sprachen der Welt.« (Übersetzung von Raluca Hergheligiu. Der französische Text lautet: »Chaque fois qu'on lie expressément le problème du langage au problème de l'identité, à mon avis, on commet une erreur, parce que précisément ce qui caractérise notre temps, c'est ce que j'appelle l'imaginaire des langues, c'est-à-dire la présence à toutes les langues du mondes.« Edouard Glissant: Introduction à une poétique du divers, S. 112, zitiert nach Britton, Célia (1999): »La poétique du relais«. In: Chevrier, Jacques (Hg.): Poétiques d'Edouard Glissant. Paris: Presses Universitaires de Paris Sorbonne, S. 169-178, hier S. 174).

20 | Oft verfügen interkulturelle Autoren über ein Sprachbewusstsein, das aus Bewegungen der Aufeinandergehen, Ineinandergehen und Rutschen von einer Landschaft zur anderen entsteht. Glissants Poetik beruht auf konkrete Analysen der Verhältnisse zwischen den Sprachen von jeweiligen Gemeinden oder Autoren. Ausgehend von den Beziehungen, die manche Gemeinden zueinander pflegen, mögen die jeweiligen Sprachen in bestimmten Verhältnissen der Dominierung, Faszination, Multiplizierung oder Ansteckung, Höflichkeit oder Verwirrung zueinander stehen. Darunter zieht das Verhältnis der Dominierung den sogenannten Fall der Diglossie heran: »Wir werden von unseren Worten gesprochen mehr als wir unsere Worte aussprechen.« (Glissant) Das diglossische Verhältnis wird wie eine Nicht-Koinzidenz zwischen der gesprochenen Sprache und der allgemeinen Haltung gegenüber der Sprache verstanden. »Ich nenne Diglossie die Dominierung einer oder mehrerer Sprachen von einer anderen Sprache in einem bestimmten Kulturraum.« (Übersetzung von

3. Zur Latenz des Rumänischen in Herta Müllers Literatur

In der Einleitung meines Artikels *Augen, die in der Sprache sitzen: Zur Latenz des Rumänischen in Herta Müllers Werk*[21] habe ich erwähnt, dass die rumänische Sprachlatenz in den verschiedenen Lebens- und Schaffensperioden Herta Müllers je andere Funktionen gehabt, je andere Zwecke erfüllt und andere poetische Strategien vorausgesetzt hat: Das absolute Fehlen der rumänischen Sprache in ihren Anfangsschriften (erste Schaffensperiode: *Niederungen, Drückender Tango*) prägt den Texten einen ambivalenten Charakter ein, der aus einem Widerspruch zwischen Form[22] und Inhalt resultiert[23]. Ihre Texte der neunziger Jahre (zweite Schaffensperiode, erste Zeit der Auswanderung nach Deutschland: *Der Fuchs war damals schon der Jäger, Herztier, Heute wäre ich mir lieber nicht begegnet*) nutzen die deutsche Sprache als Reservoire, in dem die fiktionalisierten Erfahrungen aus dem kommunistischen Rumänien gelagert werden. In den Jahren 2000 (dritte Schaffensperiode: *Heimat ist das, was gesprochen wird, Der König verneigt sich und tötet, Atemschaukel, Immer derselbe Schnee und immer derselbe Onkel*) verfährt Herta Müller mit einer poetischen Instrumentalisierung der Interferenzen zwischen dem Rumänischen und dem Deutschen. Aus der Überdeckung der Perspektiven, die die rumänische Sprache und die deutsche Sprache durch die ständige Konfrontierung ihrer entsprechenden Bilderwelten auf das Universum eröffnen, konstruiert sie in ihren Essaytexten mit sprachreflexiver Ausrichtung der Jahre 2000 eine eigenartige interkulturelle Metaphorik.

Durch die vorgenommene Analyse der rumänischen Sprachlatenz in Herta Müllers Werken der zweiten Schaffensperiode (*Herztier*) soll der vorliegende Beitrag in einem Verhältnis der Komplementarität zu meiner erwähnten Studie aus 2008 stehen, in der die Latenz der rumänischen Sprache in den Texten der dritten Schaffensperiode Herta Müllers (*In jeder Sprache sitzen andere Augen, Es ist immer*

Raluca Hergheligiu. Der französische Text lautet: »J'appelle diglossie la domination d'une ou de plusieurs langues par une autre langue dans un certain espace culturel.« (Edouard Glissant: L'imaginaire des langues, zitiert nach Gauvin, Lise (2005): L'imaginaire des langues: tracées d'une poétique. http://www.edouardglissant.fr/gauvin.pdf, abgerufen am 06.08.2016).

21 | Hergheligiu, Augen, die in der Sprache sitzen: Zur Latenz des Rumänischen in Herta Müllers Literatur, S. 391-404.

22 | Durch das Wort *Form* beziehe ich mich hauptsächlich auf die Sprache des Textes.

23 | Die Beschreibung der schwäbischen Gesellschaft aus dem Roman *Niederungen* enthält zahlreiche Elemente einer Kritik an die Monokulturalität der traditionellen Dorfgemeinde. Diese kritische Haltung der schwäbischen Dorfgesellschaft gegenüber und die Entscheidung, den Roman in der Sprache dieser Gemeinde zu schreiben, zeigen, dass Herta Müller in einer ambivalenten Beziehung zu ihrem schwäbischen Herkunftsmilieu gestanden hat, das sie kritisierte und zu dessen Seite sie zugleich stand.

derselbe Schnee und immer derselbe Onkel) behandelt wurde. Im vorliegenden Beitrag nehme ich mir also vor, einige Aspekte der rumänischen Sprachlatenz, die als interkulturell konnotierte Sprachbildlichkeit fungiert, aus der zweiten Schaffensperiode Herta Müllers aufzuzeigen.

4. HERZTIER

Zwischen dem Ende der 1980er Jahre und dem Anfang der Jahre 2000 hat Herta Müller neun Essaybände und drei Romane veröffentlicht. *Herztier* (1994) steht, als erster Roman dieser Periode, vor *Reisende auf einem Bein* (1998) und *Heute wär ich mir lieber nicht begegnet* (1997). Der autofiktionale Inhalt des Romans ist auf die Temeswarer Erfahrung der Autorin vor der Auswanderung nach Deutschland beziehbar. Eine aufmerksame Analyse der motivischen Artikulierung des Romans lässt ihn als Knotenpunkt oder als Durchkreuzung der früheren und der nachfolgenden motivischen und erzählstrategischen Entwicklungsstränge aus Herta Müllers literarischem Schaffen erscheinen: Durch bestimmte Handlungselemente bezieht sich die Autorin auf die vorangehende *Niederungen*-Thematik, andere wiederum antizipieren Motive aus den späteren Werken der zweiten und dritten Schaffensperiode. Im Mittelpunkt stehen schwäbische Studenten bzw. Jungangestellte in ihrer rumänischen Stadterfahrung – die Ich-Erzählerin, ihre Mitbewohnerin aus einem Temeswarer Studentenwohnheim, Lola, drei Freunde: Kurt, Edgar und Georg, die zwischen der Herkunftskultur ihrer schwäbischen Dörfer (die ausführlichen Briefe der schwäbischen Mütter mit Nachrichten von Zuhause wiederholen manche sozialkritischen Akzente aus den *Niederungen*) und der rumänischen Stadtkultur stehen. Der Ausgangspunkt der Handlung ist der vermutlich vom rumänischen Sicherheitsdienst inszenierte Selbstmord Lolas, dem die Ich-Erzählerin zusammen mit den drei schwäbischen Freunden forschend nachzugehen versuchen. Die psychologische Erpressung durch die ständigen Verhöre des Sicherheitsdienstlers Pjele, der immer ebenso fragwürdige Tod Kurts und Georgs,[24] aber auch die Entfaltung eines weiten sozialkritischen Panoramas des

---

24 | Auf metaphorische Art und Weise bezieht sich die Ich-Erzählerin auf den späteren Tod der schwäbischen Freunde. In der folgenden Passage steht das Bild des Sacks als Symbol für den Tod: »Der Sack mit dem Fluß gehörte mir nicht. Er gehörte niemandem von uns. Der Sack mit dem Fenster gehörte nicht mir. Er gehörte später Georg. Der Sack mit dem Strick gehörte noch später Kurt. Edgar, Kurt, Georg und ich wußten es damals noch nicht. Man müßte sagen können: Niemand wußte es damals. Aber der Hauptmann Pjele war nicht niemand. Vielleicht dachte der Hauptmann Pjele sich schon damals zwei Säcke aus: Zuerst den Sack für Georg. Dann den Sack für Kurt. Oder der Hauptmann Pjele dachte an beide und verteilte sie auf Jahre.« (Müller, Herztier, S. 113).

kommunistischen Rumäniens der achtziger Jahre wurzeln in den eigenen Erfahrungen der Autorin aus den letzten Jahren vor der Ausreise nach Deutschland.[25]

5. Zur Latenz der Rumänischen Sprache in *Herztier*

Der Roman überrascht durch die Komplexität der Sprachlatenzformen und durch die poetische Visualität, die die Entfaltung des inneren Raumbewußtseins der fiktionalen Gestalten prägt.

5.1 Die surrealistische Intertextualität des Romans

Eine erste allgemeine rumänische Sprachlatenz, die surrealistische Intertextualität des Romans, die surrealistisch artikulierte Bildhaftigkeit der Metaphorik,[26] wird von der zuerst als Motto, dann als Leitmotiv des Romans einsetzenden Strophe Gellu Naums angekündigt: »Jeder hatte einen Freund in jedem Stückchen Wolke./So ist das halt mit Freunden, wenn die Welt voll Schrecken ist/auch meine Mutter sagte das ist ganz normal/Freunde kommen nicht in Frage/Denk an se-

---

25 | Damit in Verbindung stehen Herta Müllers Verbundenheit mit den Mitgliedern der Aktionsgruppe Banat aus den achtziger Jahren, der vermutlich vom rumänischen Sicherheitsdienst inszenierte Selbstmord eines dieser Mitglieder, Rolf Bosserts, und die enge Freundschaft mit Richard Wagner, ihrem späteren Ehemann. Der Name des Verhörers Pjele aus dem Roman mag vom Namen des Verhörers von Richard Wagner, Pelle, inspiriert worden sein.

26 | Über die surrealistische Bildhaftigkeit in Herta Müllers Herztier siehe Nubert, Roxana (2014): »Realität und Surrealität bei Herta Müller«. In: Decuble, Gabriel/ Grossegesse, Orlando/ Irod, Maria/ Sienerth, Stefan (Hg.): »Kultivierte Menschen haben Beruhigendes...«. Festschrift für George Guțu, Band I. București/Ludwigsburg: Editura Universității din București/ Paideia/ Pop, S. 336-354. Ganz relevant interpretiert Roxana Nubert die Metapher aus dem Bandtitel in Rekurs auf Lydia Rösslers Auffassung (Rössler 1995, S. 98) von Herta Müllers Paul-Celan-Rezeption, zu deren Behauptung der Begriff des »Flimmertiers« führt, der durch das Auge rudert: »Herztier benennt eine innere Kraft, die den Menschen treibt, ihn am Leben hält und doch selbst noch gar nichts im eigentlichen Wortsinn an sich hat.« (Nubert, S. 340). Philipp Müller nach (Müller 1997, S. 110) schließt der Begriff zwei Bedeutungen in sich: »Erstens die Bezeichnung für das seit dem Mittelalter als zentral geltende Organ des Menschen; zweitens den allgemeinen Ausdruck für die vom Menschen als tiefer eingestuften Lebewesen.« Während letztere Bezeichnung die Vorstellung von Instinkt, Triebhaftigkeit und das Auftreten in größeren Kollektivverbänden evoziere, eröffne die Kategorie des Herzens die Perspektive vom Menschen als einem von Seele und individueller Emotionalität gezeichneten Wesen." (Ebd.).

riösere Dinge«.²⁷ Das Zitat steht in einer doppelten Kontrapunktik zum Ziel der Autorin, eine fiktionale Reflexion des rumänischen Kommunismussystems aufzubauen: Auf der einen Seite entspricht das Motto der fiktionalen Inszenierung des Gefühls der Unsicherheit, das die Atmosphäre charakterisiert (der Terror, den die ständigen Verhöre und die Todesdrohungen, die Reihe an Selbstmörden, die der kommunistische Sicherheitsdienst inszeniert (thematische Entfaltung im *Herztier*)); es drückt, auf der anderen Seite, Herta Müllers Solidarität mit Gellu Naum, dem zitierten Autor, aus, ebenfalls einem Opfer des kommunistischen Regimes, mit dem die Romanautorin in einer Beziehung der ideologischen Verwandtschaft steht.

Die surrealistische Intertextualität des Romans, die surrealistischen bildkompositorischen Techniken, unter deren Tragweite das Zitat auch steht,²⁸ öffnen ein Fenster auf die Kulturinteressen der rumäniendeutschen Schriftstellerkreise der siebziger Jahre (der Aktionsgruppe Banat), denen sich Herta Müller in den achtziger Jahren angenähert hatte.²⁹

Die wichtigsten latenten Sprachen des Romans sind Rumänisch und Schwäbisch. Eine selbstreflexive Latenz der deutschen Sprache erscheint in der Szene, wo Edgar vom Glashaus Bücher holt, die in der Muttersprache geschrieben werden, »in der sich der Wind legte«.³⁰ Die Passage kombiniert das von den Bücherschriften vermittelte Bild von der westeuropäischen Gesellschaft mit dem Bild

---

27 | Gellu Naum (1915-2001) ist ein rumänischer Dichter und Übersetzer, der als Anreger der ersten surrealistischen Kreise im Bukarest der 40er Jahre bekannt ist. Seine vorangehende Zusammenarbeit mit den Pariser Surrealisten unter dem Einfluss Bretons nach dem Abschluß des Philosophiestudiums in Bukarest ist auch bekannt.
28 | Siehe die surrealistische Repräsentanz Gellu Naums.
29 | Zur Paul-Celan-Rezeption und zum Interesse der Mitglieder der Aktionsgruppe Banat an den Bildkonstruktionen der surrealistischen Künstler siehe Müller, Julia (2014): Sprachtakt: Herta Müllers literarischer Darstellungsstil. Köln: Böhlau.
30 | Die Metapher der »Muttersprache, in der sich der Wind legte« (Müller, Herztier, S. 50) antizipiert den Exkurs über die visuelle Metaphorik der Sprachen aus dem Essay *In jeder Sprache sitzen andere Augen* aus dem Band *Der König verneigt sich und tötet*: »Im Dialekt des Dorfes sagte man: Der Wind GEHT. Im Hochdeutschen, das man in der Schule sprach, sagte man: Der Wind WEHT. Und das klang für mich als Siebenjährige, als würde er sich weh tun. Und im Rumänischen sagte man: Der Wind SCHLÄGT, vintul bate. Das Geräusch der Bewegung hörte man gleich, wenn man schlägt sagte, und da tat der Wind nicht sich, sondern anderen weh. So unterschiedlich wie das Wehen ist auch das Aufhören des Windes. Auf Deutsch heißt es: Der Wind hat sich GELEGT – das ist flach und waagerecht. Auf rumänisch heißt es aber: Der Wind ist STEHENGEBLIEBEN, vintul a stat. Das ist steil und senkrecht. Das Beispiel vom Wind ist nur eines von den ständigen Verschiebungen, die zwischen Sprachen bei ein und derselben Tatsache passieren. Fast jeder Satz ist ein anderer Blick. Das Rumänische sah die Welt so anders an, wie seine Worte anders waren. Auch anders eingefädelt ins Netz der Grammatik.« (Müller, In jeder Sprache sitzen andere Augen, S.24f.).

vom deutschen Kulturraum aus der Vorstellung der Rumänen und rumänischen Schwaben der 1980er Jahre.[31]

5.2 Analogiesetzende Sprachlatenz als Sprachbrücke: Zur Kontextualisierung des Wortes »Rumänisch« im Roman

Obwohl das Rumänische den meisten Raum in der Ökonomie der fiktionalen Sprachen des Romans einnimmt, taucht das Wort *Rumänisch* ganz explizit nur einmal auf, in der zweiten Hälfte des Romans, nämlich in einem Gespräch der Ich-Erzählerin mit der rumänischen Freundin, Tereza. Das Rumänische und das Schwäbische durchkreuzen sich dabei: Die rumänische Freundin erinnert sich an die deutsche Sprache, die sie von ihrer schwäbischen Kinderfrau lernen sollte. Die rumänische und die schwäbische Sprachlatenz alternieren in dieser Passage. Die Erwähnung der rumänischen Sprache schafft in der Passage einen Kontrasteffekt der Poetisierung in Bezug auf die schwäbische Sprache: Das Aufbauprinzip der inszenierten Sprachlatenz steht in Analogie zu den interkulturell konnotierten bildkompositorischen Techniken aus dem späteren Essay *In jeder Sprache sitzen andere Augen*, in dem die poetische Konfrontierung des Rumänischen und des Schwäbischen in ihrer ambivalenten Visualität thematisiert wird:

»Ich hatte einmal eine deutsche Kinderfrau, sagte Tereza [...] Die Alte war streng und roch nach Quitten [...] Ich sollte Deutsch lernen von ihr. [...]. *Mein liebstes Wort war Futter, weil es in meiner Sprache vögeln bedeutet.*«[32]

---

31 | Starke Emotionen bei der Entdeckung der unbekannten Welt der westeuropäischen Gesellschaft unterstreichen die Bewusstwerdung über den Unterschied zwischen den beiden Welten, des Ostens und des Westens. Mentale und materielle Merkmale des westeuropäischen Lebens der 1980er Jahre durchkreuzen sich im Bild des imaginären westeuropäischen Kulturraums der rumänischen 1980er Jahre, auf das die folgende Passage verweist. Die Sublimierung des Raums in die Sprache steht dabei als metaphorische Bezugnahme auf die Sprachlatenz: »Keine Staatssprache wie hier im Land. Aber auch keine Kinderbettsprache aus den Dörfern. In den Büchern stand die Muttersprache, aber die dörfliche Stille, die das Denken verbietet, stand in den Büchern nicht drin. Dort, wo die Bücher herkommen, denken alle, dachten wir uns. Wir rochen an den Blättern und erwischten uns in der Gewohnheit, an unseren Händen zu riechen. Wir staunten, die Hände wurden beim Lesen nicht schwarz wie von der Druckerschwärze der Zeitungen und Bücher im Land. [...] Alle, die mit ihrer mitgebrachten Gegend durch die Stadt gingen, rochen an ihren Händen. Sie kannten die Bücher aus dem Sommerhaus nicht. Aber sie wollten dorthin. Wo diese Bücher herkamen, gab es Jeanshosen und Orangen, weiches Spielzeug für Kinder und tragbare Fernseher für Väter und hauchdünne Strumpfhosen und richtige Wimperntusche für Mütter.« (Müller, Herztier, S. 55).
32 | Ebd., S. 177.

Die Gesamtpassage, die das Zitat umrahmt, enthält eine rumänische und eine schwäbische Sprachlatenz.[33] Die rumänische Sprachlatenz, die in dieser Passage inszeniert wird, liegt in der skizzierten Perspektive auf die schwäbische Kultur, sie hängt mit der Eigentümlichkeit des Blickwinkels zusammen und kann, trotz ihrer peripheren Stelle im Kontext, in Bezug auf den ganzen und komplexen fiktionalen Rahmen des kommunistischen Sozialsystems der rumänischen 1980er Jahre interpretiert werden, den die Autorin im Roman konstruiert. Die phonetische Analogie zwischen der rumänischen und der deutschen Sprache, die Tereza macht, schafft – durch ihre erotische Konnotation – ein Effekt der Sprachkomik. Auf der anderen Seite hängt der erotische Sinn der phonetischen Analogie mit der fiktionalen Inszenierung einer zahlreichen Sukzession von Sequenzen aus dem kommunistischen Sozialleben im Rumänien der achtziger Jahre zusammen, die das ganze fiktionale Gewebe des Romans durchzieht und die die Züge einer stark instinktuellen kollektiven Physiognomie sichtbar machen: Die obdachlose wahnsinnige Zwergin auf dem Trajansplatz, die jede Nacht vergewaltigt wird, die Berichte der Schneiderin über die ehelichen Untreuen ihrer Untermieterin, die erotischen Eskapaden eines rumänischen Kollegen aus der Fabrik, in denen die Ich-Erzählerin und ihre Freundin zugleich involviert sind, die Beschreibungen von Gesten mit erotischer Konnotation im Alltagsleben auf der Straße, Terezas Beziehung zum Arzt, sogar auch die Erwähnung des Reichtums an sexuell konnotierten Schimpfwörtern der rumänischen Sprache. Wie in ihren späteren Collagenbänden bringt die Autorin in diesem Roman verschiedene soziale Szenenbilder mit erotischer Konnotation zusammen, die einen Einblick in das kollektive Denken, in das sexuelle Verhalten der kommunistischen Zeit ermöglichen. An der fiktionalen Inszenierung dieses kollektiven Denkens in Bezug auf die Sexualität ist die Kritik an der kommunistischen Politik der Zensierung und der Unterdrückung jedweden Formen des Ausdrucks in Bezug auf die Sexualität im öffentlichen Leben, an der radikalen Kontrolle der Geschlechterbeziehungen durch die instituierte Gesetzlichkeit abzulesen.[34] Diese Reihe von Situationen, die, sowie

---

33 | Die schwäbische Sprachlatenz wird anhand von Terezas Kindheitserinnerungen durch die Gestalt der alten schwäbischen Kinderfrau aufgebaut: ein einsames altes Fräulein, das sich die Bräute auf den Bildern der Fotoläden lange und träumerisch anschaute. Ihre Düsterheit und vor allem ihre Einsamkeit macht sie mit den anderen schwäbischen Gestalten des Romans vergleichbar. Als fiktionale Gestalt rückt sie in die Nähe des symbolischen Bildes der Quitte (»Deutsch war für mich immer eine harte Quittensprache« (ebd.)). Das Bild der Quitte verweist auf die Härte und auf den Konservatorismus der rumänischen Schwaben. In einer späteren Passage des Romans, in der die arbeitslose Ich-Erzählerin Privatstunden anbietet, fragt sie ihre kleinen Schüler, ob sie selbst nicht etwa nach Quitten riecht.

34 | Eine aufmerksame Erforschung der kommunistischen Gesetzlichkeit der Eheschließungen im Rumänien der 1980er Jahre, das gesetzliche Verbot der nicht-ehelichen Beziehungen, das Verbot der Abtreibungen etc. führt zu einem besseren Verständnis von Herta

in der aktuelleren rumänischen kinematographischen Kunst Cristian Mungius.[35] eine problematische Seite der sexuellen Beziehungen oder Formen der sexuellen Ausnutzung in der kommunistischen Zeit enthüllen, trägt zum Aufbau der komplexen kollektiven Gestalt des rumänischen Kommunismussystems bei.

5.3 Situativ orientierte metaphorische Sprachlatenz: Mundhimmel

Ein zweiter, indirekter Verweis auf die rumänische Sprache, der im letzten Teil des Romans auftaucht, antizipiert die poetische Metaphorik der rumänischen Sprachlatenz aus dem Essay *In jeder Sprache sitzen andere Augen*: Erst im Lichte einer interkulturellen Lektüre des Textes, die dieser spätere Exkurs über die bildhafte Metaphorik ermöglicht, die aus der Zusammensetzung des rumänischen Ausdrucks »cerul gurii« (in deutscher wortwörtlicher Übersetzung *Mundhimmel*, für das deutsche Wort *Gaumen* stehend) entsteht, wird die unten analysierte Passage aus *Herztier* vollkommen verständlich.

Die Ich-Erzählerin sitzt vor dem Verhörer Pjele und schweigt. Sie betrachtet den Verhörer und unterdrückt sich die starken Hassgefühle. Sie denkt daran, dass in der Muttersprache des Verhörers der Gaumen *Mundhimmel* heisst:

»Der Hauptmann Pjele sagte: Du lebst von Privatstunden, Volksverhetzung und vom Herumhuren. Alles gegen das Gesetz. Der Hauptmann Pjele sass an seinem großen, polierten Schreibtisch und ich an der anderen Wand, an einem kleinen, nackten Sündentisch. [...] Zur Mundhöhle sagte man in seiner Sprache Mundhimmel.«[36]

Die Öffnung zur Muttersprache des Verhörers entstammt dem Bedürfnis nach einer Möglichkeit der abrupten und radikalen Äußerung der unterdrückten Gefühle: Der *Gaumen* der deutschen Sprache steht für den metaphorischen Ausdruck der Sprachgrenzen. Ein begrenzter Mundraum könnte dem gewaltigen Reichtum an Schimpfwörtern nicht genügend Raum bieten. Schimpfwörter, die die Ich-Erzählerin aussprechen möchte, um sich von den quälenden Haßgefühlen zu befreien, die sie spürt: Eine unendliche Öffnung der Mundgrenzen wäre dazu nötig. Die visuelle Metapher eines unendlichen Mundraums, in dem sich unendliche, »poetisch böse Tiraden der Verbitterung«[37] verlieren können, wird durch den rumänischen Ausdruck für *Gaumen* (»Mundhimmel«, cerul gurii)

Müllers Kritik an den Konsequenzen eines Systems der massenhaften Unterdrückung der Sexualität.

35 | Cristian Mungius Film, *Vier Monate, drei Wochen und zwei Tage*, ausgezeichnet mit dem Preis *Palme d`Or* im Rahmen des internationalen Filmfestivals zu Cannes im Jahre 2007, erkundet diese Problematik der Beziehungen zwischen Männern und Frauen im rumänischen Kommunismus der 1980er Jahre.

36 | Müller, Herztier, S. 196.

37 | Müller, In jeder Sprache sitzen andere Augen, S. 31.

wiedergegeben. Das Zusammenwirken von Angst, Revolte und Zweifel mündet in die psychologische Not zu einem gewaltigen Sprachausdruck, der im kommunistischen Alltagsleben übrigens massenhaft eine innere Waffe im Kampf gegen das politische System ist. Unterstrichen werden dadurch nicht nur die akuten Hassgefühle der Verhörten, sondern auch der Ausdrucksreichtum an Schimpfwörtern der rumänischen Sprache, was die Autorin als kollektive Anpassung an die schwierigen Bedingungen der kommunistischen Erpressung erkundet. Im bereits erwähnten Essay *In jeder Sprache sitzen andere Augen* ist diese Erkundung zu erkennen:

»Im Rumänischen heißt der Gaumen MUNDHIMMEL, *cerul gurii*. Im Rumänischen klingt das nicht pathetisch. Auf Rumänisch kann man mit immer neuen, unerwarteten Wendungen in langen Verwünschungen fluchen. Das Deutsche ist in dieser Hinsicht regelrecht zugeknöpft. Oft habe ich mir gedacht, wo der Gaumen ein MUNDHIMMEL ist, gibt es viel Platz, Flüche werden unberechenbare, poetisch böse Tiraden der Verbitterung. Ein gelungener rumänischer Fluch ist eine halbe Revolution am Gaumen, sagte ich damals zu rumänischen Freunden. Darum mucken die Leute in dieser Diktatur nicht auf, das Fluchen erledigt ihren Zorn.«[38]

Die Latenz der rumänischen Sprache, die sich in der visuellen Metapher des *Mundhimmels* ausdrückt, öffnet ein Fenster auf das endlose poetische Potential, auf den Erfindungsreichtum und die visuelle Plastizität des Rumänischen, das, laut den öffentlichen Bekenntnissen aus Herta Müllers Interviews der 1990er Jahre, ihrer inneren Empfindlichkeit besser entspricht als irgendeine andere Sprache.

5.4 Rumänische Sprachlatenz im Muster der Personenkonstellation: Die rumänische Freundin, Tereza

Eigentümliche Sprachlatenzformen sind den allmählichen fiktionalen Inszenierung der Beziehungen zwischen den einzelnen Romangestalten abzulesen. Die rumänische Freundin Tereza stellt durch ihre Ambivalenz eine symbolische Verkörperung des Verrats dar. Ihr Besuch in Deutschland nach der Auswanderung der Ich-Erzählerin steht im Zeichen einer merkbaren Ambivalenz: Die legale Grenzüberschreitung zum Besuch bei der ausgewanderten Freundin erklärt Tereza durch die Entscheidung, mit dem rumänischen Verhörer Pjele zu kooperieren, um die alte Freundin wiedersehen zu können: Eine Entscheidung aus Liebe zur Ich-Erzählerin. Bei der Entdeckung einer Kopie des Wohnungsschlüssels im Koffer der Freundin entschliesst sich die Ich-Erzählerin, die Freundschaftsbeziehung zu Tereza zu brechen. Nach dem Tod der Freundin infolge einer Krebskrankheit will die Ich-Erzählerin Terezas Schuld entschuldigen und vergessen.

---

38 | Ebd., S. 31f.

Der verräterische Freund ist in Herta Müllers Literatur ein Symbol für das rumänische Volk. Der Essay *Es ist immer derselbe Schnee und es ist immer derselbe Onkel* erklärt anhand der rhetorisch wirkenden Sprachlatenz[39] die historischen Wurzeln des Verrats Rumäniens an den Rumäniendeutschen und deckt die Erfahrung der nach dem Zweiten Weltkrieg an die Sowjetunion zur Zwangsarbeit gelieferten Mutter der Ich-Erzählerin mit der eigenen Erfahrung der Auswanderung nach Deutschland, Mitte der 1980er Jahre.

5.5 Motivische Sprachlatenz: Die Blutsäufer aus dem Schlachthaus

Motivische Elemente des kollektiven Panoramas kommunistischer Gesellschaft im Rumänien der 1980er Jahre knüpfen im *Herztier* an negative Mythen aus dem rumänischen Kulturraum und führen dadurch eine eigenartige Form der

---

39 | Siehe dazu Hergheligiu: Augen, die in der Sprache sitzen: Zur Latenz des Rumänischen in Herta Müllers Literatur, S. 402: »Die rhetorisch wirkende Sprachlatenz ist viel komplexer, weil sie hauptsächlich auf einer Sinnübertragung aufgebaut ist. Die gegenseitige Durchsetzung der angewandten und der latenten Sprache beruht auf einem Fall der Zusammengehörigkeit, die auf der Ebene der Bedeutungsinhalte fungiert. Der Schwerpunkt liegt nicht mehr in den unterschiedlichen Perspektiven, die die Sprachen auf die Gegenstände eröffnen, sondern in der Überdeckung zweier Erfahrungsbereiche mit unterschiedlicher Sprachverwendung, was der Eröffnung eines so genannten interkulturellen Gedächtnisraums entspricht. Man könnte sagen, dass dieser Art von Sprachlatenz ein metaphorisches Verfahren zugrunde liegt, weil die latente Sprache, die sich überhaupt aus der Intertextualität der angewandten Sprache ergibt, auf einen Terminus in absentia verweist. Nicht selten mag diese Art Sprachlatenz einen Erfahrungsgehalt enkodieren und einen Fall von unwillkürlicher Erinnerung begleiten. Herta Müllers Diskurs *Es ist immer derselbe Schnee und immer derselbe Onkel* von 2005 bringt einen typischen Fall solcher Sprachlatenz beispielhaft hervor. Der metaphorische Titel verweist auf den deutschen Ausdruck »der Schnee von gestern«. Hauptsächlich spielt die Autorin in diesem Essay auf die Parallelsetzung zweier zeitlich und räumlich weit auseinander stehenden Situationen an, die ein gemeinsames Element (den Schnee) zusammenbringt: die Auswanderung der Ich-Erzählerin nach Deutschland 1987 und die Deportation ihrer Mutter in die Ukraine 1945. In beiden Fällen wird dem Schnee eine konnotative Funktion des Verrats zugewiesen, die mit der Erklärung eines ganzen geschichtlichen Kontextes zusammenhängt. Noch ein zweites Element macht die beiden Situationen ähnlich: die sowjetischen Verhörer und die deutschen Prüfer vom bundesdeutschen Amt in Nürnberg zeigen dasselbe abusive Verhalten. Die Latenz der rumänischen Sprache ergibt sich aus der Entsprechung zwischen dem deutschen Pronominaladjektiv »derselbe« und der rumänischen Homonymie der Termini »Schnee« und »Onkel« (nea). Die verkappte Einführung des Rumänischen, die im Lichte der interkulturellen Lektüre zu erkennen ist, bringt einen rumänischen und einen deutschen Erfahrungsgehalt zusammen. Die Latenz des Rumänischen hat in diesem Fall wieder zum Ziel, die Perspektive auf eine kulturspezifische Wirklichkeit zu eröffnen.«

rumänischen Sprachlatenz ein: Das surrealistische Bild, das aus den Berichten Kurts, einem der Freunde der Ich-Erzählerin und Ingenieur in einem Schlachthaus, hervorgeht, und das die »Blutsäufer«[40] an seiner Arbeitsstelle beschreibt, knüpft indirekt an das stereotypisch mit Rumänien assoziierte Vampyrenmotiv: »Wenn Neue hinzukommen, werden sie schnell zu Komplizen. Sie brauchen nur einige Tage, bis sie wie die anderen schweigen und warmes Blut saufen«.[41] Sogar die Kinder der Arbeiter sind vom Phänomen des Blutsaufens betroffen: »Diese Kinder sind schon Komplizen. Die riechen, wenn sie abends geküsst werden, dass ihre Väter im Schlachthaus Blut saufen und wollen dorthin«.[42] Kurt trägt eine Wunde vom Blutsaufen der Arbeiter im Schlachthaus und hat Angst davor, »leer gesaufen zu werden«: »Die haben mich mit der Wunde allein gelassen [...] und geschaut, wie ich blute. Sie hatten Angst wie Diebe. Ich hatte Angst, die denken nicht mehr. Die sehen Blut und kommen, die kommen und saufen mich leer«.[43] Er wird in kurzer Zeit Komplize der Blut saufenden Arbeiter und stirbt letztendlich daran. Die Interpretation des Blutsauferbildes im *Herztier* als Symbol des Sterbens und der Schuld[44] rückt das Ziel der Fiktion in die Nähe der Einführung einer Problematik der kollektiven Schuld an der Katastrophe des rumänischen Kommunismus. In der Interpretation Philipp Müllers,[45] zitiert von Roxana Nubert,[46] ist das »Blut Saufen« im *Herztier* ein »Ritual, das sich zum Handwerk der Polizisten entwickelt und die Menschen in Mitverantwortliche und Mitwissende teilt«.[47] Das Motiv trägt eine einstudierte Ambivalenz in sich, es verweist auf die rumänische Identität und zugleich auf die kollektive Schuld der Zerstörung und Selbstzerstörung durch den Kommunismus.

5.6 Rumänische Sprachlatenz als identitätsbezogene Raummetaphorik: Fragmente rumänischer Volkslieder

Zitate aus rumänischen Volksliedern bilden im Roman eigenartige rumänische Sprachlatenzen: Kurz nach Lolas Tod hört die Ich-Erzählerin im Studentenwohnheim ein rumänisches Lied: »Jemand sang *ein rumänisches Lied. Ich sah durch den Abend im Lied, Schafe mit roten Füßen ziehen. Ich hörte wie der Wind stehen blieb*

---

40 | Müller, Herztier, S. 232.
41 | Ebd., S. 100.
42 | Ebd., S. 101.
43 | Ebd., S. 134.
44 | Butzer, Günther/ Joachim, Jakob (Hg.) (2008): Metzler Lexikon literarischer Symbole. Stuttgart: Metzler.
45 | Müller, Phillipp (1997): »Herztier. Ein Titel/Bild von Bildern«. In: Köhnen, Ralph (Hg.): Der Druck der Erfahrung treibt die Sprache in die Dichtung. Frankfurt a.M.: Peter Lang, S. 109-121, hier S. 111.
46 | Nubert, Realität und Surrealität bei Herta Müller, S. 336-354.
47 | Ebd.

*in diesem Lied«.*⁴⁸ Das Bild der Schafe mit roten Füßen stammt aus Lolas früheren Beschreibungen ihres armen rumänischen Heimatdorfs und ihres Bruders, der die Schafe durch ein Melonenfeld treiben sollte. Die eigenartige Bildbeschreibung entspricht der von Herta Müller übrigens sehr oft verwendeter Strategie der identitätsbezogenen Raummetaphorik: Das Individuum trägt die Gegend, aus der er stammt, immer in sich (oft kommt der Ausdruck »die mitgebrachte Gegend«⁴⁹ vor); man kann eine Gegend an den Gesichtszügen eines Individuums ablesen. Die Überdeckung von visuellen Bildern – Lolas Bild deckt sich mit dem Bild ihrer Herkunftsgegend und mit dem komplexen Sozialbild des kommunistischen Rumäniens der 1980er Jahre – ist eine typisch surrealistische Praxis und entspricht der Absicht einer vielperspektivischen Symbolisierung. Das Zitat parallelisiert je zwei polare Symbolfelder, die sich ineinander reflektieren: Der rumänische Kulturraum der 1980er Jahre reflektiert sich in Lola als Individuum bzw. die Elemente der Herkunftsgegend Lolas stehen als symbolische Reflektierungen der rumänischen Gesellschaft der dieser Zeit. Das geht auch aus Roxana Nuberts symbolischer Interpretation der fiktionalen Motive des Schafs und der Melone aus *Herztier* hervor, die von mehreren früheren Herta-Müller-Kritikern, wie Beatrice von Matt, Günther Butzer und Grazziella Predoiu auch behandelt wurden:

»Der Roman *Herztier* entfaltet den Zusammenhang von dörflicher Enge und staatlicher Unterdrückung. Die Geheimpolizisten sind genauso engstirnig wie die Bauern auf dem Dorf. ›Die Absurdität im Denken zu Hause spiegelt sich in der Absurdität der Überwachungskriterien im Staat wider‹, betont Beatrice von Matt. Auch die Arbeiter haben nur ein Modell im Kopf, das Schaf, dessen Symbolik mehrdeutig ist: Es ist sowohl das Symbol der Unschuld als auch der Dummheit und Schwäche⁵⁰. Deswegen stellen diese Arbeiter, deren Leben ›in Wirklichkeit aus einem System innerer und äußerer Zwänge« besteht‹,⁵¹ Blechschafe und Holzmelonen her, wodurch die Autorin eigentlich die sozialistische Normalität meint:

---

48 | Müller, Herztier, S. 35.

49 | Das Verfahren erscheint in vielen Passagen des Romans, zum ersten Mal sogar in der Eröffnungspassage: »Lola kam aus dem Süden des Landes, und *man sah ihr eine armgebliebene Gegend an. Ich weiss nicht wo, vielleicht an den Knochen der Wangen, oderum den Mund, oder mitten in den Augen. Sowas ist schwer zu sagen, von einer Gegend so schwer wie von einem Gesicht. Jede Gegend im Land war arm geblieben, auch in jedem Gesicht.* Doch Lolas Gegend, und wie man sie an den Knochen der Wangen, oderum den Mund, oder mitten in den Augen sah, war vielleicht ärmer. Mehr Gegend als Landschaft.« (Ebd., S. 9).»Ich sah die Maulbeerbäume lange an. Und dann, bevor ich wieder ging, noch einmal das Gesicht, das auf dem Stuhl saß. In dem Gesicht war eine Gegend. Ich sah einen jungen Mann oder eine junge Frau diese Gegend verlassen...[...] In Lolas Heft las ich später: Was man aus der Gegend hinausträgt, trägt man hinein in sein Gesicht.« (Ebd., S. 10).

50 | Butzer/Joachim, Metzler Lexikon literarischer Symbole, S. 200.

51 | Predoiu, Grazziella (2004): Rumäniendeutsche Literatur und die Diktatur: Die Vergangenheit entlässt dich niemals. Hamburg: Dr. Kovač, S. 62.

Die Männer wußten, dass ihr Eisen, ihr Holz, ihr Waschpulver nichts zählten. Deshalb blieben ihre Hände klobig, sie machten Klötze und Klumpen statt Industrie. Alles, was groß und eckig sein sollte, wurde in ihren Händen ein Schaf aus Blech. Was klein und rund sein sollte, wurde in ihren Händen eine Melone aus Holz.«[52, 53]

Das Schaf ist ein Symbol der Unschuld, aber auch der Dummheit und Schwäche; es ist das Symbol des mimetischen Verhaltens der Menschenmassen. Nicht zuletzt zählt das Schaf durch die Zugehörigkeit zur repräsentativen rumänischen Volksmotivik zu den Symbolen, mit denen sich die rumänische Kultur im Laufe der Zeit am stärksten identifiziert hat.[54] Die Romanpassage, in der die Ich-Erzählerin ein rumänisches Lied hört und über Lolas Tod nachdenkt, rückt Lolas Figur in die Nachbarschaft der Schafsymbolik und somit des kollektiven Bildes der kommunistischen Gesellschaft der 1980er Jahre. Lola ist als Opfer eines kriminellen politischen Systems und zugleich auch als selbstschuldiges Opfer der eigenen Passivität und Ignoranz anzusehen. Der letzte Satz des Zitats – »Ich hörte, wie der Wind stehen blieb in diesem Lied« – enthält eine rekurrierende metaphorische Figuration der rumänischen Sprache aus Herta Müllers Literatur[55] und betont dadurch die rumänische Schuld. Er spielt zugleich die Rolle eines Markers des Kulturunterschieds, eines Auslösers der kritischen Differenz und schafft die nötige Distanz in Bezug auf die rumänische soziale Wirklichkeit, aus der die kritische Haltung der (schwäbischen) Autorin resultiert.

6. Schlussfolgerungen

Die Latenz der rumänischen Sprache in Herta Müllers *Herztier* reflektiert die komplexe Konstruktion des rumänischen Raums der kommunistischen 1980er Jahre in seinen physischen, mentalen und sozialen Koordinaten. Die latente rumänische Sprache und die manifeste deutsche Sprache des Romans treten in

---

52 | Müller, Herztier, S. 37.
53 | Nubert, Realität und Surrealität bei Herta Müller, S. 338f.
54 | Zu den möglichen Assoziierungsfeldern, die Herta Müller diesbezüglich in Aussicht gehabt haben mag, gehören auch die von der rumänischen Volksballade *Miorița* (Das kleine Schaf) in Anspruch gestellten ursprünglichen Charakteristika des rumänischen Geistes.
55 | Siehe den in der Fußnote 30 zitierten Exkurs über die Perspektiven, die die verschiedenen Sprachen (Deutsch, Schwäbisch und Rumänisch) am Beispiel des Wortes *Wind* auf die Wirklichkeit öffnen. Das Rumänische wird dabei folgenderweise individualisiert: »Auf deutsch heißt es: Der Wind hat sich GELEGT – das ist flach und waagerecht. Auf rumänisch heißt es aber: Der Wind ist STEHENGEBLIEBEN, vintul a stat. Das ist steil und senkrecht. Das Beispiel vom Wind ist nur eines von den ständigen Verschiebungen, die zwischen Sprachen bei ein und derselben Tatsache passieren. Fast jeder Satz ist ein anderer Blick.« (Müller, In jeder Sprache sitzen andere Augen, S. 24f.).

einer Beziehung der Komplementarität zueinander auf. Die deutsche Sprache, in der der Roman geschrieben wird, gilt als Reservoire, in dem die Erfahrungen der Ich-Erzählerin und teilweise auch der Romanautorin im ehemaligen kommunistischen Rumänien gelagert werden. Die rumänische Sprache wird durch die poetischen Nuancierungen in Bezug auf die deutsche Sprache ausgezeichnet und meistens als ein Feld des Experimentierens mit den Arealen der visuellen Metaphorik in Bezug auf die deutsche und die schwäbische Sprache genutzt. Die Fälle von rumänischer Sprachlatenz im Roman *Herztier* enthüllen verschiedene Seiten einer innigen, komplex strukturierten Beziehung der Autorin zur rumänischen Sprache und Kultur, anders gesagt zum rumänischen Raum. Eine aufmerksame Analyse der rumänischen Sprachlatenz in Herta Müllers *Herztier* reflektiert die Vermittlungsfunktion des Romans, der in die mittlere Schaffensperiode Herta Müllers gehört: Die allgemeine literarische Inszenierung der Sprachlatenz nimmt Strategien und Techniken der ersten Schaffensperiode Herta Müllers wieder auf und antizipiert andere Perspektivensetzungen der latenten Sprachen aus der dritten Schaffensperiode der Autorin. Das Resultat der Analyse des Sprachlatenzphänomens in Herta Müllers Literatur unterstützt Sissel Laegreids These betreffs der komplexen und überhaupt sehr konkreten Inkarnierung des Raums in der Sprache ihrer Literatur.

Literatur

Primärliteratur

Müller, Herta (1984): Niederungen. Berlin: Rotbuch.
Müller, Herta (1993): Herztier. Reinbek bei Hamburg: Rowohlt.
Müller, Herta (1997): Heute wär ich mir lieber nicht begegnet. Reinbek bei Hamburg: Rowohlt.
Müller, Herta (1998): Reisende auf einem Bein. Berlin: Rotbuch.
Müller, Herta (2001): Heimat ist das, was gesprochen wird. Rede an die Abiturienten des Jahrgangs 2001. Blieskastel: Goldstein.
Müller, Herta (2003): »In jeder Sprache sitzen andere Augen«. In: Müller, Herta: Der König verneigt sich und tötet. München: Hanser, S. 7-39.

Filme

Mungiu, Cristian (2007): 4 Monate, 3 Wochen und 2 Tage (Originaltitel: 4 luni, 3 săptămâni și 2 zile). Rumänien.

Sekundärliteratur

Butzer, Günther/ Joachim, Jakob (Hg.) (2008): Metzler Lexikon literarischer Symbole. Stuttgart: Metzler.

Britton, Célia (1999): »La poétique du relais«. In: Chevrier, Jacques (Hg.): Poétiques d'Edouard Glissant. Paris: Presses Universitaires de Paris Sorbonne, S. 169-178.

Chiellino, Carmine (2001): Liebe und Interkulturalität. Tübingen: Stauffenburg.

Gauvin, Lise (2005): L'imaginaire des langues: tracées d'une poétique. In: http://www.edouardglissant.fr/gauvin.pdf, abgerufen am 06.08.2016.

Glissant, Edouard (2010): L'imaginaire des langues. Entretien avec Lise Gauvin. Paris: Gallimard.

Glissant, Edouard (1996): Introduction à une poétique du divers. Paris: Gallimard.

Hergheligiu, Raluca (2010): »Augen, die in der Sprache sitzen: Zur Latenz des Rumänischen in Herta Müllers Literatur«. In: Palimariu, Ana-Maria/ Berger, Elisabeth (Hg.): Die fiktive Frau. Konstruktionen der Weiblichkeit in der deutschsprachigen Literatur. Iași/Konstanz: Editura Universității Iași/ Hartung Gorre, S. 391-404.

Laegreid, Sissel (2013): »Sprachaugen und Wortdinge – Herta Müllers Poetik der Entgrenzung«. In: Mahrdt, Helgard/ Laegreid, Sissel (Hg.): Dichtung und Diktatur. Die Schriftstellerin Herta Müller. Würzburg: Königshausen & Neumann, S. 55-79.

Lasconi, Elisabeta: »Cînd scriu, limba română scrie întotdeauna cu mine«. In: Adevărul literar și artistic vom 15.03.2005, http://www.adevarul.ro/artico le/2005/cand-scriu-limba-romana-scrie-intotdauna-cu-mine.html, abgerufen am 01.05.2015.

Lefebrve, Henri (1974): La production de l'espace. Paris: Anthropos.

Mahrdt, Helgard (2013): »Man kann sich doch nicht mit einer Katastrophe versöhnen. Herta Müller: Einführung in Leben und Werk«. In: Mahrdt, Helgard/ Laegreid, Sissel (Hg.): Dichtung und Diktatur. Die Schriftstellerin Herta Müller. Würzburg: Königshausen & Neumann, S. 27-55.

Müller, Phillipp (1997): »Herztier. Ein Titel/Bild von Bildern». In: Köhnen, Ralph (Hg.): Der Druck der Erfahrung treibt die Sprache in die Dichtung. Frankfurt a.M.: Peter Lang, S. 109-121.

Müller, Julia (2014): Sprachtakt: Herta Müllers literarischer Darstellungsstil. Köln: Böhlau.

Nubert, Roxana (2014): »Realität und Surrealität bei Herta Müller«. In: Decuble, Gabriel/ Grossegesse, Orlando/ Irod, Maria/ Sienerth, Stefan (Hg.): »Kultivierte Menschen haben Beruhigendes...«. Festschrift für George Guțu, Band I. București/Ludwigsburg: Editura Universității din București/Paideia/Pop, S. 336-354.

Prak-Derrington, Emanuelle (2013): »Sprachmagie und Sprachgrenzen. Zu Wort- und Satzwiederholungen in Herta Müllers ›Atemschaukel‹«. In: Mahrdt, Helgard/ Laegreid, Sissel (Hg.): Dichtung und Diktatur. Die Schriftstellerin Herta Müller. Würzburg: Königshausen & Neumann, S. 133-149.

Predoiu, Grazziella (2004): Rumäniendeutsche Literatur und die Diktatur: Die Vergangenheit entlässt dich niemals. Hamburg: Dr. Kovač.

Spiridon, Olivia (2002): Untersuchungen zur rumäniendeutschen Erzählliteratur der Nachkriegszeit. Oldenburg: Igel.

Schmeling, Manfred/ Schmitz-Emans, Monika (2007): Das Paradigma der Landschaft in der Moderne und Postmoderne. Würzburg: Königshausen & Neumann.

Wagner, Carmen (2002): Sprache und Identität. Literaturwissenschaftliche und fachdidaktische Aspekte der Prosa von Herta Müller. Oldenburg: Igel.

Zarate, Carlos Ortiz de (1999): »Le vent dans la dramatisation romanesque«. In: Chevrier, Jacques (Hg.): Poétiques d'Edouard Glissant. Paris: Presses de l'Université Paris-Sorbonne, S. 179-193.

Die Heimat der Heimatlosen

Transkulturelle Identitäten in Özdamars *Der Hof im Spiegel* und Fatih Akins *Gegen die Wand*

Anja Barr

Heimat

Heimat bezeichnet laut Duden ein Land, einen Landesteil oder Ort, in dem man (geboren und) aufgewachsen ist oder an dem man sich bei einem ständigen Aufenthalt zu Hause fühlt. Der Begriff Heimat, der wie im Duden meist nur auf einen Ort bezogen wird, beinhaltet aber viel mehr. Heimat[1] umfasst darüber hinaus sowohl das individuelle Empfinden als auch die kollektive Identität und das Zusammenspiel beider. Andere Definitionen betonen mehr die emotionale Ebene. Für Bausinger zum Beispiel ist Heimat eine räumlich-soziale Einheit mittlerer Reichweite, in welcher der Mensch ein Stück Sicherheit und Verlässlichkeit seines Daseins erfährt, ein Ort tiefsten Vertrauens.

»Heimat als Nahwelt, die verständlich und durchschaubar ist, als Rahmen, in dem sich Verhaltenserwartungen stabilisieren, in dem sinnvolles, abschätzbares Handeln möglich ist – Heimat als Gegensatz zu Fremdheit und Entfremdung, als Bereich der Aneignung, der aktiven Durchdringung, der Verlässlichkeit«.[2]

Heimat wird also nicht als statische Zuordnung, sondern als flexible und gestaltbare Erlebniswelt aufgefasst. Heimat, die man sich als Raum und nicht als Ort vorstellen sollte, wie es *Zeit Online* Autorin Ute Vorkoeper in ihrem Artikel *Heimat* schreibt:

---

1 | Vgl. Blickle, Peter (2002): Heimat. A Critical Theory of the German Idea of Homeland. Rochester, NY: Camden House.
2 | Bausinger, Hermann nach Peißker-Meyer, Cosima (2002): Heimat auf Zeit. Europäische Frauen in der Arabischen Welt. Bielefeld: transcript, S. 18.

»›Im glücklichsten Fall kann man sich Heimat als einen Raum vorstellen, der Geborgenheit und Sicherheit gibt und doch ausreichend groß ist, um für andere und Unbekanntes offen zu stehen. Viele Menschen haben dieses Glück nicht‹. Wenn Heimat mehr ist als ein Ort oder eine Region, vor allem wenn sie mit den Begriffen Geborgenheit und Sicherheit in Verbindung gebracht wird, dann erklärt dies, dass und warum es vielen Migranten und ihren Kindern schwerfällt, Heimat zu finden. Denn zur Geborgenheit und Sicherheit gehört Akzeptanz, die sie oft nur eingeschränkt erfahren.«[3]

Diese Umstände erschweren Deutschen mit Migrationshintergrund die Suche nach einer neuen Identität. Und die eigene Identität spielt eine existenzielle Rolle im Hinblick auf ein »Heimatgefühl«. Ohne sie kann man keine Zugehörigkeit empfinden. Dabei ist die Suche nach Identität nicht nur für sie eine Herausforderung, sondern für immer mehr Menschen auf der Welt.

Durch die neue, meist aus wirtschaftlichen Gründen entstandene Mobilität erfährt die subjektive Definition von Heimat eine neue Bedeutung. Deswegen muss der Heimatbegriff in einem viel weiteren Spektrum betrachtet werden.

»Die stetige Zunahme geografischer, sozialer sowie kultureller Mobilität – innergesellschaftlich sowie über gesellschaftliche und nationalstaatliche Grenzen hinaus – bedeutet heute, dass es dem Individuum zunehmend selbstverständlich ist, sich in verschiedenen Welten zu bewegen, sich mit ihnen zu vernetzen, sich in sie einzuspinnen«.[4]

Außerdem entstehen im Laufe der Zeit verschiedene Perspektiven zur Heimat, denn die Meinungen und Erinnerungen unterscheiden sich von Generation zu Generation. In Deutschland zum Beispiel haben die Migranten der ersten, zweiten und dritten Generation jeweils unterschiedliche Identitätsmerkmale entwickelt, die von Erfahrungen verschiedener Art geprägt wurden.

Inwiefern man Heimat und somit eine eigene Identität als Deutsche/r mit Migrationshintergrund eingeschränkt definieren muss, wie verschieden die Meinungen in den Generationen sind und in welchem Umfang diese Fragen heutzutage noch eine wichtige Rolle spielen, wird in dem folgenden Text erläutert. Anhand zweier Medien werden die Fragen der konstruierten Heimat(-losigkeit) und Identität von Menschen mit verschiedenen Migrationshintergründen und deren Ansichten erläutert. Zum einen anhand eines Buches der türkisch-deutschen Schriftstellerin Emine Sevgi Özdamar *Der Hof im Spiegel*, zum anderen anhand eines Filmes des deutsch-türkischen Regisseurs Fatih Akin *Gegen die Wand*. Bei-

---

3 | Vorkoeper, Ute (2005): Heimat. Eine Einführung. Zeit online vom 07.12.2005, http://www.zeit.de/feuilleton/kunst_naechste_generation/heimat_einfuehrung, abgerufen am 03.08.2016.
4 | Hornstein-Tomić, Caroline (2011): Zur Konstruktion von Identität und Heimat(-losigkeit) in Diaspora-Diskursen. In: Social Research. Journal for General Social Issues, H. 2, S. 416.

de zeigen zwei in der deutschen Gesellschaft integrierte Individuen und deren Identitätssuche beziehungsweise die Suche nach kulturellen Wurzeln (Heimatsuche) in zwei Welten.

Migrationsgeschichte

Die heutige aktuelle Frage nach Heimat und Identität hat ihre Wurzeln in den 1960er Jahren.[5] Nach dem wirtschaftlichen Aufstieg der Bundesrepublik Deutschland in den 1950er Jahren begann eine Ära der Arbeitsmigration. Der Zuzug ausländischer Arbeiter nahm vor allem ab 1961 zu, weil nach dem Bau der Berliner Mauer der Zustrom der Flüchtlinge aus der DDR abrupt versiegte, Arbeiter aber weiter stark gefragt waren. Drei Jahre nach dem Mauerbau wurde der millionste Gastarbeiter begrüßt. Heute leben laut Statistischem Bundesamt knapp über sieben Millionen Menschen mit Migrationshintergrund in Deutschland. Die meisten sind türkischer Herkunft.

Durch die verschiedenen Identitätskonzepte entwickelten sich verschiedene Heimatbegriffe. Die ersten Migranten bildeten einen Heimatbegriff, der unter dem Einfluss der Ankunft stand. Da sie das Erlebnis der Ausreise persönlich erlebt hatten, brachten sie Erfahrungen des Verlassens mit. Caroline Hornstein-Tomić (2009) erläutert in ihrem Artikel *Zur Konstruktion von Identität und Heimat(-losigkeit) in Diaspora-Diskursen*, dass diese als »Erfahrungen der Fremdheit also Entwurzelung« galten und dass die Sehnsucht nach der zurückgelassenen Heimat im Vordergrund stand.[6] Ihre Erfahrungen waren neu, die gesellschaftlichen Differenzen waren groß, sodass im Zusammenhang mit einer veränderten Gemeinschaft auch ein neuer Heimatbegriff entstand.

»Im Austausch mit Leidensgenossen bildet sich ihm [gemeint ist hier James Clifford, *die Autorin*] zufolge eine kollektive, bilokale kulturelle Identität, die durch einen teils sehnsüchtigen, teils nostalgischen, teils teleologisch auf eine spätere Rückkehr fixierten Bezug zur Herkunftsgesellschaft charakterisiert sei«.[7]

Migrant/-innen der ersten Generation hatten es noch schwerer als spätere Generationen, ein Heimatgefühl für das Land zu entwickeln, in das sie eingewandert sind. Bei ihnen hatte sich das Gefühl der Sehnsucht nach der alten Heimat noch oft in den Vordergrund gedrängt. Aber die Realität und die möglichen Probleme, die es

---

5 | Chiellino, Carmine (2000): Interkulturelle Literatur in Deutschland. Stuttgart: Metzler. Alle Daten, Fakten und Jahreszahlen sind aus dieser Veröffentlichung entnommen.

6 | Hornstein-Tomić, Caroline (2011): Zur Konstruktion von Identität und Heimat(-losigkeit) in Diaspora-Diskursen. In: Social Research. Journal for General Social Issues, H. 2, S. 415-433, hier S. 419.

7 | Vgl. ebd.

zu einer Ausreise hatten kommen lassen, haben dieses Gefühl häufig überdeckt. Bereits die zweite Generation »erinnert« sich ganz anders an das Heimatland.

HEIMATDIFFERENZIERUNG DER VERSCHIEDENEN GENERATIONEN

Vojvoda-Bongartz (2012) widmet sich in ihrem Artikel *Heimat ist (k)ein Ort. Heimat ist ein Gefühl: Konstruktion eines transkulturellen Identitätsraumes in der systemischen Therapie und Beratung* der Frage, ob jeder Mensch eine Heimat braucht. Heimat kann zum Erinnerungsort werden, besonders für viele Migrantenkinder, die diesen »Nicht-Ort« zur eigenen Identitäts- und Kulturstiftung benutzen. Durch die Verbindung des Konzeptes des Raumes und der Heimat wird die hybride Identität erläutert, und laut Vojvoda-Bongartz wird dies zur Notwendigkeit der Identitätskonstruktion von Migranten. Das Phänomen der Heimat kann somit ein »Identitätsgehäuse« und einen neuen Platz einnehmen, der als heimisch empfunden wird. Vojvoda-Bongartz schreibt, dass Heimat umso wichtiger wird, wenn sie nicht unmittelbar erlebt wird.[8] Besonders wichtig wird die Heimatdefinition der Migrant/-innen zweiter Generation, die die Heimat ihrer Eltern nur als Erinnerungsort wahrnehmen können. Für sie und die nachfolgenden Generationen sei die Heimat als Ort oft schwer erreichbar, verloren oder häufig nur noch in der Erinnerung begehbar.[9]

Vor allem Migrant/-innen zweiter oder dritter Generationen empfinden es als zunehmend komplizierter, einen Heimatbegriff zu finden. Denn sie müssen sich mit dem Ort, der das Heimatgefühl reflektieren kann, identifizieren können und dabei ihre eigene Identität wahrnehmen. Die Identität der zweiten Generation entwickelt sich im Raum zweier Welten, zum einen in der Welt der Eltern und zum anderen in der eigenen Außenwelt.

»Mit der Verortung einer hybriden Kultur in einem neuen, systemtherapeutisch kreierten Raum haben Migrant/-innen und die nachfolgenden Generationen die Möglichkeit, den langfristig auferlegten Status Migration zumindest gefühlt aufzugeben und einen für sie sicheren geistigen, virtuellen, emotionalen Platz einzunehmen und heimisch zu werden«.[10]

Diese neue hybride Identität, die von der neuen Generation empfunden wird, gehört somit zur Gesellschaft Deutschlands und letztlich zur modernen Form der Identitätskonstruktion, die wiederum zur subjektiven Definition der Heimat führt.

---

8 | Vojvoda-Bongartz, Katarina (2012): Heimat ist (k)ein Ort. Heimat ist ein Gefühl: Konstruktion eines transkulturellen Identitätsraumes in der systemischen Therapie und Beratung. In: Deutsche Gesellschaft für Systemische Therapie, Beratung und Familientherapie. H. 43, 3E, S. 234-256, hier S. 243.
9 | Ebd.
10 | Ebd.

Raum und Identität in der Literatur

Wie zuvor erläutert, verändert sich der Heimatbegriff im Laufe der Migrationsgeschichte und mit den nachwachsenden Migranten/-innen-Generationen. Diese Veränderung ist auch in Büchern und Filmen erkennbar, die von Autorinnen und Autoren mit Migrationshintergrund stammen. Özkan Ezli (2006) beschreibt in dem Kapitel *Von der Identitätskrise zu einer ethnografischen Poetik–Migration in der deutsch-türkischen Literatur,* dass man in den 1970er Jahren besonders in dem deutsch-türkischen Bereich eine Repräsentation des Leidens fern der Heimat feststellen könne. In den 1980er Jahren liege die Konzentration auf der Identitätssuche im Zwischenraum, während das alles immer noch mit Bezug auf Leiden ausgedrückt würde.[11] Mit der Literatur Özdamars verändert sich dieses Bewusstsein laut Ezli. »Ihre literarische Sprache repräsentiert keine Leidensgeschichten mehr, sondern verfremdet kulturelle Orte und überführt sie in einen hybriden transkulturellen Raum«.[12] Diese Literatur thematisiert nicht mehr das Fremdsein in einem fremden Land, sondern die Geschichte in der neuen *Heimat,* die jedoch auch Fremdheitsaspekte in dem neuen Land thematisiert. Das Thema der Bewegung zwischen zwei Welten bleibt bestehen. Die literarischen Texte und Filme von Autoren/Regisseuren mit Migrationshintergrund begannen Ende der 1980er Jahre an Popularität zu gewinnen, und haben sich bis heute weiterentwickelt. Das Besondere dieser Literatur ist, dass der Leser Deutschland durch die Augen der Migranten/-innen oder der folgenden Generationen erfährt. Die zunehmende Rezeption dieses Genres ist auf einen neuen Sprachgebrauch und auf ein gesteigertes Problembewusstsein in Bezug auf das gegenseitige Verständnis der einheimischen und der aus dem Ausland zugezogenen Menschen zurückzuführen. Das Interesse aneinander und füreinander ist größer geworden.

Migrantenliteratur der türkischen Minderheit

Heutzutage sind diese Literatur und dieses Kino Teil der deutschen Kultur und somit auch ein Bestandteil der Berliner Republik. Emine Sevgi Özdamar, die in der Türkei geboren und aufgewachsen ist,[13] gilt heute als eine der wichtigsten deutsch-türkischen Schriftstellerinnen. 1991 erhielt sie den Ingeborg-Bachmann-Preis, der als einer der bedeutendsten deutschsprachigen Literaturpreise gilt. Sie

---

11 | Ezli, Özkan (2006): Von der Identitätskrise zu einer ethnografischen Poetik. Migration in der deutsch-türkischen Literatur. In: Literatur und Migration. Sonderband: Text+Kritik. München: Richard Boorberg, S. 61-73, hier S. 72.
12 | Ebd.
13 | Özdamar kam als Neunzehnjährige 1965 das erste Mal nach Deutschland. 1967-1976 lebte sie in Istanbul und besuchte dort die Schauspielschule. 1976 kam sie endgültig nach Deutschland. (Vgl. Chiellino, Interkulturelle Literatur in Deutschland, S. 468).

hat mit ihren Werken einen neuen Schwung in die deutsche Literatur gebracht. Martin Hielscher behauptet in seinem Essay *Andere Stimmen- andere Räume – Die Funktion der Migrantenliteratur in deutschen Verlagen und Dimitre Dinevs Roman »Engelszungen«*, dass Özdamars Anerkennung somit endgültig einen »Paradigmenwechsel in der deutschsprachigen Literatur von Migranten« verursachte.[14] Sie veränderte die Literatur laut Martin Hielscher in zwei Hinsichten – erstens ästhetisch gesehen und zweitens als Anerkennung und Wandel der Migrantenliteratur.[15] Özdamar, eine Migrantin der ersten Generation, spiegelt in ihren Stücken besondere Merkmale der Heimat und ihrer Identitätssuche wider. Yun-Young Choi schreibt: »Die Literatur der ersten Generation ist häufig durch die geistige und mentale Orientierung an der Heimat durch Sehnsucht gekennzeichnet«.[16] Diese Sehnsucht zeige den Verlust der bekannten Welt und die Entfremdung von der Heimat.

In Özdamars *Der Hof im Spiegel* geht es um eine Ich-Erzählerin, die ihr Leben vom Fenster ihrer Wohnung aus beschreibt. Sie blickt durch drei Spiegel hinaus in die Welt und erzählt von ihrem Leben. Sie telefoniert in der Küche und schaut durch den Spiegel in den Innenhof. Im Spiegel werden Erinnerungen aus ihren ersten Jahren in Deutschland und aus ihrer Kindheit in der Türkei abgebildet. In dem Spiegel finden sich auch ihre toten Verwandten und Freunde wieder, die durch diesen Spiegel für sie weiterleben können. Außerdem erzählt Özdamar von ihren Erfahrungen in Großstädten Europas und von den Menschen, die sie trifft. Ihre Bekanntschaften scheinen aber nur flüchtige Begegnungen zu bleiben, sie schildert nämlich alles durch den Spiegel. Der Spiegel ermöglicht ihr zwar Einblicke in das Leben anderer, sie nimmt aber deswegen nicht aktiv an deren Leben teil. Sie entwickelt eine Art Nähe zu den Personen, denn sie erzählt ihrer Mutter von den Menschen im Hof, als wären sie ihre Familienmitglieder. Sie lässt ihre Mutter an dem Leben ihrer Nachbarn teilhaben, und gemeinsam trauern oder freuen sie sich über deren Schicksale.

»An manchen Sonntagen sah ich im Spiegel eine junge Nonne von hinten. Sie wusch im Hof das Auto des Pfarrers. Ich rief meine Mutter an.
Mutter sie wäscht gerade das Auto des Pfarrers, und ich brate Hähnchen.

---

14 | Hielscher, Martin (2006): Andere Stimmen- andere Räume. Die Funktion der Migrantenliteratur in deutschen Verlagen und Dimitre Dinevs Roman ›Engelszungen‹. In: Literatur und Migration. Sonderband: Text Kritik. München: Richard Boorberg, S. 196-208, hier S. 196.
15 | Vgl. ebd, S. 196-208.
16 | Choi, Yun-Young (2008): Raum und Identität in der Literatur der zweiten Migrantengeneration. In: Koreanische Zeitschrift für Germanistik, H. 106/2, S. 278-299.

Ich kitzelte im Spiegel den Rücken der jungen Nonne, damit sie unten im Hof plötzlich anfing zu lachen. Mutter ich kitzele sie gerade«.[17]

An dieser Erzählweise kann man erkennen, dass Özdamar eine gewisse Anonymität der Menschen in Deutschland wahrnimmt. Der Spiegel hilft ihr in dem neuen Land, er ruft Erinnerungen wach und sie kann sich in mehreren Welten gleichzeitig aufhalten. Sie schreibt: »Ich war glücklich im Spiegel, weil ich so an mehreren Orten zur gleichen Zeit war. Meine Mutter und sechs Nonnen und ein Pfarrer, alle wohnten wir zusammen«.[18] Sie lebt ein Leben in zwei Ländern, was ihr durch den Spiegel ermöglicht wird. Ihre Sehnsucht nach ihrer alten Heimat wird in ihre neue Heimat projiziert. Özdamar stellt in ihrem Buch ihre Erfahrung als Migrantin im fremden Land und ihr Leben in Bewegung zwischen zwei Ländern dar.

Insbesondere tritt in *Der Hof im Spiegel* das Urbane, das ein besonderes Merkmal im 20. Jahrhundert ist, als eine neue Geografie der Migrantenkinder in Erscheinung. Özdamar beschreibt ihre persönlichen Erfahrungen immer in Bezug zur Türkei, die zwei Welten vermischen sich in den Gesprächen mit ihrer Mutter. Choi argumentiert, dass die Literatur der ersten Generation häufig durch die geistige und mentale Orientierung an der Heimat, durch Sehnsucht gekennzeichnet wird und dass Özdamar ihr Eingelebt-Sein in einem eigentümlichen Raumverhältnis beschreibt. Er sagt, dass sie durch die Spiegel einen simultan hergestellten Erfahrungsraum erstellt, der die Nähe und Ferne reguliert. Sie könne deshalb an beiden Orten heimisch sein, denn die räumliche Distanz würde für sie nicht mehr als Reiseweg empfunden.[19] Der Spiegel verkleinert die Entfernung zwischen den zwei Ländern, denn die Personen beider Länder sind interaktiv und immer präsent. Die Autorin benutzt den Spiegel als Erinnerungsstätte und projiziert ihre Sehnsüchte in ihn hinein. Die Erzählung durch den Spiegel kann zudem als Erweiterung Istanbuls gesehen werden. Sie beschreibt diese Erweiterung wie folgt:

»Der Urbanist in Paris hatte einmal über die Wohnästhetik des Orients geschrieben. Die Menschen dort verlängerten ihre Häuser bis zu Gassen. Plötzlich befand sich so ein Fenster vor dem Fenster der Nachbarn. Die Häuser mischten sich ineinander, und so entstanden fast Labyrinthe. Die Nachbarn wachten Nase an Nase auf. Auch ich hatte diese Wohnung mit drei Spiegeln bis zum Hofhaus verlängert«.[20]

---

17 | Özdamar, Emine Sevgi (2001): Der Hof im Spiegel. Erzählungen. Köln: Kiepenheuer & Witsch.
18 | Ebd.
19 | Vgl. Choi, Raum und Identität in der Literatur der zweiten Migrantengeneration, S. 278-299.
20 | Özdamar, Der Hof im Spiegel, S. 25f.

Ganz anders werden die Heimat und die Ortserfahrung der Migranten/-innen zweiter Generation in dem Film *Gegen die Wand* erfahren und dargestellt. Der deutsch-türkische Regisseur Fatih Akin, Sohn türkischer Einwanderer, gilt heute als einer der wichtigsten deutschen Filmregisseure. Er ist Vertreter der zweiten Generation. In dem Film behandelt Akin zwei Räume: Deutschland und die Türkei, mit den Städten Hamburg, Istanbul und Mersin. Die Lebenserfahrung der zweiten Migrantengeneration wird in diesem Film deutlich. Oliver Hüttmann schreibt in seiner Rezension zu dem Film, dass dieser zwei große Themen verarbeitet: Zunächst die Frage nach der Identität des türkischstämmigen Einwanderers Cahit, der seit 30 Jahren in Deutschland lebt, und der jungen türkischen Frau Sibel, die in Deutschland geboren und umgeben von einer weltoffenen deutschen Gesellschaft traditionell türkisch erzogen wurde.

»Selten spürte man im Kino einen derartigen Lebenshunger: In seinem preisgekrönten Film ›Gegen die Wand‹ entwirft der Hamburger Regisseur Fatih Akın virtuos und kompromisslos das hochemotionale Drama zweier Deutschtürken auf der Suche nach Identität«.[21]

Das Interessante ist, dass auf den ersten Blick die Migranten der zweiten Generation weniger Probleme in ihrer Heimat zu haben scheinen als die erste Generation. Vermuten würde man, dass im Hinblick auf den Sprach- und Kulturerwerb keine Fremdheit entstehen dürfe, denn die Migranten sind Teil der sie umgebenden Kultur. Anders ist die Realität, denn sie empfinden Zugehörigkeit zu beiden Kulturen. Die Identitätsprobleme entstehen, wenn sie die Kultur der elterlichen Herkunftsregion zwar in Distanz empfinden, aber eigentlich nur durch ihre Eltern kennen. Meistens, wie im Film *Gegen die Wand* deutlich wird, wird die fremde Heimat eine konstruierte Utopie. Diese Utopie ist von den kurzen Aufenthalten in dem Land, den Erzählungen und der Sehnsucht der Eltern geprägt.

In *Gegen die Wand* geht es um zwei Deutschtürken, die in Hamburg leben. Beide lernen sich nach Selbstmordversuchen in einer Klinik kennen. Beide suchen Freiheit, Sibel von ihrer Familie und Cahit von seiner Vergangenheit. Sibel möchte in der deutschen Welt frei von der konservativen türkischen Welt leben. Cahit lebt in dieser freien Welt und hat sich von seiner türkischen Kultur verabschiedet, flüchtet sich aber nach dem Verlust seiner Frau in Alkoholsucht und ist unglücklich.

Beide sind auf der Identitätssuche und entscheiden sich dabei für ein neues Leben miteinander. Sibels Haltung bleibt jedoch ambivalent und lässt sich nicht eindeutig einer Kategorie zuordnen. Auf der einen Seite ist sie eine tugendhafte türkische Tochter: Ihr Drang zu einer Hochzeit mit einem türkischen Mann zeigt, dass sie von ihren Eltern akzeptiert werden will. Auf der anderen Seite kollidiert ihr Wunsch nach Freiheit mit den traditionellen Vorstellungen der Eltern.

---

21 | Hüttmann, Oliver (2004): Fatih Akins ›Gegen die Wand‹: Atemloses Ohnmachtsdrama. Spiegel Online vom 11.03.2004, http://www.spiegel.de/kultur/kino/fatih-akins-gegen-die-wand-atemloses-ohnmachtsdrama-a-290229.html, abgerufen am 03.08.2016.

»In Cahit erkennt Sibel die Möglichkeit, ihrem bisherigen Leben zu entkommen und ein neues, freieres Leben zu führen. Sie will mit ihm eine Scheinehe eingehen, da er ihr hierfür als idealer Kandidat erscheint und auch in den Augen der Eltern das wichtigste Kriterium für einen potentiellen Ehemann erfüllt – er ist Türke«.[22]

Sibel zu ihrer Bitte an Cahit, sie zu heiraten: »*Ich will leben, ich will tanzen, ich will ficken. Und nicht nur mit einem Typen*«.[23] Cahit und Sibel gehen eine Scheinehe ein, um Sibel Freiheit in der deutschen Gesellschaft zu gewähren. Ihr Dilemma aber bleibt, dass sie für die Suche nach Freiheit den Weg der Unfreiheit wählt. Sie will sich nicht gegen ihre Familie auflehnen und geht deshalb eine Heirat ein, von der sie annimmt, dass sie somit Teil ihrer Familie bleibt und gleichzeitig ihre Freiheit leben kann.

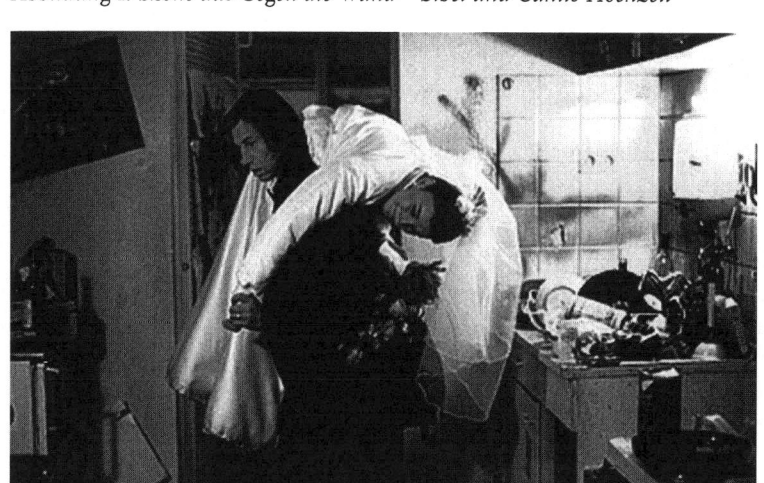

Abbildung 1: Szene aus Gegen die Wand – Sibel und Cahits Hochzeit

Quelle: *Gegen die Wand*, Regisseur: Fatih Akin

Auch bleibt Sibel in ihren traditionellen Wertvorstellungen verhaftet: Sie bekennt sich zu ihrer Rolle als Ehefrau.

»Sibel entscheidet sich für Cahit und damit für ihre Rolle als Ehefrau. Gleich zwei Mal präsentiert sie sich am darauffolgenden Tag in Gesprächen in der neuen Rolle. Von Maren gefragt, in was für einer ›komischen Beziehung‹ sie denn zu Cahit stehe, antwortet Sibel: ›Er ist mein Mann und ich bin seine Frau‹. Kurz darauf kommt es zu dem Aufeinandertreffen mit

---

22 | Neubauer, Jochen (2011): Türkische Deutsche, Kanakster und Deutschländer. Identität und Fremdwahrnehmung in Film und Literatur: Fatih Akin, Thomas Arslan, Emine Sevgi Özdamar, Zafer Şenocak und Feridun Zaimoğlu. Würzburg: Königshausen & Neumann (=Epistemata/Reihe Literaturwissenschaft, Bd. 733), S. 224.
23 | Akin, Fatih (2003/2004): Gegen die Wand. Deutschland.

Niko, bei welchem sie ihrer Selbstpositionierung als Ehefrau ... noch das Adjektiv ›türkisch‹ beifügt.«[24]

Sibel bemächtigt sich ihrer türkischen Tradition, um dieser zu entkommen. Das kann nicht gelingen. Interessanterweise wird sie durch ihre Suche nach Zugehörigkeit in beiden Kulturen zur Außenseiterin, und dieses Problem lässt sich weder durch Rückzug auf ihre türkische noch auf ihre deutsche Identität lösen.

Cahit kann ebenfalls als Außenseiter gesehen werden. Aber anders als Sibel distanziert er sich ganz klar vom Türkischsein. Er spricht gebrochen Türkisch, hat anfangs kein Verständnis für Sibel und kategorisiert fast alle Türken und Türkischdeutschen als Kanaken. Er grenzt sich negativ von seiner türkischen Herkunft ab. Cahit wird als Anhänger der Punk-Subkultur dargestellt. Die Außenseiterposition erhält er durch die Trauer um seine verstorbene Frau. Erst als er sich entscheidet, Sibel zu helfen, wird er mit seiner Herkunft konfrontiert. Im Laufe des Films positioniert er sich immer mehr zu Mersin, seinem Geburtsort. Nach einer Inhaftierung kommt es zu einem Wandel, und er folgt Sibel nach Istanbul, hofft dort auf eine Fortsetzung der Beziehung. Im Mittelpunkt steht Mersin, wo er mit Sibel ein glückliches Leben verbringen will. Sein Wunsch, das alte Leben fortführen zu können, wird zugleich auf eine Heimat in Mersin projiziert. Cahit entscheidet sich aber nicht für eine türkische Identität, sondern scheint einfach ein besseres Verhältnis zu seinem kulturellen Ursprung zu entwickeln.

Ein Identitätsproblem entsteht in der zweiten Generation, die unter den Vorstellungen der alten und fremden Sitten der ersten Generation leidet, weil sie eine entgegengesetzte Wirklichkeit erlebt. Sibel muss in der türkischen Welt leben. Cahit entscheidet sich, in der deutschen Welt zu leben und sein »Türkischsein wegzuwerfen«. Beide Charaktere erhoffen sich Freiheit und finden letzten Endes ihre Identität, um glücklich zu werden. Beide nehmen aber durch ihre Beziehung immer mehr an ihrer türkischen Identität teil. Als Cahit einen Liebhaber Sibels erschlägt, nachdem er sie als türkische Hure bezeichnet, wird klar: Er tut das, um Sibels Ehre aufrechtzuerhalten. Während Cahit im Gefängnis ist und Sibel von ihrer Familie verstoßen wird, entscheidet sie sich, in die Türkei auszuwandern. Ihr Leben in der Türkei, das von ihr durchgehend in dem Film als utopisches Land dargestellt wird, ist von Fremdheitsgefühlen gekennzeichnet. Auch an ihrer Kusine, die sie davor als moderne und freie türkische Frau gesehen hat, findet sie keinen Gefallen mehr. Sie findet das Leben ihrer Kusine eher zwanghaft. Sie wird außerdem als Fremde aufgenommen und kann sich mit ihrer »freien« deutschen Art nicht wirklich integrieren. Letzten Endes passt sie sich der türkischen Gesellschaft an und kann nur dann auch ein scheinbar glückliches Leben führen. Cahit, der Sibel in der Türkei aufsucht und auf ein gemeinsames Leben mit ihr hofft, wird von ihr versetzt. Die Szene mit Cahit im Bus lässt auf ein besseres Ende für Cahit hoffen, denn er fährt in das von ihm idealisierte Mersin. Beide kehren in

---

[24] | Neubauer, Türkische Deutsche, Kanakster und Deutschländer, S. 236.

die »Heimat« zurück, um den Problemen in Deutschland zu entkommen und eine gewisse Freiheit zu leben. Sibel wird aber letztendlich nur glücklich, indem sie ihre Identität als Türkin annimmt, denn in der Türkei wird sie anders nicht akzeptiert. Cahit kehrt zurück nach Mersin, um ein neues Leben zu beginnen, von dem der Zuschauer nicht erfährt, wie es ausgeht. Beide erkennen und konstruieren ihre Identität in der Türkei, wo sie dann möglicherweise die Gelegenheit haben, die Suche nach ihrer Zugehörigkeit zu beenden.

An beiden Charakteren wird klar, dass sie eine ambivalente Beziehung zur türkischen Kultur haben. Sie lassen sich nicht klar zuordnen und bewegen sich immer wieder in beiden Kulturkreisen. Am Ende des Filmes scheinen sie da angelangt zu sein, wo sie nicht hinwollten. Sibel ist Mutter und in einer festen Beziehung, und Cahit will sein Leben in der Türkei verbringen. Beide durchlaufen eine Transformation, nehmen in dem Sinn eine neue Identität an und versuchen dadurch ihr Glück zu finden. Eine Suche, von der man nicht erfährt, ob sie gut ausgeht.

IDENTITÄTSKONSTRUKTION ALS TEIL DES 21. JAHRHUNDERTS

In beiden Beispielen werden die unterschiedlichen Heimatsauffassungen der verschiedenen Migranten/-innen-Generationen deutlich. Die erste Generation arbeitet an einer neuen Heimat mit Sehnsuchtsgefühlen, die im neuen Land erweitert werden. Sie macht die Erfahrung der Fremdheit und versucht ein Stück Herkunft mit in die neue Heimat zu bringen. Dies geschieht durch Erinnerungen, die in die neue Welt übertragen werden, durch Erzählungen, Sehnsucht nach der Rückkehr und durch die Bildung gleichkultureller Gemeinschaften. Die Identität ist bewusst und wird betont, die Heimat bleibt die alte und die Herkunft ist bekannt.

Ganz anders geht die zweite Generation mit dem Problem um. Sie bezieht sich auf die Rückkehr als fortwährende utopische Projektion, das Herkunftsland dient ihnen als Spiegelfläche für die Suche nach kulturellen Wurzeln, über welche sie ihre Identität als Angehörige einer »ethnischen Gemeinschaft« konstruieren.[25] Heimat verliert tendenziell ihre an einen geografischen Ort gebundene identitätsstiftende Rolle. Die Utopie des Herkunftslandes, das sie selbst nicht kennen, hilft bei der Suche nach der eigenen Identität. Die Probleme, die sie in ihrer Umgebung erfahren, die vielleicht aus kulturellen Unterschieden herrühren, werden als Unzulänglichkeit empfunden. Um einen Ausweg zu finden, suchen sie in der alten Heimat nach einer Lösung. Dies gelingt aber nicht immer, denn die Kultur der zweiten Generation ist eine besondere, die mehrere kulturelle Aspekte in sich vereint. Die Migranten der zweiten Generation entwickeln zumeist eine ambivalente Identität, die nur teilweise von der Suche nach Zugehörigkeit geprägt ist.

---

25 | Hornstein-Tomić, Zur Konstruktion von Identität und Heimat(-losigkeit) in Diaspora-Diskursen, S. 420.

Diese Ambivalenz wird im alten Land nicht unbedingt akzeptiert. Die hybride Identität und die sich daraus ableitende Multipositionierung eines dazugehörigen Ortes zeigen: Die zweite Generation hat sich und ihre Zuordnung gegenüber der ersten bereits deutlich verändert.

Die Entwicklung der Migranten/-innen, ihre Auffassung von und ihre Suche nach Heimat oder Identität sind ein aktuelles Thema. Die nostalgische Suche nach den »Wurzeln« ist Bestandteil der Gegenwart, besonders in Deutschland. Diese Suchrichtung hat eine ihrer Quellen auch immer noch in der fehlenden Akzeptanz seitens vieler Deutscher. Nicht nur Rechtsextreme stehen den Migranten ablehnend gegenüber. Die Ablehnung reicht bis weit in die Mitte der Gesellschaft. Und sie hat in letzter Zeit mit dem Zustrom von Flüchtlingen aus dem Nahen Osten noch zugenommen. Der Zulauf, den etwa die Anti-Islam-Bewegung Pegida hat, die gestiegene Zustimmung, die eine Partei wie die xenophobe AfD hat, dies alles erschwert Migranten eine wie auch immer geartete Integration.

Vor allem Migranten/-innen der zweiten oder dritten Generation verspüren auch deshalb eine Art Heimatlosigkeit im Sinne der Nichtzugehörigkeit. Eine mindestens genauso bedeutende Quelle für das Gefühl der Nichtzugehörigkeit ist ihr Leben in zwei Welten: Sie sind zwar Teil der neuen Gesellschaft, unterliegen aber durch ihre Familien oder Bekannten noch anderen kulturellen Einflüssen. Mit dem Verschwämmen der Kulturen und der Mobilität der Welt wird es für sie immer schwieriger, eine eigene Identität zu konstruieren. Hinzu kommt, dass selbst ihre Kinder[26] gefühlsmäßig nicht ganz in Deutschland zu Hause sind, weil auch sie noch von den Inländern als Fremde angesehen werden.

Heimat deshalb einfach neu zu definieren, ändert nichts an dem Problem der Heimatlosigkeit. Aber die eigene Identität als Voraussetzung für Heimat und Heimatgefühl stärker zu betonen, kann Migranten/-innen helfen, zu einem Teil der Gesellschaft zu werden. Deshalb ist es für sie ein richtiger Weg, eine eigene Identität zu suchen und sich damit selbstbewusst vor Ort einzubringen. Die Identitätssuche und die Anpassung zweier Kulturen sind oder werden zum Bestandteil der Migranten/-innen-Generationen des heutigen Deutschland. Und die deutsche Bevölkerung muss lernen, diese Identitätssuche mit all ihren scheinbaren Widersprüchlichkeiten nicht als Absage an eine Integration in die Gesellschaft, sondern als Voraussetzung für ein Heimischwerden zu begreifen.

---

26 | Und dies, obwohl sie in Deutschland geboren und aufgewachsen sind und oftmals Deutsch als einzige Muttersprache beherrschen.

LITERATUR

Primärliteratur

Özdamar, Emine Sevgi (2001): Der Hof im Spiegel. Erzählungen. Köln: Kiepenheuer & Witsch.

Filme

Akin, Fatih (2003/2004): Gegen die Wand. Deutschland.

Sekundärliteratur

Blickle, Peter (2002): Heimat. A Critical Theory of the German Idea of Homeland. Rochester, NY: Camden House.
Chiellino, Carmine (2000): Interkulturelle Literatur in Deutschland. Stuttgart: Metzler.
Choi, Yun-Young (2008): Raum und Identität in der Literatur der zweiten Migrantengeneration. In: Koreanische Zeitschrift für Germanistik, H. 2, S. 278-299.
Ezli, Özkan (2006): Von der Identitätskrise zu einer ethnografischen Poetik. Migration in der deutsch-türkischen Literatur. In: Literatur und Migration. Sonderband: Text+Kritik. München: Richard Boorberg, S. 61-73.
Hielscher, Martin (2006): Andere Stimmen - andere Räume. Die Funktion der Migrantenliteratur in deutschen Verlagen und Dimitré Dinevs Roman »Engelszungen«. In: Literatur und Migration. Sonderband: Text+Kritik. München: Richard Boorberg, S.196-208.
Hornstein-Tomić, Caroline (2011): Zur Konstruktion von Identität und Heimat(-losigkeit) in Diaspora-Diskursen. In: Social Research. Journal for General Social Issues, H. 2, S. 415-433.
Hüttmann, Oliver (2004): Fatih Akins »Gegen die Wand«: Atemloses Ohnmachtsdrama. Spiegel Online vom 11.03.2004, http://www.spiegel.de/kultur/kino/fatih-akins-gegen-die-wand-atemloses-ohnmachtsdrama-a-290229.html, abgerufen am 03.08.2016.
Neubauer, Jochen (2011): Türkische Deutsche, Kanakster und Deutschländer. Identität und Fremdwahrnehmung in Film und Literatur: Fatih Akin, Thomas Arslan, Emine Sevgi Özdamar, Zafer Şenocak und Feridun Zaimoğlu. Würzburg: Königshausen & Neumann.
Peißker-Meyer, Cosima (2002): Heimat auf Zeit: Europäische Frauen in der arabischen Welt. Bielefeld: transcript.
Vorkoeper, Ute (2005): Heimat. Eine Einführung. Zeit online vom 07. Dezember 2005, http://www.zeit.de/feuilleton/kunst_naechste_generation/heimat_ein fuehrung, abgerufen am 03.08.2016.

Vojvoda-Bongartz, Katarina (2012): Heimat ist (k)ein Ort. Heimat ist ein Gefühl: Konstruktion eines transkulturellen Identitätsraumes in der systemischen Therapie und Beratung. In: Deutsche Gesellschaft für Systemische Therapie, Beratung und Familientherapie. H. 43, S. 234 – 256.

Die Rezeption der Werke von Herta Müller in Spanien

Pino Valero

1. EINFÜHRUNG

Mit diesem Beitrag wollen wir die Rezeption der Werke der rumänisch-deutschen Autorin Herta Müller in Spanien analysieren, und zwar anhand der sechs Werke dieser Schriftstellerin, die bis heute ins Spanische übersetzt wurden, obwohl wir uns hauptsächlich auf das erste (*Niederungen*) und das letzte (*Atemschaukel*) konzentrieren werden, denn sie handeln am meisten von politischen Aspekten Rumäniens, das Hauptthema der literarischen Produktion Herta Müllers. Wie schon bekannt war die Autorin, geboren in einem deutschsprachigen Dorf des östlichen Landes, Nitzkydorf, ein tatsächliches Opfer der Teilung Europas und des sogenannten »Eisernen Vorhangs«, vor allen wegen ihrer Zugehörigkeit zu der oben genannten Gemeinschaft deutschen Ursprungs, die in Rumänien Ceaucescus lebte. Wie Friedmar Apel ausdrückt:

»Die Einzigartigkeit der Stimme Herta Müllers in der deutschen Gegenwartsliteratur resultiert aus der Radikalität eines solchen, nun aber deromantisierenden eigensinnigen Blicks, der aus einer eigentümlichen Überlagerung von Trennungen verständlich wird. Herta Müller hat sich im Verhältnis zu ihrer banatschwäbischen Umgebung rückblickend als ein eigensinniges Kind beschrieben, freilich als ein modernes und gewitztes, dem es lange Zeit gelang, der Bestrafung des Eigensinns durch Täuschung zu entgehen.«[1]

Alles ist laut Bozzi bestimmt von ihrem Leben »in der deutsch-rumänischen Enklave und der schrecklichen Existenz zwischen zwei ähnlichen destruktiven

---

1 | Apel, Friedmar (1991): «Schreiben, Trennen. Zur Poetik des eigensinnigen Blicks bei Herta Müller«. In: Eke, Norbert Otto (Hg.): Die erfundene Wahrnehmung. Annäherungen an Herta Müller. Oldenburg: Igel, S. 22-31, hier S. 22.

Ordnungen: dem rumänischen Staat und der deutschen Gemeinde«.² Trennung und Schmerz beherrschen also ein außergewöhnliches Werk, deren Rezeption in Spanien wir unter einem Fachpublikum von Germanisten bekannt geben wollen, zusammen mit der Untersuchung der wichtigsten Übersetzungsprobleme, die diese Werke im Rahmen der deutschen Interkulturellen Literatur darstellen.

2. HERTA MÜLLER: LEBEN, WERK UND DIE INTERKULTURELLE LITERATUR

2.1 Leben

Herta Müller wurde wie bereits erwähnt 1953 in Nitzkydorf, einem deutschsprachigen Dorf in der rumämischen Region Timisoara, geboren, wuchs also in einer deutschen Gemeide auf, zu der andere deutsche emblematische Schriftsteller wie Paul Celan oder Oskar Pastior gehörten. Sie studierte Germanistik, war Mitglied der Aktionsgruppe Banat, einer Gruppe von rumänisch-deutschen Schriftstellern, und wurde mehrmals von der *Securitate* verhört.

Im Jahr 1987 wurde sie vom Regime schikaniert, worauf sie zusammen mit ihrem Ehemann nach Deutschland auswanderte, wo sie an verschiedenen Universitäten wirkte und seitdem lebt.

Im Zweiten Weltkrieg diente ihr Vater in der deutschen Waffen-SS und ihre Mutter wurde im Jahre 1945 in die Sowjetunion deportiert, wo sie fünf Jahre lang in einem Arbeitslager in der Ukraine verbrachte. Dies hat ihr persönliches und literarisches Leben sehr tief geprägt und bildet den Ursprung des Romans *Atemschaukel*, ihr bislang vorletztes Werk.

Herta Müller beschreibt in ihren Geschichten auch die harten Lebensbedingungen in ihrem Land unter dem kommunistischen Regime von Nicolae Ceausescu und wie diktatorische politische Formen die Beziehung zwischen den Menschen bestimmen und brechen.

Sie erhielt ebenfalls verschiedene Literaturpreise in Deutschland und im Jahr 2009 bekam sie den Nobelpreis für Literatur als Anerkennung ihrer Fähigkeit, »mit der Verdichtung der Poesie und Sachlichkeit der Prosa, die Landschaften der Heimatlosigkeit«³ zu beschreiben.

---

2 | Siehe Bozzi, Paola (2005): Der fremde Blick. Zum Werk Herta Müllers. Würzburg: Königshausen & Neumann, S. 35.

3 | Vgl. u.a. Spiegel online vom 08.10.2009: Überraschende Auszeichnung: Literaturnobelpreis für deutsche Schriftstellerin Herta Müllerlhttp://www.spiegel.de/kultur/literatur/ueberraschende-auszeichnung-literaturnobelpreis-fuer-deutsche-schriftstellerin-herta-mueller-a-653984.html, abgerufen am 27.08.2016.

2.2 Werk

Ihr erstes veröffentlichtes Werk, eine Sammlung von Geschichten mit dem Titel *Niederungen*, wurde 1982 in Rumänien veröffentlicht, wenn auch in einer zensierten Fassung, wie viele andere Werke dieser Zeit, und zwei Jahre später erschien in Deutschland das Werk *Drückender Tango*, ein ebenfalls sehr kritisches Werk gegen die Unterdrückung durch das kommunistische Regime von Nicolae Ceaucescu.

Aus diesem Grund wurde ihr verboten, im eigenen Land weiterhin zu publizieren, obwohl ihre Bücher in Deutschland und Österreich gegen die einstimmige Opposition der offiziellen Presse in Rumänien triumphierten. So brachte ihr *Niederungen*, Kurzgeschichten über das Leben eines verlorenen deutschen Dorfes in Rumänien aus der Perspektive eines Kindes, den Deutschen Preis *Aspekte* für das beste Debüt in deutscher Sprache des Jahres 1984.

Ceaucescu in Rumänien und das Schicksal der deutschen Minderheiten ist das Thema vieler ihrer Werke und in *Der Mensch ist ein großer Fasan auf der Welt* beschäftigt sie sich mit dem Schicksal einer deutschen Familie, die gespannt auf eine Genehmigung wartet, um Rumänien verlassen zu können.

In ihrem bislang vorletzten Roman *Atemschaukel* erzählt sie die Geschichte eines 17-jährigen Jungen, der nach dem Zweiten Weltkrieg von den Russen in ein Arbeitslager verschleppt wurde, um beim Wiederaufbau der Sowjetunion zu helfen, ein Bestimmungsort vieler Mitglieder der deutschen Minderheit, so wie Herta Müllers eigene Mutter.

Anschließend wird eine komplette Liste ihrer Romane aufgeführt sowie die vorhandenen spanischen Übersetzungen:

1982 – *Niederungen*, publiziert in Bukarest; spanische Übersetzung: *En tierras bajas*.
1984 – *Drückender Tango*, publiziert in Bukarest.
1986 – *Der Mensch ist ein großer Fasan auf der Welt*, publiziert in Berlin; spanische Übersetzung: *El hombre es un gran faisán en el mundo*.
1987 – *Barfüßiger Februar*, publiziert in Berlin.
1989 – *Reisende auf einem Bein*, publiziert in Berlin
1990 – *Wie Wahrnehmung sich erfindet*, publiziert in Paderborn.
1991 – *Der Teufel sitzt im Spiegel*, publiziert in Berlin.
1992 – *Der Fuchs war damals schon der Jäger*, publiziert in Hamburg; spanische Übersetzung *La piel del zorro*.
1992 – *Eine warme Kartoffel ist ein warmes Bett*, publiziert in Hamburg.
1993 – *Der Wächter nimmt seinen Kamm*, publiziert in Hamburg.
1994 – *Angekommen wie nicht da*, publiziert in Lichtenfels.
1994 – *Herztier*, publiziert in Hamburg; spanische Übersetzung: *La bestia del corazón*.
1995 – *Hunger und Seide*, publiziert in Hamburg.

1995 – *In der Falle*, publiziert in Göttingen.
1996 – *Heute wär ich mir lieber nicht begegnet*, publiziert in Hamburg; spanische Übersetzung: *Hoy hubiera preferido no encontrarme a mí misma*.
1999 – *Der fremde Blick oder Das Leben ist ein Furz in der Laterne*, publiziert in Göttingen.
2000 – *Im Haarknoten wohnt eine Dame*, publiziert in Hamburg.
2001 – *Heimat ist das, was gesprochen wird*, publiziert in Blieskastel.
2002 – *Der König verneigt sich und tötet*, publiziert in München, spanische Übersetzung: *El rey se inclina y mata*.
2004 – *Die blassen Herren mit den Mokkatassen*, publiziert in München.
2005 – *Este sau nu este Ion*, publiziert in Isti, Rumänien.
2009 – *Atemschaukel*, publiziert in München, spanische Übersetzung: *Todo lo que tengo lo llevo conmigo*.
2011 – *Immer derselbe Schnee und immer derselbe Onkel*, publiziert in München, spanische Übersetzung: *El rey se inclina y mata*.

Die Autorin veröffentlichte nur ihre ersten beiden Werke in Rumänien und alle anderen, mit Ausnahme von *Este sau nu este Ion*, ausschließlich in Deutschland.

2.3 Herta Müller und die Interkulturelle Literatur

Herta Müllers Literatur gehört zu der sogenannten deutschen Interkulturellen Literatur, einer Gruppe von Autoren mit Migrationshintergrund, die aber in deutscher Sprache schreiben. Aus diesem Grund wurde sie in Deutschland zunächst »Migrantenliteratur« genannt, eine Bezeichnung, die schon sehr früh in Frage gestellt wurde und in den 1980er Jahren zu Diskussionen führte.[4]

Wegen ihrer Zugehörigkeit zu einer Gemeinschaft deutscher Abstammung fühlte Herta Müller sich fremd in ihrer eigenen rumänischen Heimat; sie repräsentiert also auch eine persönliche und kulturelle Hybridität, dennoch nicht wie bei anderen Autoren dieser Literatur angehörend, wie z.B. der Türkin Emine Sevgi Özdamar oder der Tschechin Libuse Moníková.

Dieses bringt mit sich, dass die spanischen Übersetzungprobleme ihrer Werke eher die literarische Sprache selbst ist als diese Hybridität, die die Hauptübersetzungsschwierigkeit bei den Werken der zwei oben genannten Autorinnen war.

---

4 | Vgl. Kreuzer, Helmut (1984): »Gastarbeiter-Literatur, Ausländer-Literatur, Migranten-Literatur? Zur Einführung«. In: Zeitschrift für LiLi, Jg. 56, S. 7-11. Weinrich, Harald (1984): »Gastarbeiterliteratur in der Bundesrepublik Deutschland«. In: Zeitschrift für LiLi, Jg. 56, S.12-22.

2.3.1 Die deutsche Interkulturelle Literatur in den *Geschichten der deutschen Literatur* in Deutschland

Wie Paola Bozzi ausdrückt, stellt »die Minderheiten- bzw. Migrantenliteratur der achtziger Jahre [...] in der Tat eine Herausforderung an die deutsche Literaturwissenschaft [...], weil sie zeigt, dass Differenz ein konstitutiver Bestandteil der zeitgenössischen deutschen Literatur ist«.[5] Die Interkulturelle Literatur fand aber schlussendlich in den letzten Jahren einen Platz in der Geschichte der deutschen Literatur des zwanzigsten Jahrhunderts, auch wenn sie keine Erwähnung in klassischen Werken wie die 1986 veröffentlichte *Deutsche Literaturgeschichte* von Wilhelm Bortenschlager fand.

Im Gegenteil, in Werken über die Geschichte der deutschen Literatur wie die *Deutsche Literaturgeschichte. Von den Anfängen bis zur Gegenwart* von Wolfgang Beutin (2001) bezeichnet der Herausgeber im Kapitel »Deutschsprachige Gegenwartsliteratur seit 1989« die Interkulturelle Literatur als »deutschsprachige Literatur von Autoren nichtdeutscher Herkunft« (zunächst von Autoren türkischer Herkunft) mit Betonung auf »nicht deutscher Herkunft«, d.h. »seit fünf Jahrzehnten zur deutschprachigen Literatur, aber immer noch als ›andere‹ und ›erweiterte‹ deutsche Literatur bezeichnet« gehörend.[6] Einen Platz in diesem Kapitel erhielten also SchriftstellerInnen zwischen zwei Welten wie Herta Müller, sowie andere AutorInnen, die von Anfang an die deutsche Sprache als »Sprache der Schrift« sahen und benutzten, wie z.B. die bereits erwähnte Libuše Moníková und andere Schriftsteller aus Osteuropa.

In einer sehr viel differenzierteren Form werden im *Atlas Deutscher Literatur* von Horst Dieter Schlosser (2002) unter der Überschrift »Wichtige Seitentriebe der deutschen Literatur im Aus- und Inland« Schriftsteller wie die sogenannten »Russlanddeutschen«, die auch in deutscher Sprache schrieben, die oben genannte deutsche Minderheit Rumäniens oder andere wenig bekannte Gruppen wie die Autoren aus Tirol erwähnt, sowie das Werk von Autoren der sogenannten Migrantenliteratur, die als »beachtenswert« bezeichnet wird. Schließlich fragt man sich, ob man über eine einzigartige Literatur sprechen darf, aber unserer Meinung nach kann man den wichtigen ästhetisch-literarischen Beitrag dieser Autoren zur deutschen Literatur nicht bestreiten, sei es anhand heute so relevanter Autoren wie des Syrers Rafik Schami oder der Nobelpreisträgerin Herta Müller.

Klaus Briegleb und Sigrid Weigel ihrerseits sprechen in dem Band *Gegenwartsliteratur seit 1968* von der von Rolf Grimminger 2002 veröffentlichten *Hansers Sozialgeschichte der deutschen Literatur vom 16. Jahrhundert bis zur Gegenwart* über die Schwierigkeiten, die Autoren mit Migrationshintergrund haben, einen »Platz« in der deutschen Literatur zu finden im Vergleich zu Minderheiten aus anderen Ländern (z.B. die »chicanos« in den USA). So würde ihre Aufnahme in die *Geschichte der deutschen Literatur* verhindern, dass »die Migrantenliteratur

---

5 | Bortenschlager, Wilhelm (1986): Deutsche Literaturgeschichte. Wien: Leitner, S. 17.
6 | Ebd., S. 248.

ein vorübergehendes historisches Phänomen bleibt, das mit der ›dritten Generation‹ dann gänzlich verschwunden sein wird«.[7]

2.3.2 Herta Müller in den *Geschichten der deutschen Literatur* in Spanien

Dieses »Verschwinden« zu verhindern ist das, was Forscher wie Isabel Hernández und Manuel Maldonado in Werken wie *Literatura alemana. Épocas y movimientos desde los orígenes hasta nuestros días* sich vorgenommen haben, wenn sie sich zum Thema »Nuevas perspectivas después del 45« mit diesen Worten über die interkulturelle Literatur sprechen:[8]

»Un interés cada vez más creciente suscita la literatura escrita por extranjeros en lengua alemana. En ella destacan autores de origen turco e italiano [...]. De entre las obras de todos estos autores destaca la novela *Das Leben ist eine Karawanserei* (1992), de Emine Sevgi Özdamar (n. 1946). Calificada de »acontecimiento literario«, su autora obtuvo por ella en 1992 el premio Ingeborg Bachmann [...]. En cuanto a la poesía, es de destacar la obra del escritor de origen andaluz José F. A. Oliver (n. 1961), que en 1997 recibió el premio Adalbert von Chamiso [...]. En un lenguaje creativo y de gran capacidad evocadora, que recuerda al de la generación del 27, su poesía penetra en el mundo de sus ancestros a la vez que denuncia la intolerancia, la marginación y la discriminación.«

Somit fand die Interkulturelle Literatur endlich einen Platz auch in der Geschichte der deutschen Literatur des zwanzigsten Jahrhunderts in Spanien, die die 1990 nicht einmal eine Erwähnung in der klassischen zweibändigen von Marisa Siguán und Hans Gerd Rötzer veröffentlichten *Historia de la literatura en lengua alemana* verdiente, auch nicht in der Neuauflage von 2012 – mit der Ausnahme von Herta Müller, wahrscheinlich wegen des Nobelpreises, und auf jeden Fall nicht als Autorin der Interkulturellen Literatur verortet.

3. DIE REZEPTION HERTA MÜLLERS IN SPANIEN

Nach Iulia-Karin Patrut ist und bleibt »die Rezeption von Herta Müllers Texten [...] ein ebenso aktueller wie facettenreicher Untersuchungsgegenstand«.[9] Wissenschaftlich analysiert wurde sie in Deutschland, Rumänien, Frankreich und

---

7 | Vgl. Briegleb, Klaus/ Weigel, Sigrid (1992): Gegenwartsliteratur seit 1968. München: dtv, S. 254.
8 | Hernández, Isabel/ Maldonado, Manuel (2003): Literatura alemana. Madrid: Alianza Editorial, S. 243f.
9 | Vgl. Patrut, Iulia-Karin (2014): »Herta Müller: Rezeption, ästhetische Innovation und Zeitlichkeit«. In: Merchiers, Dorle/ Lajarige, Jacques/ Stefen Höhne (Hg.): Kann Literatur Zeuge sein? La littérature peut-elle rendre témoignage?: Poetologische und politische

sogar in der angloamerikanischen Welt, aber noch nicht so sehr im spanischen Raum. Wir wollen hier die bisherige Rezeption in Spanien analysieren, sowie die wichtigsten Übersetzungsprobleme ihrer Werke aufzeigen.

Herta Müller ist eine der wichtigsten Autorinnen in deutscher Sprache und ihre Werke sind deswegen in viele Sprachen übersetzt worden, besonders das vorletzte, *Atemschaukel*, das öfter übersetzt wurde als die anderen, so Wiebke Sievers:[10]

»Obviously, some of Müller's works have fared better than others in this long process of her reception abroad. Her most recent novel, *Atemschaukel*, published shortly before she received the Nobel Prize, has been the most successful title by far – so successful that it earned a special mention in the annual German publishing statistic as one of the best-sellers of 2009, with forty licenses having been sold in the wake of the Frankfurt Book Fair. Altogether, forty-five licenses for translation of *Atemschaukel* had been sold by July 2010 and twenty-one licenses had been published by November of the same year. Such success is linked to the fact that publishers tend to start with the most recent publication when launching a new author.«

3.1 Die spanischen Übersetzungen der Werke Herta Müllers

Ab 2010 war Chinesisch die wichtigste Übersetzungssprache der Werke Herta Müllers »followed by Spanish with thirteen and Italian with twelve titles«[11], wie die Liste der sieben Werke von Herta Müller, die ins Spanische übersetzt wurde, beweist; drei davon zwischen 2010 und 2011:

1982 – *En tierras bajas*, Siruela, 1990.
1986 – *El hombre es un gran faisán en el mundo*, Siruela, 1992.
1992 – *La piel del zorro*, Plaza & Janés, 1996.
1994 – *La bestia del corazón*, Mondadori, 1997.
2010 – *Hoy hubiera preferido no encontrarme a mí misma*, Siruela, 2010.
2010 – *Todo lo que tengo lo llevo conmigo*, Siruela, 2010.
2011 – *El rey se inclina y mata*, Siruela, 2011.

Die translatorischen Schwierigkeiten der Werke Herta Müllers liegen vor allem in der Sprache, in ihrer Ausdrucksweise, denn, wie wir gesehen haben, ist bei ihr die tiefe Hybridität, die die Werke der Interkulturellen Literatur charakterisieren,

---

Aspekte in Herta Müllers Werk Aspects poétologiques et politiques dans l'œuvre de Herta Müller. Bern: Peter Lang, S. 347-357, hier S. 347.
10 | Sievers, Wiebke: »Eastward Bound: Herta Müller's International Reception«. In: Haines, Brigid/ Marven, Lyn (Hg.) (2013): Herta Müller. Oxford: Oxford University Press, S. 172-189, hier S. 178f.
11 | Ebd., S. 180.

nicht so präsent, wohlmöglich aufgrund der Tatsache, dass die Autorin deutscher Herkunft ist und in einer deutsch-rumänischen Gemeinde aufwuchs. Deswegen konzentrieren wir uns in diesem Beitrag auf die beiden Aspekte, die die Autorin charakterisieren: ihre poetische Sprachein ihrer Prosa und den politischen Hintergrund in ihrer Werke.

3.1.1 Die Übersetzung der Sprache Herta Müllers am Beispiel des Werkes *Der Mensch ist ein großer Fasan auf der Welt*[12]

Der Mensch ist ein großer Fasan auf der Welt befasst sich mit der moralischen Erniedrigung einer deutschen Gemeinschaft in Rumänien während der Herrschaft des Diktators Ceaucescu. Das Werk beschreibt den Verlust der eigenen Wurzeln, der familiären Bindungen und ist in kurze Kapitel unterteilt.

Wie zu erwarten war, ist dies, so auch Henrik Schmidt, ein trauriges Buch:

»Es gibt viel Abschied. Menschen sterben, Menschen wandern aus. Andere bleiben und leiden. Windischs Ehe ist eine Katastrophe. Die Frau, die er liebte, starb im Krieg. Der Mann, den seine Frau liebte, ebenfalls. So fanden sie zueinander und hassen sich doch.«[13]

So beschreibt es auch Herta Müller im Kapitel »Zwischen den Gräbern«:

»Katharina hatte wie Windisch den Tod gesehen. Katharina hatte wie Windisch ihr Leben mitgebracht. Windisch hängte sein Leben rasch an sie. [...] Sie weinte. Windisch wusste, dass sie um Josef weinte. Windisch schloss das Tor. Er weinte. Katharina wusste, dass er um Barbara weinte.«

Es ist ein Paradox, dass die Autorin Fakten und schreckliche Bedingungen durch eine so schöne Sprache und schöne Bilder beschreibt, so dass eine derartig krasse Geschichte durch diese Prosa hervorgehoben wird und durch diese einzigartigen Bilder voller Ausdruckskraft sogar poetisch wirkt. Wie Marisa Siguán meint:

»Diría que la búsqueda de un lenguaje adecuado para narrar la experiencia de la víctima determina toda la obra de Herta Müller. El mismo problema se plantea en *Atemschaukel (El columpio del aliento)*, que narra la deportación de los germano-rumanos a los campos de trabajos forzados soviéticos basándose en las narraciones de un amigo, el poeta Oskar Pastior, y de la propia madre de Herta Müller. El relato se estructura alrededor de objetos y acciones que determinan la cotidianeidad de la vida en el campo [...] como si el libro nos diese instrucciones útiles. La realidad habitual queda distanciada, la realidad terrible del campo se convierte en la única verdadera. El entramado de la narración se constituye a través de imágenes: esta es la característica más espectacular de esta autora. Una

---

12 | Müller, Herta (1986): Der Mensch ist ein grosser Fasan auf der Welt. Berlin: Rotbuch.
13 | Vgl. http://www.evangelisch.de/themen/blogs/duenne-buecher/2009/10/09/der-mensch-ist-ein-grosser-fasan-auf-der-welt, abgerufen am 02.06.2015.

escritura que cree en el poder del lenguaje para desenmascarar una realidad desoladora. Un lenguaje desolado, provocador, magnífico [...] y extraordinariamente difícil de traducir. Quizá eso explica la poca presencia de la autora en nuestro país.«[14]

Wir haben hier, um diesen Aspekt zu veranschaulichen, ein Fragment aus *Der Mensch ist ein großer Fasan auf der* vom Kapitel »Die Fliege« gewählt, in dem wir die ausgezeichnete spanische Version von Juan del Solar[15] lesen können, eine Version, die die poetische Prosa Herta Müllers so präzise in spanischer Sprache wiedergibt, dass wir die gleichen Gefühle von Traurigkeit, Druck und Berührung empfinden können:

---

14 | Vgl. www.elperiodicodearagon.com/noticia/noticia.asp?pkid=543920, abgerufen am 29.05.2015.

15 | Der Peruaner Juan José del Solar ist der Übersetzer vieler Werke Herta Müllers, sehr bekannt als hervorragender Übersetzer deutschsprachiger Autoren. Juan José del Solar hat mehrere Auszeichnungen für seine Arbeit als Übersetzer erhalten, wie beispielsweise den Übersetzerpreis des Ministeriums für Auswärtige Angelegenheiten der Bundesrepublik Deutschland im Jahr 1985, den Nationalpreis für Übersetzung des Ministeriums für Kultur von Spanien (zweimalige Vergabe in den Jahren 1995 und 2004), der österreichische Staatspreis für literarische Übersetzung 1999 und die Translation Prize Foundation Calwer Hermann-Hesse-Stiftung im Jahr 2004; ebenfalls hat er aus dem Deutschen mehr als achtzig Werke in die spanische Sprache übersetzt, darunter NobelpreisträgerInnen wie Thomas Mann, Hermann Hesse, Elias Canetti und Herta Müller. Von der Nobelpreisträgerin hat er drei Werke übersetzt: *Niederungen, Der Mensch ist ein großer Fasan auf der Welt* und *Der Fuchspelz*. Solar beschreibt so seine Erfahrung als Übersetzer ihrer Werke (vgl. www.elcultural.es/noticias/LETRAS/505320/Juan_Jose_del_SolarHerta_Muller_es_una_gran_miniaturista, abgerufen am 01.06.2016): »Su narrativa suele tener como telón de fondo la vida cotidiana en la comunidad germano-rumana del Bánato, en cuyo seno nació en 1953. Recuerdo haber conversado con ella en dos ocasiones, una en Barcelona, en casa del entonces director del Instituto Goethe de la Ciudad Condal, y otra con motivo de una lectura pública que Herta Müller dio en un pueblecito de Suabia, cercano a Stuttgart. Las fechas no las recuerdo, pero sin duda han pasado muchos años. En ambas ocasiones recuerdo que me habló de la mezcla de odio, terror y desprecio que había sentido hacia la Rumanía del dictador Ceauçescu, que, de hecho, constituye el trasfondo de su novela *La piel de zorro*. No es una autora fácil de traducir, su estilo se caracteriza por las frases breves, elípticas, de gran poder evocador, que hacen de ella una excelente miniaturista«.

Original	Spanische Übersetzung
Windischs Frau schüttelt die Regentropfen von ihrem Kopftuch. Durchsichtige Schnüre fallen auf ihre Schuhe. Neben den betenden Frauen stehn Regenschirme. Unter den Stühlen irren Wasserstreifen. Sie schlängeln. Sie glitzern zwischen den Schuhen. Windischs Frau setzt sich auf den leeren Stuhl neben der Tür. Sie weint aus jedem Auge eine große Träne. Die Fliege setzt sich auf ihre Wange. Die Träne rollt auf die Fliege herab. Sie fliegt mit feuchtem Flügelrand ins Zimmer. Die Fliege kommt zurückgeflogen. Sie setzt sich auf Windischs Frau. Auf ihren welken Zeigefinger.[16]	La mujer de Windisch se sacude las gotas de lluvia del pañuelo. Sobre sus zapatos caen unos hilillos transparentes. Junto a las mujeres que rezan hay varios paraguas abiertos. Estrías de agua serpentean sin rumbo debajo de las sillas, centelleando entre los zapatos. La mujer de Windisch se sienta en la silla vacía que hay junto a la puerta. De cada ojo le brota una gruesa lágrima. La mosca se posa en su mejilla. Una de las lágrimas se desliza hacia la mosca, que echa a volar con el borde de las alas húmedo. Luego regresa. Se posa sobre la mujer de Windisch. Sobre su índice marchito.

3.1.2 Die Übersetzung der politischen Hintergründe Herta Müllers

3.1.2.1 Das Leben unter Ceauçescu: *Niederungen*

Wie wir schon erwähnt haben, war das Werk von Anfang an ein grosser Erfolg. Erstaunlich laut Paolo Bozzi:[17]

»In Anbetracht der Tatsache, dass die ›deutschsprachigen Literaturen aus den kulturellen Randbereichen des detuschen Sprachraums‹ bislang kaum ein öffentliches Interess hervorgerufen hatten, war es umso erstaunlicher, dass Herta Müllers *Niederungen* unmittelbar nach ihrem Erscheinen in einem westberliner Verlag außergewöhnlich heftige Reaktionen auslöste. Analog zu der positiven Wertung von Seiten der Literaturkritik in Rumänien wurden die *Niederungen* in den großen Tageszeitungen der Bundesrepublik beinahe enthusiastish rezensiert.«

Viele Jahre später wird das Werk immer noch in der Presse rezensiert, und zwar sowohl in den spanischen als auch in den deutschen Zeitungen. So finden wir die folgenden Beschreibungen des Werkes in Spanien und Deutschland:

»En ese libro, compuesto de una larga narración de unas ochenta páginas y de otras narraciones breves, Müller enfoca, con mirada infantil, la vida de un pueblo alemán perdido en

---

16 | Müller, Herta (1986): Der Mensch ist ein großer Fasan auf der Welt. Berlin: Rotbuch, S. 53f.

17 | Vgl. Bozzi, Paola (2005): Der fremde Blick. Zum Werk Herta Müllers. Würzburg: Königshausen & Neumann, S. 15.

Rumanía. Se trata de un pueblo venido a menos tanto en lo económico como en lo moral. ›No soportamos a los demás ni nos soportamos a nosotros mismos y los otros tampoco nos soportan‹, dice en algún momento la voz de la niña que narra la historia. La historia que cuenta Herta Müller en *Niederungen* es, en buena parte, una historia de represión permanente y de incomunicación que empieza por la vida familiar y sigue con las relaciones de los individuos con el estado. Las descripciones cotidianas se mezclan con historias tomadas de supersticiones populares y con leyendas lo que hizo que en su momento la forma de hacer literatura recordará al crítico Friedrich Christian Delius los recursos utilizados por el mexicano Juan Rulfo en *Pedro Páramo*.

Niederungen había acabado con las posibilidades de Herta Müller de hacer carrera literaria en Rumanía, pero le abrió, por contra, todas las puertas en Alemania. En 1987 la escritora logró abandonar Rumanía y se instaló en Berlín, donde vive y trabaja desde entonces. La Rumanía de Ceacescu – y el destino de la minoría alemana allí– es el tema de buena parte de sus obras, como *Der Mensch ist ein groses Fasan auf der Welt* (*El ser humano es un gran faisán en el mundo*), que aborda el destino de una familia alemana que espera con ansiedad la autorización para abandonar Rumanía.«[18]

In der deutschen Presse finden wir die gemeinsame Meinung, dass dieses Werk sehr wichtig für die literarische Karriere der Autorin in Deutschland war:

»*Niederungen* ist das Buch, mit dem Herta Müller auf einen Schlag bekannt wurde: In eindringlichen Szenen beschreibt die Nobelpreisträgerin das Leben der deutschsprachigen Banatschwaben im kommunistischen Rumänien, und sie beschreibt es als düstere Anti-Idylle in einer Enklave, die von Angst und Hass geprägt ist, von Intoleranz und Unbeweglichkeit. Diese schonungslose Chronik einer untergehenden Welt ist bereits die Grundlage eines Werkes, das sich seither immer breiter entfaltet hat. »Niederungen« erschien 1984 in Deutschland in einer gekürzten Form. Die Neuausgabe bringt Herta Müllers Debüt zum ersten Mal in der originalen Fassung.«[19]

Als Beispiel der Präsenz dieser politischen Aspekte zeigen wir einen Teil des Kapitels des Werkes »Dorfchronik«, in dem die Autorin mit Ironie das Schicksal der Toten des Dorfes beschreibt und die Wiederholung als stilistisches Mittel nutzt (in *kursiv* haben wir die sprachlichen Wiederholungen hervorgehoben):

---

18 | Vgl. EFE (2009): »Me he quedado muda«. La escritora alemana Herta Müller ha sido galardonada con el Nobel de Literatura 2009. In: El País vom 08.10.2009, http://cultura.elpais.com/cultura/2009/10/08/actualidad/1254952801_850215.html, abgerufen am 02.06.2015.
19 | www.hanser-literaturverlage.de/buch/niederungen/978-3-446-23524-3, abgerufen am 02.06.2015.

Original	Spanische Übersetzung
Dorfchronik	**Crónica de pueblo**
Die Kapelle wurde vor dem ersten Welt Krieg von damaligen Metzger, der, nachdem er den Krieg überlebt hatte, nach Rom gefahren war, wo er den Papst, *der im Dorf der heilige Vater genannt wird*, gesehen hatte, gebaut, *was im Dorf gestiftet genannt wird*. Seine Frau, die im Dorf, obwohl sie Schneiderin gewesen ist, Metzgerin genannt wurde, starb ein paar Tage, nachdem die Kapelle fertig war, und wurde in der Familiengruft unter der Kapelle begraben, *was im Dorf beigesetzt genannt wird*. Unter der Kapelle gibt es außer Würmerm und Maulwürfe, die es im ganzen Friedhof gibt, auch Schlangen. Aus Ekel vor diesen Schlangen ist der Metzger heute noch am Leben und zum Dorfältesten geworden. Alle Toten außer der Metzgerin, liegen, *was im Dorf ruhen genannt wird*, in Gräbern. Die Toten des Dorfes haben sich zu Tode gegessen, zu Tode getrunken, *was im Dorf zu Tode gearbeitet genannt wird*. Ausnahmen bilden die Helden, von denen man annimmt, dass sie sich zu Tode gekämpft haben. Selbstmörder gibt es im Dorf keine, da alle Dorfbewohner einen gesunden Menschenverstand haben, den sie auch im hohen Alter nicht verlieren.	La capilla fue construida -*o, como se dice en el pueblo, donada*- antes de la Primera Guerra Mundial por el entonces carnicero del pueblo, quien tras sobrevivir a la guerra, viajó a Roma y vio al Papa, *que en el pueblo es llamado el Santo Padre*. Su mujer, que pese a ser costurera era conocida en el pueblo como la »carnicera«, murió pocos días después de que acabaran la capilla y fue enterrada -*o, como se dice en el pueblo, sepultada*- en la cripta familiar, debajo de la capilla. Aparte de gusanos y de topos, que los hay en todo el cementerio, debajo de la capilla hay también serpientes. El asco que le producen esas serpientes ha mantenido vivo al carnicero hasta ahora, convirtiéndolo en el hombre más viejo del pueblo. Excepto la carnicera, todos los muertos yacen -*o, como se dice en el pueblo, reposan*- en tumbas. Los muertos del pueblo comieron y bebieron todos hasta morir, *o, como dicen los lugareños, se mataron trabajando*. La excepción la constituyen los héroes, que se supone murieron combatiendo. Suicidas no hay en el pueblo, pues todos los habitantes tienen un sólido sentido común que no pierden ni al llegar a viejos.

Original	Spanische Übersetzung
Die Helden, *die im Dorf Gefallene genannt werden*, sind, um zu beweisen, dass sie nicht vergebens gestorben sind, *was im Dorf den Heldentod gefunden haben* genannt wird, weil man wahrscheinlich annimmt, dass sie ihn gesucht haben, auf demselben Friedhof gleich zweimal begraben: einmal im Grab der jeweiligen Familien und einmal unter dem Heldenkreuz. In Wirklichkeit liegen sie aber irgendwo in einem Massengrab, *was im Dorf im Krieg geblieben genannt wird*. Die Gefallenen haben meist weiße oder graue Obeliske auf den Grabhügeln. Die Toten, die vor Jahren Feld hatten, haben jetzt weiße Marmorkreuze über den Köpfen. Ihre Taglöhner, *die im Dorf Knechte genannt wurden*, verzinnte Blechkreuze und die jung verstorbenen alleinstehenden Mägde, *die im Dorf Dienerinnen genannt wurden*, haben schwarze gebeizte Holzkreuze über den toten Köpfen. So sieht man auf dem Friedhof, wenn ein Toter begraben wird, ob seine Vorfahren, *die im Dorf Ahnen genannt werden*, Herren oder Knechte waren. Das größte Kreuz ist das Heldenkreuz. Es ist höher als die Kapelle. Darauf sind die Namen aller Helden aller Fronten aller Kriege, selbst die der Vermißten, *die im Dorf Verschleppte genannt werden*, verzeichnet.[20]	Para demostrar que no murieron en vano -*o, como se dice en el pueblo, que encontraron una muerte heroica*, pues sin duda se supone que la buscaron-, *los héroes, que en el pueblo se llaman caídos*, son enterrados dos veces en el mismo cementerio: una vez en la tumba de sus respectivas familias, y otra bajo la cruz de los héroes. En realidad yacen en una fosa común de algún lugar desconocido, *o, como se dice en el pueblo, se quedaron en el campo del honor*. Los caídos suelen tener obeliscos blancos o grises sobre sus túmulos. Los muertos que hace unos años tenían campo sobre sus cabezas, tienen ahora unas cruces de mármol blanco. Sus jornaleros, *que en el pueblo se llamaban peones*, tienen sobre sus calaveras unas cruces de hojalata, y las criadas solteras que morían jóvenes y *que en el pueblo se llamaban sirvientas*, unas cruces de madera barnizadas de negro. Y así, cuando un muerto recibe sepultura, se puede ver en el cementerio si sus antepasados, *que en el pueblo se llaman bisabuelos*, fueron amos o siervos. La cruz más grande es la cruz de los héroes. Es más alta que la capilla. En ella figuran los nombres de todos los héroes de todos los frentes y de todas las guerras, incluso los de los desaparecidos, *que en el pueblo se llaman deportados*.[21]

Laut einer Studie von Emannuelle Prak-Derrington und Dominique Dias ist »Herta Müllers Sprache [...] nicht nur *bilderstark*, sie ist auch von einer befremdenden Einfachheit, und zu dieser befremdenden Einfachheit gehören die sprachlichen Wiederholungen«[22], wie wir in dem obigen Text sehen können. In der Übersetzung

---

20 | Müller, Herta (1984): Niederungen. Berlin: Rotbuch, S. 126-128.
21 | Müller, Herta (2009): En tierras bajas. Traducción del alemán de Juan José del Solar. Sello: Siruela, https://asgoped.files.wordpress.com/2013/11/herta-muller_en-tierras-bajas_pdf.pdf, abgerufen am 06.08.2016.
22 | Derrington, Prak/ Dias, Emmanuelle und Dominique (2014): »Eine Sprache für das Unsagbare finden«. In: Kann Literatur Zeuge sein? La littérature peut-elle rendre témoignage?:

von Juan José del Solar wird der Ausdruck ›die im Dorf [...] genannt werden‹ mit dem Satz *que en el pueblo se llaman* übersetzt, so dass die Wiederholung ziemlich genau wiedergegeben wird. Auch die semantische Tönung der Wiederholung, mit der die Autorin ausdrücken will, dass die Leute im Dorf alles besänftigen wollen, wird durch die entsprechenden Adjektive ins Spanische übersetzt.

3.1.2.2 Das Leben im Arbeitslager: *Atemschaukel*.[23]

Als zweites Beispiel für einen Roman mit politischen Hintergründen nehmen wir *Atemschaukel*. Er schildert, wie Ana Lechintan erklärt,

»[...] das tragische Schicksal des fiktiven Ich-Erzählers Leopold Auberg, eines 17-jährigen Hermannstädters, der im Januar 1945 zusammen mit rund 75.000 seiner Landsleute in die Sowjetunion zur Aufbauarbeit deportiert wird. Der Roman schildert das schwere Leben des Protagonisten im Lager und seine Heimkehr nach fünf Jahren. Die Hoffnung auf die Heimkehr ist in allen Berichten der Deportierten und Werken zum Thema zu finden. [...]. Der Deportationsbefehl hatte auch die Falschen getroffen, darunter Frauen mit Säuglingen, ältere Männer und Jugendliche, die noch im Kindesalter waren. ˋWir waren alle in keinem Krieg, aber für die Russen waren wir als Deutsche schuld an Hitlers Verbrechenˊ, sagt Auberg (Müller 2009, 44). In der Messehalle lernt der Protagonist Trudi Pelikan kennen und erfährt, wie sie sich in einem Erdloch im Nachbargarten vor den Russen versteckt hatte, bis es angefangen hat zu schneien und ihre Mutter ihr kein Essen mehr bringen konnte, ohne Spuren im frischen Schnee zu hinterlassen. In den Viehwaggons ahnen die Deportierten nicht, was auf sie zukommt. ˋDass man nicht längst an die Wand gestellt und erschossen worden war wie man es aus der Nazipropaganda von zu Hause kannte, machte uns beinahe sorglos‹, sagt der Protagonist (Müller 2009, 18). Den gewaltigen Hunger kennen die Ausgehobenen noch nicht.«[24]

Der Roman war sehr erfolgreich in Deutschland und seine Qualität laut Birgid Haines wahrscheinlich »the final piece of evidence that convinced the jury of the outstanding quality of her writing«.[25] Auch in anderen Ländern wie Spanien war sie sehr erfolgreich: So wurde der Roman im Jahre 2011 in der Zeitung rezensiert:

»En el verano de 1944, el dictador rumano Antonescu fue detenido y ejecutado. El pueblo rumano se rebeló y declaró la guerra a quien hasta entonces había sido su aliada: Alemania. En 1945, el general soviético Vinogradov exigió en nombre de Stalin que los alemanes que vivían en Rumanía contribuyesen a la reconstrucción de la Unión Soviética. Así pues, todos

---

Poetologische und politische Aspekte in Herta Müllers Werk Aspects poétologiques et politiques dans l'œuvre de Herta Müller. Bern: Peter Lang, S. 135-143, hier S. 136.
23 | Müller, Herta (2009): Atemschaukel. München: Hanser.
24 | Lechintan, Irina Ana (2011): Die Deportation in Herta Müllers »Atemschaukel«. http://www.zfl.ro/deportationsprojekt/Texte/AnaLechintan.pdf, abgerufen am 28.08.2016.
25 | Haines, Brigid (Hg.) (1998): Contemporary German Writters. Herta Müller, Cardiff: Cardiff University of Wales Press, S. 117.

los hombres y mujeres de entre 17 y 45 años fueron deportados y obligados a realizar trabajos forzosos en campos de trabajo rusos. Varios familiares de Herta Müller, así como vecinos o amigos de éstos, fueron deportados y sufrieron la pesadilla de trabajar de sol a sol en condiciones infrahumanas. La autora decidió investigar el tema a fondo en el año 2001, realizando entrevistas a las personas de su pueblo que habían sido deportadas. Entre la gente a la que entrevistó se encontraba Oskar Pastior, célebre poeta rumano con quien trabajaría durante tres años. Aunque habían decidido escribir este libro juntos, Pastior falleció y la autora decidió escribirlo sola. Y éste es el resultado. Todo lo que tengo lo llevo conmigo es el testimonio de Pastior, lo que vivió en uno de esos campos de trabajo en los que el ser humano deja de comportarse como tal. Pero también es la voz de tantas y tantas personas que vivieron las mismas penurias que el poeta. Que cargaban sacos de cemento que pesaban más que ellos, que pasaban hambre, que sufrían todo tipo de enfermedades, que soportaban el duro invierno ruso con apenas una camisa y un pantalón de algodón [...] y que llegaban a olvidar quiénes eran o si tenía sentido aguantar y esperar volver a casa algún día. Como es habitual en los libros de Herta Müller, estamos ante un texto impresionante, inquietante y dramático, alejado de toda sensiblería y victimismo fácil. Porque no es un libro sencillo que se lea en una tarde. No. Es un libro que nos costará terminar, que nos perseguirá durante días, porque no queremos creer que se pueda vivir así, como ella nos cuenta. Y porque sí, porque nos lo creemos y necesitamos seguir leyendo y saber qué ocurre, puedo calificar este libro como Muy recomendable o A evitar a toda costa. Porque literariamente su calidad es incuestionable, pero anímicamente nos deja hechos polvo. Estáis avisados.«[26]

Als Beispiel für die Beschreibung dieses Teils der Geschichte Europas befindet sich der beindruckende Anfang des Romans, in dem die Autorin die oben erwähnten Aspekte, die drei Hauptthemen, beschreibt: die Angst, den Hunger und die Rückkehr aus dem Arbeitslager, auch in der hervorragenden spanischen Übersetzung von Rosa Pilar Blanco:[27]

---

26 | Izas (2015): Herta Müller: Todo lo que tengo lo llevo conmigo. In: http://unlibroaldia.blogspot.com/2011/11/herta-muller-todo-lo-que-tengo-lo-llevo.html, abgerufen am 02.06.2015.

27 | Die spanische Übersetzerin Rosa Pilar Blanco gewann 2004 den Preis für Übersetzung in Spanien der Goethe-Stiftung für die Übersetzung der Drachenreiter (Ediciones Siruela), von Cornelia Funke. Rosa Pilar Blanco (Madrid, 1952) studierte Philosophie und hat Autoren wie Günter Grass, Erich Kästner und Peter Härtling, unter anderem, die beliebte Bücherreihe von Hexe Lilli sowie Bücher über Kunst, Geschichte, Psychologie, Anthropologie oder Soziologie aus dem Deutschen übersetzt. Ediciones Siruela hat *Amira, Prinzessin der Wüste*, von Salim Alafenisch, *Wo bist du gewesen?* von Robert Hans Magnus Enzensberger, *Avenida del Sol* von Thomas Brussig, *Belgische Riesen* von Burkhard Spinnen und *Adler und Engel* von Juli Zeh aus dem deutschen übersetzt. Derzeit arbeitet sie an der spanischen Übersetzung des neuen Romans von Cornelia Funke *Tintenherz*.

Original	Spanische Übersetzung
Alles, was ich habe, trage ich bei mir. Oder: Alles Meinige trage ich mit mir. Getragen habe ich alles, was ich hatte. Das Meinige war es nicht. Es war entweder zweckentfremdet oder von jemand anderem. Der Schweinslederkoffer war ein Grammophonkistchen. Der Staubmantel war vom Vater. Der städtische Mantel mit dem Samtbündchen am Hals vom Großvater. Die Pumphose von meinem Onkel Edwin. Die ledernen Wickelgamaschen vom Nachbarn, dem Herrn Carp. Die grünen Wollhandschuhe von meiner Fini-Tante. Nur der weinrote Seidenschal und das Necessaire waren das Meinige, Geschenke von den letzten Weihnachten. Es war noch Krieg im Januar 1945. Im Schrecken, dass ich mitten im Winter wer weiß wohin zu den Russen muss, wollte mir jeder etwas geben, das vielleicht etwas nützt, wenn es schon nichts hilft. Weil nichts auf der Welt etwas half. Weil ich unabänderlich auf der Liste der Russen stand, hat mir jeder etwas gegeben und sich seinen Teil dabei gedacht. Und ich habe es genommen und mir gedacht mit meinen siebzehn Jahren, dass dieses Wegfahren zur rechten Zeit kommt. Es müsste nicht die Liste der Russen sein, aber wenn es nicht zu schlimm kommt, ist es für mich sogar gut. Ich wollte weg aus dem Fingerhut der kleinen Stadt, wo alle Steine Augen hatten. Statt Angst hatte ich diese verheimlichte Ungeduld. Und ein schlechtes Gewissen, weil die Liste, an der meine Angehörigen verzweifelten, für mich ein annehmbarer Zustand war. Sie fürchteten, dass mir etwas zustößt in der Fremde. Ich wollte an einen Ort, der mich nicht kennt. […]	Todo lo que tengo lo llevo conmigo. O: todo lo mío lo llevo conmigo. He llevado todo lo que tenía. No era mío. Era o algo destinado a otras finalidades o de otra persona. La maleta de piel de cerdo era la caja de un gramófono. El guardapolvo era de mi padre. El abrigo de vestir con el ribete de terciopelo en el cuello, del abuelo. Los bombachos, de mi tío Edwin. Las polainas de cuero, del señor Carp, el vecino. Los guantes de lana verdes, de mi tía Fini. Sólo la bufanda de seda de color burdeos y el neceser eran míos, regalos de las últimas navidades. En enero de 1945 la guerra continuaba. Temiendo que en pleno invierno los rusos me obligasen a ir quién sabe dónde, todos quisieron darme algo que quizá tuviera utilidad, aunque ya no sirviese de nada. Porque en el mundo nada servía. Como yo figuraba irremisiblemente en la lista de los rusos, todos me dieron algo y se reservaron su opinión. Y yo lo acepté, y a mis diecisiete años pensé que la partida venía en el momento adecuado. No debería ser la lista de los rusos, pero si las cosas no salen muy mal, será incluso buena para mí. Yo quería marcharme de ese dedal de ciudad donde hasta las piedras tenían ojos. En lugar de miedo sentía una oculta impaciencia. Y mala conciencia, porque la lista que desesperaba a mis allegados era para mí una circunstancia aceptable. Ellos temían que me sucediera algo lejos. Yo quería ir a un lugar que no me conociera. […]

Original	Spanische Übersetzung
Damals, kurz vor dem Lager und genauso nach meiner Heimkehr bis 1968, als ich das Land verließ, hätte es für jedes Rendezvous Gefängnis gegeben. Mindestens fünf Jahre, wenn man mich erwischt hätte. Manche hat man erwischt. Sie kamen direkt aus dem Park oder Stadtbad nach brutalen Verhören ins Gefängnis. Von dort ins Straflager an den Kanal. Heute weiß ich, vom Kanal kehrte man nicht zurück. Wer trotzdem wiederkam, war ein wandelnder Leichnam. Vergreist und ruiniert, für keine Liebe auf der Welt mehr zu gebrauchen. Und in der Lagerzeit – im Lager erwischt, wär ich tot gewesen.[28]	Por aquel entonces, poco antes del campo de trabajo y también después de mi regreso hasta 1968, cuando abandoné el país, me habrían condenado a pena de cárcel por cada cita. Cinco años como mínimo, si me hubieran pillado. A algunos los pillaron. Los llevaban directamente del parque o del baño público a la cárcel, tras unos interrogatorios brutales. Y de allí al campo de castigo emplazado junto al canal. Del canal no se volvía, hoy lo sé. Quien a pesar de todo regresaba lo hacía convertido en un cadáver ambulante. Envejecido y aniquilado, perdido ya para el amor en el mundo. Y mientras estuve en el campo de trabajo..., si me hubieran pillado, me habría costado la vida.

Wie wir sehen können, gibt die Übersetzerin auf brillante Weise diese »einfache« Sprache wieder, mit kurzen Sätzen und unkomplizierten Strukturen, mit der die Autorin so grausame Erfahrungen beschreibt.

4. Schlussfolgerung

In den Werken Herta Müllers finden wir die starke Hybridität anderer Autoren, die zur Interkulturellen Literatur gehören, nicht so ausgeprägt aufgrund der Tatsache, dass sie in einer deutsch-rumänischen Gemeinschaft lebte und aufwuchs, so dass wir die daraus abgeleiteten, spezifischen Übersetzungsschwierigkeiten nicht in gleichem Maße gefunden haben wie bei anderen Autoren, deren Werke z.B. mit türkischen oder tschechischen Lehnwörtern bestückt sind, während in den Werken Herta Müllers keine auffälligen rumänischen Lehnwörter vorkommen.

Die beiden Bereiche, die diese Autorin im Vergleich zu anderen Mitgliedern der deutschen Interkulturellen Literatur charakterisieren, sind die politischen Hintergründe ihrer Werke und der Gebrauch einer poetischen Sprache. Beide Aspekte machen ihr Werk »interkulturell«.

Die Translationen in die spanische Sprache von Juan José del Solar und Rosa Pilar Blanco geben die Sprache der Autorin, die drückende Atmosphäre, die durch

---

28 | Müller, Atemschaukel, S. 7f.

ihre besondere Verwendung der deutschen Sprache zum Ausdruck kommt – ebenfalls charakteristisch für die Interkulturelle Literatur – sehr gelungen wieder.

Literatur

Primärliteratur

Müller, Herta (1984): Niederungen. Berlin: Rotbuch.
Müller, Herta (1986): Der Mensch ist ein großer Fasan auf der Welt. Berlin: Rotbuch.
Müller, Herta (2009): Atemschaukel. München: Hanser.
Müller, Herta (2009): En tierras bajas. Traducción del alemán de Juan José del Solar. Sello: Siruela, https://asgoped.files.wordpress.com/2013/11/herta-muller_en-tierras-bajas_pdf.pdf, abgerufen am 06.08.2016.

Sekundärliteratur

Apel, Friedmar (1991): »Schreiben, Trennen. Zur Poetik des eigensinnigen Blicks bei Herta Müller«. In: Eke, Norbert Otto (Hg.): Die erfundene Wahrnehmung. Annährungen an Herta Müller. Oldenburg: Igel, S. 22-31.
Beutin, Wolfgang (2001): Deutsche Literaturgeschichte. Von den Anfängen bis zur Gegenwart. Stuttgart: Metzler.
Bortenschlager, Wilhelm (1986): Deutsche Literaturgeschichte. Wien: Leitner.
Bozzi, Paola (2005): Der fremde Blick. Zum Werk Herta Müllers. Würzburg: Königshausen & Neumann.
Briegleb, Klaus/ Weigel, Sigrid (1992): »Gegenwartsliteratur seit 1968«. München: dtv.
Derrington, Prak/ Dias, Emmanuelle und Dominique (2014): »Eine Sprache für das Unsagbare finden«. In: Kann Literatur Zeuge sein? La littérature peut-elle rendre témoignage?: Poetologische und politische Aspekte in Herta Müllers Werk Aspects poétologiques et politiques dans l'œuvre de Herta Müller. Bern: Peter Lang, S. 135-143.
EFE (2009): »Me he quedado muda«. La escritora alemana Herta Müller ha sido galardonada con el Nobel de Literatura 2009. In: El País vom 08.10.2009, http://cultura.elpais.com/cultura/2009/10/08/actualidad/1254952801_850215.html, abgerufen am 02.06.2015.
Haines, Brigid (2013): »Return from the Archipelago: Herta Müller's Atemschaukel as Soft Memory«. In: Haines, Brigid/ Marven, Lyn (Hg.): Herta Müller. Oxford: Oxford Univesity Press, S.117-134.
Haines, Brigid (Hg.) (1998): Contemporary German Writers. Herta Müller, Cardiff: Cardiff University of Wales Press.
Hernández, Isabel/ Maldonado, Manuel (2003): Literatura alemana. Madrid: Alianza Editorial.

Izas (2015): Herta Müller: Todo lo que tengo lo llevo conmigo. In: http://unlibroaldia.blogspot.com/2011/11/herta-muller-todo-lo-que-tengo-lo-llevo.html, abgerufen am 02.06.2015.

Kreuzer, Helmut (1984): »Gastarbeiter-Literatur, Ausländer-Literatur, Migranten-Literatur? Zur Einführung«. In: Zeitschrift für LiLi, Jg. 56, S. 7-11.

Lechintan, Irina Ana (2011): Die Deportation in Herta Müllers »Atemschaukel«. http://www.zfl.ro/deportationsprojekt/Texte/AnaLechintan.pdf, abgerufen am 28.08.2016.

Patrut, Iulia-Karin (2014): »Herta Müller: Rezeption, ästhetische Innovation und Zeitlichkeit«. In: Merchiers, Dorle/ Lajarige, Jacques/ Stefen Höhne (Hg.): Kann Literatur Zeuge sein? La littérature peut-elle rendre témoignage?: Poetologische und politische Aspekte in Herta Müllers Werk Aspects poétologiques et politiques dans l'œuvre de Herta Müller. Bern: Peter Lang, S. 347-357.

Schlosser, Horst Dieter (2002): dtv-Atlas zur deutschen Literatur. München: dtv.

Schmitz, Henrik: Lesebericht. Mitternacht mit Herta Müller. http://www.evangelisch.de/inhalte/96326/09-10-2009/lesebericht-mitternacht-mit-herta-mueller, abgerufen am 06.08.2016.

Sievers, Wiebke (2013): »Eastward Bound: Herta Müller's International Reception«. In: Haines, Brigid/Marven, Lyn (Hg.): Herta Müller. Oxford: Oxford University Press, S. 172-189.

Siguán, Marisa/ Rötzer, Hans Gerd (1990, Bd 1, 2012 Bd 2): Historia de la literatura alemana. Barcelona: Ariel.

Siguan, Marisa: »Entre dos identidades«. In: El Periódico vom 08.12.2009, http://www.elperiodicodearagon.com/noticias/noticia.asp?pkid=543920, abgerufen am 02.06.2015.

Solar, Juan José del (2009): »Herta Müller es una gran miniaturista«. In: El Cultural vom 09.10.2009, http://www.elcultural.es/noticias/LETRAS/505320/Juan_Jose_del_SolarHerta_Muller_es_una_gran_miniaturista, abgerufen am 29.05.2015.

Spiegel online vom 08.10.2009: Überraschende Auszeichnung: Literaturnobelpreis für deutsche Schriftstellerin Herta Müllerlhttp://www.spiegel.de/kultur/literatur/ueberraschende-auszeichnung-literaturnobelpreis-fuer-deutsche-schriftstellerin-herta-mueller-a-653984.html, abgerufen am 27.08.2016.

Weinrich, Harald (1984): »Gastarbeiterliteratur in der Bundesrepublik Deutschland«. In: Zeitschrift für LiLi, Jg. 56, S.12-22.

Andere Internetquellen

www.elperiodicodearagon.com/noticia/noticia.asp?pkid=543920, abgerufen am 29.05.2015.

www.hanser-literaturverlage.de/buch/niederungen/978-3-446-23524-3, abgerufen am 02.06.2015.

Deutschsprachige Migrationsliteratur in der Schweiz?
Zur Prosa von Cătălin Dorian Florescu

Natalie Moser

Migrationsliteratur[1] bildet einen wesentlichen Bestandteil der deutschsprachigen Gegenwartsliteratur in Deutschland, Österreich und der Schweiz.[2] Zahlreiche literarische, literaturwissenschaftliche und literaturkritische Veröffentlichungen, aber auch Tagungen zeugen von einem zeitgenössischen Interesse an Migrationsliteratur. Doch worin unterscheiden sich die Texte, welche zur Migrationsliteratur gezählt werden, von denjenigen der Gegenwartsliteratur, die nicht unter diese Kategorie fallen? Vor allem die Erwartungen und Ansprüche an die Texte seien verschieden, so die Chamisso-Preisträgerin Olga Martynova: »Es wird axiomatisch angenommen, dass die ›Migrantenautoren‹ ihre (mit Vorliebe) traumatische Erfahrung mitbringen und weite und fremde Welt erklären oder wenigstens zeigen.«[3] Die von Martynova geschilderte Erwartungshaltung reflektieren einzelne Migrationstexte aber wiederum, indem sie Fragen nach der Zugehörigkeit und

---

1 | Die problematischen Begriffe Migrations- oder Migrantenliteratur werden dem Textfluss zuliebe nicht bei jedem Vorkommnis in Anführungszeichen gesetzt, mit ›sogenannt‹ ergänzt oder durch weitere Begriffe wie inter- oder transkulturelle Literatur ersetzt.
2 | Vgl. Cornejo, Renata et al. (Hg.) (2014): Wie viele Sprachen spricht die Literatur? Deutschsprachige Gegenwartsliteratur aus Mittel- und Osteuropa. Wien: Praesens. Vier der acht Texte der Rubrik Studien widmen sich interessanterweise Autorinnen und Autoren (u.a. auch Florescu, vgl. Ionescu-Bonanni, Daniella (2014): »Transkultureller Raum und biographische Rückkopplung. Eine Analyse anhand der Romane ›Der kurze Weg nach Hause‹ und ›Der blinde Masseur‹ von Cătălin Dorian Florescu«. In: Cornejo, Renata et al. (Hg.): Wie viele Sprachen spricht die Literatur?, S. 193-206.), die in der Schweiz leben und schreiben.
3 | Martynova, Olga (2015): (Gescheiterter) Versuch, Ornithologe zu sein. In: Neue Rundschau, H. 1, S. 79-87, hier S. 83. Hier sei auch auf die stigmatisierende Funktion des Chamisso-Preises hingewiesen, da Herkunft und Sprache über die Zulassung der Autorinnen und Autoren entscheiden.

den Zwang zur Kategorisierung zu ihrem Hauptthema machen. Exemplarisch für eine derartige literarische Reflexion ist die Eröffnung des Romans *Der kurze Weg nach Hause* (2002):

»›Mama, sind die Herren im Wagen tot?‹ fragt das kleine Mädchen. ›Wieso denn tot?‹ antwortet die Mutter. ›Weil sie sich nicht bewegen. Und einer von ihnen hat ein Handtuch auf dem Gesicht. Wie Großvater, als er starb.‹ ›Kein Handtuch, Liebes. Ein weißes seidenes Taschentuch. Stell dir Großvater mit einem gewöhnlichen Handtuch vor. Da dreht er sich im Grab um.‹ ›Sind sie jetzt tot oder nicht?‹ ›Nein, tot sind sie nicht.‹ ›Was sind sie dann, wenn sie nicht tot sind?‹ ›Ganoven sind's. Ganoven und besoffen. Schlafen ihren Rausch aus.‹ ›Was ist das, ein Ganove?‹ ›Ein Ganove ist jemand, der seinen Platz auf der Welt noch nicht gefunden hat.‹ ›Und sind wir auch Ganoven?‹ ›Wo denkst du denn hin? Nein, wir sind keine Ganoven.‹ ›Wieso haben diese Ganoven fremde Nummernschilder?‹ ›Ganoven gibt's überall, nicht nur bei uns. Aber bei uns gibt's mehr als sonst.‹ ›Und sie haben alle den Platz auf der Welt nicht gefunden?‹ ›Genau‹, antwortet die Mutter. ›Mama, was bedeutet CH?‹ ›Nie gehört. Die Abkürzung passt zu keinem Land, das ich kenne.‹ ›Gibt es überhaupt so ein Land?‹ ›Wenn es den Wagen gibt, wird es das Land dazu auch geben. Aber so, wie die aussehen, sind das Ganoven von hier, die das Auto vor einem teuren Hotel gestohlen haben.‹ ›Mama, was heißt das, seinen Platz auf der Welt finden?‹«[4]

Diese Szene handelt einerseits von einer kindlichen Neugierde, die zwei junge schlafende Männer auf sich ziehen und die durch die knappen Ausführungen der Mutter nicht gestillt wird, andererseits von den Strategien des Kindes und der Mutter, über Analogien Unbekanntes zu erschließen und Fremdes in das eigene Weltbild zu integrieren. Die zitierte Gesprächssequenz führt die Leserschaft langsam an die beiden Protagonisten und die Grundthematik des Romans heran und greift zentrale Merkmale und Oppositionen auf, welche die Debatten zur Migrations- und Migrantenliteratur dominieren. Die Szene rekurriert auf Oppositionen wie Hier und Dort, Wir und die Anderen sowie Böse und Gut, welche das Frage-Antwort-Muster der beiden Figuren prägen, und fokussiert das Motiv der Bewegung und der Reise als prekäre Lebensform. Der Protagonist, ein junger Schweizer Bürger rumänischer Herkunft, und sein Freund italienischer Herkunft werden für Ganoven gehalten. Die Zuordnung von Statuszeichen wie ein fremdländisches Autokennzeichen misslingt und eine fremdenfeindliche Fremdwird zu einer Selbstcharakteristik, indem dem eigenen Land im Vergleich zu anderen eine höhere Ganovendichte attestiert wird. Die Szene entlarvt gängige Stereotypen des Migrationsdiskurses und zeigt auf, dass Kategorisierungen auf einer Logik der Differenzierung und Distanzierung basieren. Der Autor dieser Szene, Cătălin Dorian Florescu, kennt den Migrationsdiskurs aus eigener Erfahrung. Er wurde 1967 in Timişoara, Rumänien, geboren und migrierte als Jugendlicher mit

---

4 | Florescu, Cătălin Dorian (2002): Der kurze Weg nach Hause. München, Zürich: Pendo, S. 5-6.

seiner Familie 1982 in die Schweiz.[5] Florescu, dessen Werke in mehrere Sprachen übersetzt wurden, lebt zurzeit in der Schweiz und schreibt in Zürich, als Stadtschreiber oder Stipendiat aber auch in weiteren Städten wie Dresden, London oder New York. Florescu erhielt 2002 den Adelbert-von-Chamisso-Förderpreis, 2011 den Schweizer Buchpreis und 2012 für sein Gesamtwerk den Eichendorff-Literaturpreis. Während Schilderungen von Florescus Leben unvermeidlich auf Kategorien wie die Herkunft zurückgreifen, handeln seine Texte selbst wesentlich von der Problematik derartiger Kategorien.

Die nachfolgende Analyse thematisiert in einem ersten Schritt die Rolle der Migrationsliteratur innerhalb der Schweizer Gegenwartsliteratur am Beispiel der Vergabe des Schweizer Buchpreises. In einem zweiten Schritt werden drei Texte von Florescu mit Rückgriff auf die Tradition des pikaresken Erzählens analysiert, um einer einseitigen Orientierung an der Biographie des Autors bei der Textanalyse entgegenzuwirken. In einem letzten Schritt wird eine bestimmte Interpretation des Weltliteratur-Konzepts aufgegriffen und Florescus literarische Replik auf die Migrationsthematik dargestellt.

1. Migrations- und Nationalliteratur am Beispiel des Schweizer Buchpreises

Der Schweizer Buchpreis wurde 2008 nach dem Vorbild des Deutschen Buchpreises ins Leben gerufen. Die Zulassungskriterien orientieren sich nicht nur an der Nationalität von Autorinnen und Autoren, sondern auch an deren Lebensort, und zielen auf eine Erweiterung des Wirkungsfeldes von deutschsprachiger Schweizer Literatur:

»Mit dem Schweizer Buchpreis zeichnet der Schweizer Buchhändler und Verleger-Verband zusammen mit dem Verein LiteraturBasel jährlich das beste erzählerische oder essayistische deutschsprachige Werk von Schweizer oder in der Schweiz lebenden deutschsprachigen Autorinnen und Autoren aus. Ziel des Schweizer Buchpreises ist es, jährlich fünf herausragenden Büchern grösstmögliche Aufmerksamkeit in der Öffentlichkeit zu verschaffen. Das Nominationsverfahren ist zweistufig: zwei Monate vor der Preisverleihung wird eine Shortlist mit fünf Titeln präsentiert, aus der der Preisträger bestimmt wird. Dadurch wird deutschsprachige Schweizer Literatur in der Schweiz und über die Landes-

---

5 | Olga Martynova weist in ihrem Essay nicht nur darauf hin, dass die Herkunft der Autorin oder des Autors ein problematisches Merkmal für eine Textanalyse sei, sondern auch, dass zwischen einer aktiven und einer passiven (betrifft z.B. mit den Eltern ausreisende Kinder) Migration differenziert werden müsste. Vgl. Martynova, (Gescheiterter) Versuch, S. 82.

grenzen hinaus einem breiten Lesepublikum wie auch der internationalen Buchbranche bekannt gemacht.«[6]

Deutschsprachige Migrationsliteratur in der Schweiz kann folglich mit dem Schweizer Buchpreis ausgezeichnet werden, wie es in der Vergangenheit auch der Fall war.[7] Der Preis wurde drei Mal in Folge an Autorinnen und einen Autor mit biographischem Migrationskontext verliehen, sodass von einer Konjunktur der Migrationsliteratur vor allem in den ersten Jahren der Preisvergabe die Rede sein.[8] 2009 wurde Ilma Rakusas *Mehr Meer. Erinnerungspassagen*, ein Jahr später Melinda Nadj Abonjis *Tauben fliegen auf* und 2011 Cătălin Dorian Florescus *Jacob beschließt zu lieben* mit dem Schweizer Buchpreis ausgezeichnet.[9] Bei der Wahl der nachfolgenden Preisträgerinnen und -träger bzw. Werke spielte der Migrationskontext keine Rolle mehr. Dies gilt auch für die letztjährige Preisträgerin Monique Schwitter, ausgezeichnet für *Eins im Andern* (2015), welche mit ihrem Vorgänger Lukas Bärfuss, ausgezeichnet für *Koala* (2014), die Theateraffinität – sie allerdings als Schauspielerin, er als Dramaturg – teilt, falls man hier ebenfalls Gemeinsamkeiten nennen möchte. Die Texte von Rakusa, Abonji und Florescu erzählen vom schwierigen Versuch, gesellschaftlich und persönlich anzukommen bzw. in der Fremde Fuß zu fassen, und sind insofern doppelt in der Migrationsthematik verankert. Die ausgezeichneten Werke sind Migrationsliteratur im zweifachen Sinn: als Literatur von Autorinnen und Autoren mit Migrations-

---

[6] | Charta des Schweizer Buchpreises. http://www.schweizerbuchpreis.ch/?navi_id=6, abgerufen am 11.08.2016.

[7] | Die Formulierung Deutschsprachige Migrationsliteratur *in* und nicht *aus* der Schweiz unterstreicht, dass der Untersuchungsgegenstand weder als Exportschlager noch als Unterkategorie einer globalen Migrationsliteratur verstanden werden soll (vgl. Böhler, Michael (2005): »Paradoxie und Paratopie. Der Ort der Schweizer Literatur«. In: Braun, Michael/ Lermen, Birgit (Hg.): Begegnung mit dem Nachbarn (IV.): Schweizer Gegenwartsliteratur. Sankt Augustin: Konrad-Adenauer-Stiftung, S. 31-63, hier S. 36f.). Die Verortung in einem bestimmten Land einerseits und die Differenzierung durch den Begriff der Migration andererseits relativieren die Zugehörigkeit als Kriterium für die Literaturanalyse. Denn die Kategorie der Migrationsliteratur ist nicht weniger problematisch als diejenige der Schweizer Literatur, da sie ebenfalls territorial bedingte Merkmale der Literatur annimmt.

[8] | Zur Funktion und Bedeutung von Literaturpreisen allgemein vgl. Jürgensen, Christoph (2013): »Würdige Popularität? Überlegungen zur Konsekrationsinstanz ›Literaturpreis‹ im gegenwärtigen literarischen Feld«. In: Horstkotte, Silke/ Herrmann, Leonhard (Hg.): Poetiken der Gegenwart: Deutschsprachige Romane nach 2000. Berlin: De Gruyter, S. 285-302.

[9] | Zur Vergabe des Schweizer Literaturpreises vgl. Johnston, Jonny (2015): Critical of Swissness, Or Critically Swiss? Recent Autobiographical Fictions by Irena Brežná. In: German Life and Letters, Jg. 68, H. 2, S. 171-189, hier S. 172. Die fünfköpfige, dem Literaturbetrieb im weiten Sinnen zugehörige Jury, wird jedes Jahr neu zusammengestellt, sodass die Preisvergabe auch von der Zusammensetzung der jeweiligen Jury abhängt.

hintergrund (›Migrantenliteratur‹) und als Literatur, die sich explizit der Migrationsthematik widmet (Migrationsliteratur im engeren Sinn). Florescu kritisiert allerdings eine Aufteilung der Literaturlandschaft, die diesen Faktor in den Vordergrund stellt:

»Auch uns deutschsprachigen AutorInnen mit fremden Wurzeln ist nicht gedient, wenn man uns – meinetwegen wohlwollend – aus der Ganzheit der Literatur herausschneidet, isoliert anschaut und bestaunt. Zwar sind wir ein Wirtschaftsfaktor geworden. Kein Verlag, der sich nicht wünschte, solche AutorInnen zu haben. Viele deutsche und Schweizer Buchpreise gingen an uns. Wir beschäftigen scharenweise Germanistinnen und Journalisten, die über uns schreiben. Man attestiert uns, relevante Themen zu bearbeiten und eine starke Sprache. Eine Selbstverständlichkeit in der Literatur, sollte man meinen.«[10]

Der zweifache Bezug zur Migrationsthematik der genannten Werke garantiert während der Lektüre nicht nur Exotik und eine Aufladung der Sprache aufgrund der Mehrsprachigkeit ihrer Autorinnen oder ihrer Autoren,, sondern ermöglicht auch eine Reflexion der eigenen Lektürepraxis, welche Text und Welt, Inhalt und Autor kurzzuschließen geneigt ist.

Geht man von Corina Caduffs These aus, dass die nationale und daran anknüpfend die internationale Forschung zur Schweizer Literatur an der These eines Sonderfalls festhält,[11] könnte man die Vorliebe für Migrationsliteratur bzw. deren Auszeichnung mit dem Schweizer Buchpreis im Hinblick auf die Differenz zwischen deutschsprachiger Schweizer und deutschsprachiger deutscher Literatur zu erklären versuchen. Die Idee dahinter wäre eine Solidarisierung von kleinen Literaturen im Sinne von Kafka, einer Solidarisierung von deutschsprachiger Schweizer Literatur mit der nicht weniger dazugehörigen deutschsprachigen Migrationsliteratur innerhalb der Schweizer Literatur gegenüber der dominanten deutschsprachigen deutschen Literatur. Als weitere Möglichkeit könnte die Sympathie für Migrationsliteratur auch auf die Mehrsprachigkeit der Schweiz und insofern auf eine Sensibilität für Sprachen zurückgeführt werden.[12] Die Nachbarkul-

---

10 | Florescu, Cătălin Dorian: Ich bin nicht Florescu. In: WOZ vom 22.05.2014, https://www.woz.ch/-5002, abgerufen am 06.08.2016. Florescus Überlegungen zur Selbst- und Fremdwahrnehmung seiner Person und Prosa schließen an den pointierten, aus dem Englischen von Joachim Kalka übersetzten Text von Saša Stanišić: »Wie ihr uns seht. Über drei Mythen vom Schreiben der Migranten« an. Interessanterweise nimmt Florescu selbst eine Stigmatisierung vor, da er von Germanistinnen und Journalisten, aber nicht von Germanisten und Journalistinnen spricht.
11 | Vgl. Caduff, Corina (2005): »Zum Diskurs ›Schweizer Literatur‹ in der Gegenwart«. In: Braun, Michael/ Lermen, Birgit (Hg.): Begegnung mit dem Nachbarn (IV.): Schweizer Gegenwartsliteratur. Sankt Augustin: Konrad-Adenauer-Stiftung, S. 65-96, hier S. 86f.
12 | Literatur in einer der anderen drei Landessprachen wird bei der Vergabe des Schweizer Buchpreises nicht berücksichtigt (siehe Anm. 8).

turen schreiben sich dem literarischen Feld der Schweiz aufgrund der fehlenden sprachlichen Differenz seit jeher ein, wovon die kleingliedrige Schweizer Literaturlandschaft zeugt, die anschlussfähig ist für Texte, die nicht nur eine sprachliche Vielfalt aufweisen, sondern oftmals auch eine Reflexion auf die Sprachlichkeit als Medium der Weltwahrnehmung und -erschließung beinhalten. Mit Blick auf Florescus *Jacob beschließt zu lieben* kann vor allem der implizite Bezug des Romans zur Schweiz und zur mehrsprachigen Schweizer Literaturlandschaft hervorgehoben werden, welcher den Text für ein Auswahlverfahren, das auf der Kategorie der Nationalliteratur basiert, interessant macht. Den Bezug stellt unter anderem die textinterne Thematisierung des prekären Verhältnisses von Sprache und Nation her. Der Erzählfokus ist auf Bewegungen gerichtet, die unabhängig von Landes- und Sprachgrenzen funktionieren bzw. diese überschreiten.[13] Damit schließt der Roman an Rakusas und Abonjis Texte, aber auch an die Tradition der kleinen, nicht nur deutschsprachigen Literaturen der Schweiz an.

2. Migrationsliteratur in der Tradition des pikaresken Erzählens

Das Motiv der Bewegung, das der Migrationsthematik eingeschrieben ist, steht nicht nur im Zentrum der Forschung zur Migrationsliteratur, sondern dominiert auch eine Erzähltradition, welche die zeitgenössische autofiktionale Migrationsliteratur prägt: die Tradition des pikaresken Erzählens.[14] Ausgehend von der Verankerung der zeitgenössischen Migrationsliteratur in der Tradition des pikaresken Erzählens kann eine einseitige Orientierung der Interpretation an der (autobiographischen) Relation von Autor und Text vermieden und die Autofiktionalität der Texte berücksichtigt werden.[15] Im Zentrum der Analyse steht die Frage, mit welchen Textverfahren und Motiven auf die an die Migrationsliteratur herangetragenen Forderungen nach Realismus, zum Beispiel dass ein authentisches (Migranten-)Schicksal zu schildern sei, reagiert wird.

---

13 | Der Hinweis auf die Liebe im Titel unterstreicht die Hinwendung zu grenzüberschreitenden Kräften, wobei der Roman weniger von Liebe, als von Verrat, Hass oder Angst handelt und die Figur Jacob sich auch weniger durch Beschlüsse als durch passives Verhalten auszeichnet.
14 | Ich bedanke mich bei Prof. Dr. Klaus Schenk für die Hinweise auf die Tradition des Picaro-Romans für die Analyse von Florescus Prosa.
15 | Klaus Schenk betont die autofiktionalen Aspekte der zeitgenössischen Migrationsliteratur, aufgrund derer sie sich von den autobiographischen Texten der älteren Generation von Migrationsautorinnen und -autoren unterscheidet. Vgl. Schenk, Klaus (2007): Autofiktionale Aspekte in der gegenwärtigen Migrationsliteratur. In: Jahrbuch für Internationale Germanistik. Reihe A Kongressberichte, Bd. 82, S. 355-362.

An die Charakterisierung des pikaresken Erzählens nach Claudio Guillén anschließend können folgende Merkmale herausgegriffen werden, um das pikareske Erzählen innerhalb der zeitgenössischen Migrationsliteratur zu charakterisieren: Die Picaro-Figur bewegt sich am Rande der Gesellschaft und ist sowohl von Inklusions-, als auch von Exklusionsbewegungen betroffen. Sie bezieht sich pseudoautobiographisch auf ihre Umwelt, wobei ihre Schilderungen die Dominanz des Materiellen in der Welt (Leiblichkeit, Geld) betonen oder durchblicken lassen. Die Selbst- und Weltschilderung in pikaresken Texten orientiert sich am Jetzt, erfolgt episodenhaft und setzt sich durch mehrere Beobachtungsschichten zusammen.[16] Auf der Inhaltsebene bringen die genannten Merkmale die Möglichkeit einer Entlarvung bestehender Zustände mit sich, wobei die Kritik keine externe bleibt und durch Transformationen oder Metamorphosen, Bewegungen im weiten Sinn, realisiert wird. Der inszeniert naive Blick – der eines jugendlichen oder eines durch fremde Sitten irritierten Erzählers zum Beispiel – sowie eine Verdoppelung der Erzählinstanzen in ein erzählendes und erzähltes Ich, aber auch die Anreicherung von Erzählungen durch andere literarische oder filmische Erzählungen und Motive führen diese Tradition in Florescus Texten fort. Auf der Darstellungsebene finden sich ebenfalls Gemeinsamkeiten, da sich nicht nur das traditionelle pikareske Erzählen, sondern auch das Erzählen in der gegenwärtigen Migrationsliteratur durch »eine episodenartige Aneinanderreihung von in sich geschlossenen Szenenbildern, eine ambivalente Darstellung von Räumen und Bildinhalten sowie eine hintergründige Rhetorik der Übertreibung und der Ironie[17] auszeichnet. Indem Migrationsliteratur die Differenzerfahrung anhand von Motiven wie dem Wunder und dem Staunen, aber auch anhand von Darstellungsformen wie Mythen oder Helden-Stories thematisiert, kann sie mit Rückgriff auf die pikareske Erzähltradition die Parameter reflektieren, auf welcher die Forderung an Migrationsliteratur nach Authentizität des Erzählers und des Erzählten aufruht.

Sämtliche Werke von Florescu handeln von Reisen im engeren oder weiteren Sinn und insbesondere bei den Erzählerfiguren bestehen Parallelen zur Biographie des Autors. Die narrative Auseinandersetzung mit der Thematik des Reisens und der Bewegung konzentriert sich jedoch wesentlich auf den Versuch des Ankommens, des Beendens einer Bewegung, sowie auf das Erzählen des damit einhergehenden Scheiterns. Ausgehend von der Migrationsthematik wird das Leben im Allgemeinen als eine lange Reise und das Ankommen als Illusion kenntlich gemacht. Florescus Erstling *Wunderzeit* (2001) handelt von der Ausreise einer

---

16 | Vgl. Guillén, Claudio (1962): Toward a Definition of the Picaresque. In: Actes du IIIe Congrès de l'Association Internationale de Littérature Comparée - Proceedings of the International Comparative Literature Association, 21- 26 VIII 1961. Den Haag: Mouton & Co, S. 252-266 und vgl. Ehland, Christoph/ Fajen, Robert (Hg.) (2007): Das Paradigma des Pikaresken. The Paradigm of the Picaresque. Heidelberg: Winter, S. 12-13.

17 | Ehland/ Fajen, Das Paradigma des Pikaresken, S. 19.

rumänischen Kleinstfamilie und wird aus der Sicht von Alin Teodorescu, dem körperlich behinderten Sohn der Familie, erzählt. Die Erzählung wird durch fünf Wunder gegliedert, die Alin vor der Ausreise aus Rumänien ›erlebt‹. Das letzte der Wunder, das am Anfang und am Ende der Erzählung steht, ist der geglückte Grenzübertritt nach Jugoslawien.[18] Referenzen auf vor allem amerikanische Heldenfiguren sowie auf den väterlichen Alltagshelden sind in der Erzählung omnipräsent. Da Alin sein Leben mit Rückgriff auf Heldengeschichten zu meistern versucht, entsteht eine Komik erzeugende und Kritik transportierende Vermengung von einer durch den Sozialismus, aber auch durch das Migrantendasein – Alin und sein Vater leben während ihres Besuchs in den USA bei einem wenig erfolgreichen Landsmann – geprägten Realität und Film- und Buchrealitäten. Inwieweit sich Realität und Fiktion, Ursprungsmythen und Geschichten neueren Datums vermischen bzw. für den Jungen ununterscheidbar werden, zeigt folgende Textstelle:

»In der Sendung ENCICLOPEDIA hatten sie einmal gesagt, die Helden hätten früher in Griechenland gelebt. Wenn das stimmte, fragte ich mich, wie waren sie dann nach Amerika gekommen? Hatten sie ein Einreisevisum beantragt? So wie Vater und ich? Und wenn das stimmte, dann würden ich und Vater Helden werden? Oder musste man es schon vorher gewesen sein? Ich glaubte damals nicht wirklich an Griechenland. Ich glaube, dass die Helden schon immer in Amerika gelebt hatten. Alles andere erfand wohl die Werbung.«[19]

Globale Mythen und lokale Gegebenheiten – nicht nur politische, sondern auch kulinarische – verbinden sich in der Vorstellungswelt von Alin. Das Einkaufszentrum in den USA beschreibt er zum Beispiel mit Rückgriff auf die Topographie einer Stadt und zugleich auf Vorstellungen des Schlaraffenlandes:

»Man konnte darin spazieren wie in einem Park, in die Olivenölallee einbiegen, auf den Frischkäseplatz zulaufen und im Vorbeigehen das Rasenmähermonument bewundern, beim Colabrunnen am Fuße des Haushaltsgerätehügels konnte man schließlich ausruhen.«[20]

Er gleicht allerdings nicht nur seine Lebens- mit Lektüre- bzw. Filmerfahrungen ab, sondern vertraut auf Lektüre- und Sehschemata, während er der Beschwichtigung seines Vaters misstraut: »Eine Reise ins Krankenhaus, was sollte daraus

---

18 | Als erstes Wunder wird die Ausreisebewilligung nach Italien für medizinische Untersuchungen (vgl. Florescu, Cătălin Dorian (2001): Wunderzeit. München, Zürich: Pendo, S. 46) wahrgenommen, als zweites Wunder das Visum für die USA (ebd., S. 99), als drittes Wunder das Eintreffen des Vaters im Krankenhaus vor der Operation (ebd., S. 164), als viertes Wunder das Händchenhalten mit Ariana (ebd., S. 272) und als fünftes Wunder die geglückte Ausreise (ebd., S. 283).
19 | Ebd., S. 138.
20 | Ebd., S. 151.

werden? Ich hatte kein Buch darüber gelesen. Vater tat so, als ob alles normal sei«.[21] Der Text markiert, dass Alin bei seinen Schilderungen auf bestehende Erzählungen und Bilder zurückgreift, und macht mit dem Hinweis auf Schemata, die als Gegenpol zu einem authentischen Erzählen fungieren, auf ein unzuverlässiges Erzählen aufmerksam. Die Entlarvung durch Übertreibung etc. beinhaltet aber auch eine Form der Zeitkritik, wie es hinsichtlich der Rolle der Werbung im Alltag und des Sehens der Welt in (Werbe-)Bildern ausgeführt wird. Die Verzerrungen durch das Erzählen und ihre entlarvende Kraft treten vor allem in Alins Versuchen, Alltagsgeschehen zu erklären, offen zutage:

»Vater gab mir einen Abschiedskuss. Den ersten in Amerika. Er war noch nicht so gekonnt wie diejenigen in den Filmen, und in die Höhe hob er mich auch nicht, bestimmt, weil die Nacht noch auf uns lag. Die Nacht lässt einen immer schwerer wiegen, man muss sie erst herauswaschen. Zuvor ist auch die Schwerkraft größer, und man kann nicht anders, als die Füße am Boden schleifen lassen. Mit der Seife aus der Werbung wird man dann leichter.«[22]

Alins subjektives Erzählen folgt hier dem Muster des pikaresken Erzählens, das sich nicht nur an horizontalen Bewegungen wie der eingeschränkten Mobilität aufgrund eines übergroßen (orthopädischen) Schuhs, sondern auch an vertikalen Bewegung wie der Schwerkraft orientiert und auf Zeit Naturgesetze suspendiert.[23]

Das ein Jahr nach *Wunderzeit* veröffentlichte Werk *Der kurze Weg nach Hause* (2002) schließt in mehrerlei Hinsicht an den Erstling an. Hier steht nun ebenfalls die Bewegung im Zentrum, allerdings ein prototypisches Motiv der Post-Wende-Literatur, nämlich die Reise nach Osten beziehungsweise zum verlorenen Selbst, nicht mehr der Aufbruch in Richtung Westen. Während in *Wunderzeit* die Kino- und Buchhelden den Alltag eines Kindes begleiten, sind es in *Der kurze Weg nach Hause* vor allem einzelne Filmszenen, welche im Umgang zweier junger Migranten während ihres Road Trips als gemeinsame Bezugsgrößen dienen. Sie tragen während ihrer Reisen Parallelwirklichkeiten bzw. Fluchtwelten mit sich herum, nicht nur in Gedanken oder Erinnerung, sondern auch in der Form einer Kamera, die mitunter auch gegen ausufernde Erzählflüsse eingesetzt wird.[24] Der Protagonist und Ich-Erzähler Ovidiu wird von Gedanken an den Schwarzen Mann heim-

---

21 | Ebd., S. 161.
22 | Ebd., S. 143.
23 | Die Szene, die vom Fallenlassen von Wasserbeuteln durch Kinder und von Flaschen durch Erwachsene berichtet und wiederholt auf die Schwerkraft und den Wunsch, sie aufzuheben, verweist, erinnert geradezu an karnevaleskes Treiben. Vgl. Florescu, Wunderzeit, S. 262f.
24 | Vgl. Florescu, Der kurze Weg nach Hause, S. 164. Zur Abgleichung von Realität und Fiktion vgl. Palimariu, Ana-Maria (2010): »›Auch sie (...) sprachen mit den Augen‹: Grenze(n) und Grenzgänger in Cătălin Dorian Florescus Rumänen-Romanen«. In: Drews-Sylla, Gesine

gesucht, den er in seiner Kindheit durch die Erzählung einer Roma kennen- und fürchten gelernt hat. Während der Schwarze Mann einer östlichen (Erzähl-)Tradition entstammt, kennt Ovidiu den blauen Spuk bzw. die Melancholie aus dem amerikanischen Film *Die Nacht des Leguan* (1964). Beide Erzählsequenzen fließen gleichermaßen in Ovidius Selbst- und Weltbeschreibung ein, wodurch textintern die fehlende Unschuld des Wahrnehmens markiert wird. Der Fokus auf die Körperlichkeit ist wiederum zentraler Bestandteil dieses Werkes. Der Protagonist hat keine körperlichen Beschwerden, dafür sein Vater, körperliche Interaktionen und Selbststudien werden detailliert beschrieben[25] und es wird vom Stocken von Bewegungen, dem Warten, erzählt. Ovidiu hat erst nach längerem Zögern seinen Wohnort Zürich verlassen und ist seinem Freund Luca nach Budapest nachgereist, um schließlich nicht wie sein antiker Namensvetter in Odessa, sondern an der rumänischen Schwarzmeerküste zu stranden. Eine Ankunft im starken Sinn ist es nicht, wie folgender Wortwechsel der beiden, sich während der Reise fremd gewordenen Freunde bezeugt: »Durch das offene Fenster im Treppenhaus höre ich Luca: ›Und was soll *ich* jetzt tun?‹ Ich lehne mich hinaus und rufe ihm zu: ›Offen gesagt, ist mir das gleichgültig! *Vom Winde verweht*. 1939. Welterfolg‹«.[26] Die Zwischenstation Budapest macht den Osten, so das Ziel der Reise von Luca und Ovidiu, textintern als relativ definierte Größe kenntlich und betont damit die Unerreichbarkeit des je nach Position verschiedenen Ziels.[27] Auch Ovidius Geliebte in Budapest, Zsófia, hat ihren – allerdings negativ konnotierten – Osten, während für Ovidiu bereits Wien, aber auch Budapest den Osten verkörpern, worauf zum Beispiel seine Charakteristik der Füße seiner Geliebten als »Ostfüße« schließen lässt.[28] Weder der (relative) Osten noch der (relative) Westen gewähren ein dauerhaftes Lebensglück, wofür sämtliche beschriebenen Lebensläufe im Roman Beispiele liefern. Indirekt wird so das Leben als eine endlose Reise oder Suche charakterisiert und die Erzählung bricht nach der Parallelisierung Ovidius mit einem heimatlosen Hund konsequenterweise ab.[29]

---

et al. (Hg.): Konstruierte Normalitäten - normale Abweichungen. Wiesbaden: Springer, S. 97-112, hier S. 105.

25 | Zum Beispiel die Reinigung des Onkels (vgl. Florescu: Der kurze Weg nach Hause, S. 199f.) oder Handlungen von Passanten, welche durch unanständiges Verhalten auffallen (ebd., S. 112).

26 | Florescu, Der kurze Weg nach Hause, S. 243.

27 | Zur Relativität des Ostens vgl. Gebhard, Gunther/ Geisler, Oliver/ Schröter, Steffen (2010): »Das ›Prinzip Osten‹. Einleitende Bemerkungen«. In: Dies. (Hg.): Das Prinzip ›Osten‹. Geschichte und Gegenwart eines symbolischen Raums. Bielefeld: transcript, S. 9-20.

28 | Florescu, Der kurze Weg nach Hause, S. 94.

29 | Zur prototypischen Demaskierung des Ziellandes nach der Ankunft vgl. Zup, Iulia Elena (2012): Der rumänische Raum im Werk von Cătălin Dorian Florescu. In: Germanistische Beiträge, Lucian-Blaga-Universität Sibiu/Hermannstadt, H. 31, S. 45-56, hier S. 54 sowie Meixner, Andrea (2014): »Zwischen Ost-West-Reise und Entwicklungsroman? Zum Poten-

3. Migrations- und Weltliteratur

Olga Martynova hat in der *Neuen Rundschau* mit dem programmatischen Titel ›Gegenwartsliteratur!‹ die Unterscheidung von National- und Migrationsliteratur aufgebrochen, indem sie der Kategorie der Migrantenliteratur eine weitere Kategorie zur Seite gestellt hat: diejenige der Weltliteratur.[30] Martynova spricht hinsichtlich der Kategorien Migranten- und Weltliteratur von zwei unterschiedlichen Perspektiven, der Perspektive des Hinaus in die Welt und der Perspektive des Hinein in eine kleine Welt:

»›Weltliteratur‹ ist ein stolzes Wort Weimarer Herkunft. [...] Die Energie dieses Begriffs ist die Bewegung nach draußen: Thüringische Fenster aufmachen und in die Welt hinein singen. Die Welt unter dem blauen italienischen Himmel applaudiert.

›Migrantenliteratur‹ ist die vollendete Bewegung in eine andere Richtung: herein, nicht hinaus. Die Perspektive wird gewechselt: Jemand ist angekommen. Er spricht und hofft, dass ihm das Fenster geöffnet und das Ohr geliehen wird«.[31]

Die Konzepte Welt- und Migrantenliteratur werden über das Motiv der Bewegung miteinander verbunden und sind dem Konzept der Nationalliteratur gegenübergestellt, welches auf starre Grenzen rekurriert. Das Motiv der Bewegung und des Raums verbindet Migration und Globalisierung, wobei letztere bei Florescu vor allem durch Heldengeschichten und durch die Werbung präsent ist, wie die vorhergehenden Textanalysen gezeigt haben.

Die Ausreise in *Wunderzeit* und die vermeintliche Heimreise in *Der kurze Weg nach Hause* zusammen bilden textintern die bei Martynova erwähnte Bewegung des Hinaus und Hinein ab. Florescu zeichnet in den beiden Romanen zwei richtungsverkehrte Bewegungen nach, zuerst die Bewegung des Hinaus in eine andere Welt und dann das Hinein in eine nur vermeintlich andere Welt. Das

---

zial der so genannten Migrationsliteratur«. In: Cornejo, Renata et al. (Hg.): Wie viele Sprachen spricht die Literatur? Deutschsprachige Gegenwartsliteratur aus Mittel- und Osteuropa. Wien: Praesens, S. 37-54, hier S. 45. Die Vorstellungen bezüglich des Herkunftslandes werden in *Der kurze Weg nach Hause* allerdings auch als Illusionen entlarvt, indem die vorgefundene die erinnerte Wirklichkeit Lügen straft.

30 | Für einen Überblick zur Herkunft und Wirkung des Begriffes vgl. Lamping, Dieter (2010): Die Idee der Weltliteratur. Ein Konzept Goethes und seine Karriere. Stuttgart: Kröner.

31 | Martynova, (Gescheiterter) Versuch, Ornithologe zu sein, S. 79. Martynovas Essay nimmt eine interessante Position ein hinsichtlich der Frage, inwiefern Migrationsliteratur die neue Weltliteratur sei, indem sie keine Abfolge von Welt- und Migrationsliteratur postuliert, sondern über das Motiv der Bewegung auf Parallelen in der Konzeptualisierung der Kategorien Welt- und Migrantenliteratur hinweist.

Fenster, von dem Martynova spricht, ist in den beiden Texten für Migranten nicht weit geöffnet: Vater und Sohn in *Wunderzeit* reisen über Italien in die USA und kehren desillusioniert nach Rumänien zurück, bevor sie einen endgültigen Ausreiseversuch starten. Denn »Amerika sei ja nicht besser als zu Hause, hier Verrückte, dort Verrückte, nur dass hier [in Amerika] alle Waffen trügen.«[32] Italien wird als Sehnsuchtsort beschrieben, dem sowohl Rumänien als auch die USA gegenübergestellt werden: Mit Rumänien teilt es die Emotionalität, mit den USA den Wohlstand. Ort der Sehnsucht bleibt es allerdings nur, solange es nicht zum Ort des Alltags wird.[33] Diese Funktion Italiens entspricht derjenigen im Rahmen des Weltliteratur-Konzepts, dessen deutsche Herkunft und Ausrichtung auf Italien Martynova in ihrem Aufsatz mehrfach unterstreicht. Die Schweiz fungiert in *Der kurze Weg nach Hause* als Ort des Alltags, der viele Wünsche offen lässt. Davon zeugt einerseits der dringliche Wunsch einer (Heim-)Reise in den Osten und andererseits werden konkrete Gründe benannt, indem die Zürcher Drogenszene und eines ihrer Opfer ausführlich beschrieben werden.[34] Während in Rumänien der Alkohol die Biographien v.a. der Männer prägt, sind es in der Schweiz die Drogen, die zu einer (tödlichen) Entgrenzung führen.

Im Unterschied zu *Wunderzeit* und *Der kurze Weg nach Hause* führt der Roman *Jacob beschließt zu lieben* (2011) nicht nur in andere Regionen, sondern auch in andere bzw. frühere Zeiten.[35] Die Vergangenheit der Familie des Erzählers und Protagonisten Jacob Obertin wird bis ins 17. Jahrhundert zurückverfolgt und der Roman handelt hauptsächlich von Wanderungen, die begonnen, aus- und fortgesetzt werden. Er greift anhand der Geschichte einer Familie Stränge eines Europa

---

32 | Florescu, Wunderzeit, S. 168.

33 | Bevor Aigi Heero die Gegenüberstellung von Alltags- und Sehnsuchtsorten thematisiert, hält sie Folgendes fest: »Die[...] Reflexionen des eigenen Selbst werden im Werk der transkulturellen Autoren mit osteuropäischem Hintergrund interessanterweise oft auf konkrete Orte bezogen.« (Heero, Aigi (2009): »Zwischen Ost und West: Orte in der deutschsprachigen transkulturellen Literatur«. In: Schmitz, Helmut (Hg.): Von der nationalen zur internationalen Literatur. Transkulturelle deutschsprachige Literatur und Kultur im Zeitalter globaler Migration. Amsterdam/New York: Rodopi, S. 205-225, hier S. 208). Bei Florescu wird die Opposition zwischen Alltags- und Sehnsuchtsort zwar aufgerufen, durch eine Umbesetzung der Orte allerdings revidiert und die Gleichsetzung von Selbst und Ort durchgestrichen, indem die Komponente der Zeit und Geschichte – vor allem über das Erzählen – starkgemacht wird.

34 | Hier kann z.B. auf Florescus Biographie verwiesen werden, da seine Kenntnisse des Platzspitzes (ehemaliger Drogenumschlagplatz in Zürich) aus seiner Zeit als Mitarbeiter in einem Rehabilitationszentrum für Drogenabhängige stammen.

35 | Nach *Wunderzeit* (2001) und *Der kurze Weg nach Hause* (2002) veröffentlichte Florescu die beiden Romane *Der blinde Masseur* (2006) und *Zaira* (2008), sodass eine Tendenz zur Entfernung von einer durch die eigene Migration geprägten (autobiographischen oder -fiktionalen) Erzählweise zu beobachten ist.

überziehenden Netzes von Migrationsbewegungen auf. Am Ende der Abfolge von Migrationen steht die Aussiedlung Jacobs, der zusammen mit seinem Vater, der ihn ein weiteres Mal verraten hat, von rumänischen Kommunisten in einem unwirtlichen Teil Rumäniens ausgesetzt wird. Der naheliegende Tod der Vertriebenen spart der Roman aus, so wie auch das Ankommen der Familie in *Wunderzeit* oder der Fortgang der Reise in *Der kurze Weg nach Hause* nicht erzählt wird. Florescus Erzählungen enden ambivalent und beziehen sich aufgrund ihrer Offenheit auf die Gegenwart, die offen ist für weitere Transformationen und deren Kontingenz so markiert wird.[36] Anders als in *Wunderzeit* und *Der kurze Weg nach Hause* spielen globale Diskurse wie die Sehnsucht nach Amerika oder die Sprache der Werbung in *Jacob beschließt zu lieben* auf der Ebene der Motive keine große Rolle. Dies hängt wesentlich mit der Wahl eines historischen Stoffes zusammen.[37] Einzelne globale Aspekte und Themen finden sich aber im Roman trotzdem. Er enthält zum Beispiel eine Variante der amerikanischen Tellerwäscher-Story: Eine junge Frau – die Mutter Jacobs – reist in die USA, wo sie einer unehrenhaften Tätigkeit nachgeht, um ihre Familie in Rumänien unterstützen zu können, und kehrt als reiche Frau in ihre Heimat zurück. Des Weiteren werden Kolonialisierungsmechanismen geschildert und vom Schicksal von (unfreiwilligen) Eroberern erzählt. Die Gründung des Dorfes, in dem Jacob geboren wurde, geht z.B. auf die Expansionsstrategie der österreichischen Kaiserin zurück. Die geschilderten Bewegungen sind weniger der Abenteuerlust – die Helden sind in diesem Roman weniger präsent als in den vorherigen –, denn der Überlebensnot geschuldet und spielen eine zentrale Rolle nicht nur im Leben der Ahnen von Jacob, sondern auch in demjenigen der Roma. Entlang der Familiengeschichte, deren Konstanz vor allem in der Mobilität der Familienmitglieder zu liegen scheint, führt der Roman vor, wie sich große Ideologien wie Nationalsozialismus oder Kommunismus auf einzelne Menschen, Regionen, Länder und letztlich Europa ausgewirkt haben.[38]

---

36 | Vgl. Gebauer, Mirjam (2006): Wendekrisen: Der Pikaro im deutschen Roman der 1990er Jahre. Trier: Wissenschaftlicher Verlag, S. 57.

37 | Vor dem 20. Jahrhundert von Globalisierung zu sprechen, wäre allerdings nicht ahistorisch, da die europäische Expansion als erste Phase der Globalisierung interpretiert werden kann. Die Gegenwart würde nach dieser Zeitrechnung die vierte Globalisierungsphase bilden. Ette, Ottmar (2009): »Europäische Literatur(en) im globalen Kontext. Literaturen für Europa«. In: Ezli, Özkan/ Kimmich, Dorothee/ Werberger, Annette (Hg.): Wider den Kulturenzwang. Migration, Kulturalisierung und Weltliteratur. Bielefeld: transcript, S. 257-296, hier S. 260ff.

38 | Guarda, Filomena Viana (2013): »Europa als ›Schicksalsgemeinschaft‹? Das Beispiel von Catalin Dorian Florescus ›Jacob beschließt zu lieben‹ (2011)«. In: Hanenberg, Peter/ Capeloa Gil, Isabel (Hg.): Der literarische Europa-Diskurs. Würzburg: Königshausen & Neumann, S. 184-192, S. 188. Die Romane *Wunderzeit* und *Der kurze Weg nach Hause* nehmen beide ebenfalls eine historische Perspektive auf Rumänien ein, da in *Wunderzeit* der Vater in drei Abschnitten sein bisheriges Leben rekapituliert und in *Der kurze Weg nach Hause*

Während in *Wunderzeit* und *Der kurze Weg nach Hause* die Konfrontation eines Individuums mit seiner (wandernden) Umwelt und das Zusammenwirken von Inklusions- und Exklusionsbewegungen geschildert wird, fokussiert *Jacob beschließt zu lieben* die Migrationsthematik über Zeiten und Länder hinweg. Nicht mehr nur das pikareske, sondern das historische und chronologische Erzählen stehen im Zentrum des Romans, wodurch der Gefahr einer Vereinzelung von Szenen entgegengewirkt wird, die aufgrund der Vergangenheitsperspektive nicht mehr lediglich durch einen pseudoautobiographischen, unzuverlässigen Erzähler zusammengehalten werden. Die letzte Szene vor dem Abbruch des Erzählfadens ist allerdings wieder der pikaresken Tradition verpflichtet, da Jacob in ein Lachen ausbricht, welches mit dem närrischen und spöttischen Lachen nach seiner Geburt übereinstimmt, sodass Geburt und (wahrscheinlicher) Tod kurzgeschlossen werden. Während Alin am Grenzübergang einen filmreifen Auftritt als kranker Junge inszeniert und Ovidiu sich mit einem Filmzitat verabschiedet, wird das Erzählen in *Jacob beschließt zu lieben* nicht mehr mit Rückgriff auf ein Alternativmedium abgesichert, sondern der Tradition des pikaresken Erzählens ein Denkmal gesetzt.

4. Fazit

Während *Wunderzeit* und *Der kurze Weg nach Hause* je einmal die Bewegung des Hinaus und des Hinein darstellen, erzählt *Jacob beschließt zu lieben* von einer Vielzahl von Bewegungen. Der Roman zeigt auf, dass jeder Migration bereits viele weitere Migrationen vorausgegangen sind und vor allem auch, dass dieser Bewegung kein Ende gesetzt ist. Immigrationen verursachen Emigrationen, die weitere Migrationen nach sich ziehen etc. Florescus groß angelegtes Familienepos zeigt auch, dass die Bewegungen konstitutiv waren für das vielgliedrige Gebilde Europa, dessen Grenzen aufgrund von Völkerwanderungen oder Kriegen in Bewegung sind, und insofern auch für einzelne Nationen, deren Geschichte selbst wiederum durch Migrationen bzw. Völkerwanderungen geprägt wurde. Der Roman erzählt zwar von Bewegungen einzelner Figuren und Familien, deutet allerdings immer wieder darauf hin, dass Migration eine kulturelle Ur-Szene ist, die wiederum mit dem Erzählen als Identitätsbildung verknüpft ist. Der Roman handelt davon, dass das Erzählen bzw. die Versprachlichung von Erfahrungen erst Heimat schafft: So erhält der Protagonist Jacob durch die Erzählung einer befreundeten Roma eine zweite Herkunftsgeschichte. Als Gegenpol zu seiner ersten Herkunftsgeschichte, die seine Geburt auf einem Misthaufen lokalisiert, versucht er die zweite Geschichte, die ihn als lachenden Gegner seines Vaters präsentiert, zum Bestandteil seiner Identität zu machen und den an die erste Ver-

---

Erzählungen von Figuren die Zeit unter der Herrschaft der Sowjetunion und anschließend während und nach der Diktatur heraufbeschwören.

sion geknüpften Zukunftsprognosen eines nichtsnutzigen Daseins, die letztlich weitere Erzählungen sind, entgegenzuwirken.[39] Indem der Roman die Migration als Grundlage der heutigen Welt oder etwas bescheidener und näher beim Roman: des heutigen Europas kenntlich macht, gibt sich das Migrations- und Migrantenbuch als Weltliteratur zu erkennen. Florescus Romane zeigen auf, dass das Konzept der Nationalliteratur nicht losgelöst von Migrationen funktioniert und dass das Erzählen von Migrantinnen und Migranten immer schon Teil von sogenannten Nationalliteraturen ist. Die in *Jacob beschließt zu lieben* formulierte Antwort auf das Konzept Nationalliteratur wird paradoxerweise aber wiederum innerhalb eines nationalen Diskurses, demjenigen des Schweizer Buchpreises, preisgekrönt. Ungeachtet dessen ist Florescus Schweizer Literatur eine europäische Literatur und mit Blick auf Martynovas an dem Motiv der Bewegung orientierten Interpretation des Weltliteratur-Konzepts eine Weltliteratur,[40] die sich der herkunftsspezifischen Definition textintern widersetzt und Goethes Konzept bzw. Idee in jedem Text und insbesondere in *Jacob beschließt zu lieben* neu zur Debatte stellt.

LITERATUR

Primärliteratur

Florescu, Cătălin Dorian (2002): Der kurze Weg nach Hause. München/Zürich: Pendo.
Florescu, Cătălin Dorian (2011): Jacob beschließt zu lieben. München: Beck.
Florescu, Cătălin Dorian (2001): Wunderzeit. München/Zürich: Pendo.
Florescu, Cătălin Dorian: Ich bin nicht Florescu. In: WOZ vom 22.05.2014, https://www.woz.ch/-5002, abgerufen am 06.08.2016.
Stanišić, Saša (2008): »Wie ihr uns seht. Über drei Mythen vom Schreiben der Migranten«. In: Pörksen, Uwe/ Busch, Bernd (Hg.): Eingezogen in die Sprache, angekommen in der Literatur. Positionen des Schreibens in unserem Einwanderungsland. Göttingen: Wallstein, S. 104-109.

---

39 | Vgl. Florescu, Cătălin Dorian (2011): Jacob beschließt zu lieben. München: Beck, S. 117-130 (erste Version der Geburtsgeschichte). S. 147-154 (zweite Version der Geburtsgeschichte). Vgl. Florescu: Jacob beschließt zu lieben, S. 117-130 (erste Version der Geburtsgeschichte), S. 147-153 (zweite Version der Geburtsgeschichte).
40 | Vg. Guarda, Filomena Viana (2013): »Europa als ›Schicksalsgemeinschaft‹? Das Beispiel von Catalin Dorian Florescus ›Jacob beschließt zu lieben‹ (2011)«. In: Hanenberg, Peter/ Capeloa Gil, Isabel (Hg.): Der literarische Europa-Diskurs. Würzburg: Königshausen & Neumann, S. 184-192.

Sekundärliteratur

Böhler, Michael (2005): »Paradoxie und Paratopie. Der Ort der Schweizer Literatur«. In: Braun, Michael/ Lermen, Birgit (Hg.): Begegnung mit dem Nachbarn (IV.): Schweizer Gegenwartsliteratur. Sankt Augustin: Konrad-Adenauer-Stiftung, S. 31-63.

Caduff, Corina (2005): »Zum Diskurs ›Schweizer Literatur‹ in der Gegenwart«. In: Braun, Michael/ Lermen, Birgit (Hg.): Begegnung mit dem Nachbarn (IV.): Schweizer Gegenwartsliteratur. Sankt Augustin: Konrad-Adenauer-Stiftung, S. 65-96.

Charta des Schweizer Buchpreises. http://www.schweizerbuchpreis.ch/?navi_id=6, abgerufen am 11.08.2016.

Cornejo, Renata et al. (Hg.) (2014): Wie viele Sprachen spricht die Literatur? Deutschsprachige Gegenwartsliteratur aus Mittel- und Osteuropa. Wien: Praesens.

Ehland, Christoph/ Fajen, Robert (Hg.) (2007): Das Paradigma des Pikaresken. The Paradigm of the Picaresque. Heidelberg: Winter.

Ette, Ottmar (2009): »Europäische Literatur(en) im globalen Kontext. Literaturen für Europa«. In: Ezli, Özkan/ Kimmich, Dorothee/ Werberger, Annette (Hg.): Wider den Kulturenzwang. Migration, Kulturalisierung und Weltliteratur. Bielefeld: transcript, S. 257-296.

Gebauer, Mirjam (2006): Wendekrisen: Der Pikaro im deutschen Roman der 1990er Jahre. Trier: Wissenschaftlicher Verlag Trier.

Gebhard, Gunther/ Geisler, Oliver/ Schröter, Steffen (2010): »Das ›Prinzip Osten‹. Einleitende Bemerkungen«. In: Dies. (Hg.): Das Prinzip ›Osten‹. Geschichte und Gegenwart eines symbolischen Raums. Bielefeld: transcript, S. 9-20.

Guarda, Filomena Viana (2013): »Europa als ›Schicksalsgemeinschaft‹? Das Beispiel von Catalin Dorian Florescus ›Jacob beschließt zu lieben‹ (2011)«. In: Hanenberg, Peter/ Capeloa Gil, Isabel (Hg.): Der literarische Europa-Diskurs. Würzburg: Königshausen & Neumann, S. 184-192.

Guillén, Claudio (1962): Toward a Definition of the Picaresque. In: Actes du IIIe Congrès de l'Association Internationale de Littérature Comparée - Proceedings of the International Comparative Literature Association, 21- 26 VIII 1961. Den Haag: Mouton & Co, S. 252-266.

Heero, Aigi (2009): »Zwischen Ost und West: Orte in der deutschsprachigen transkulturellen Literatur«. In: Schmitz, Helmut (Hg.): Von der nationalen zur internationalen Literatur. Transkulturelle deutschsprachige Literatur und Kultur im Zeitalter globaler Migration. Amsterdam/New York: Rodopi, S. 205-225.

Ionescu-Bonanni, Daniela (2014): »Transkultureller Raum und biographische Rückkopplung. Eine Analyse anhand der Romane ›Der kurze Weg nach Hause‹ und ›Der blinde Masseur‹ von Cătălin Dorian Florescu«. In: Cornejo, Renata et al. (Hg.): Wie viele Sprachen spricht die Literatur? Deutschsprachige Gegenwartsliteratur aus Mittel- und Osteuropa. Wien: Praesens, S. 193-206.

Johnston, Jonny (2015): Critical of Swissness, Or Critically Swiss? Recent Autobiographical Fictions by Irena Brežná. In: German Life and Letters, Jg. 68, H. 2, S. 171-189.

Jürgensen, Christoph (2013): »Würdige Popularität? Überlegungen zur Konsekrationsinstanz ›Literaturpreis‹ im gegenwärtigen literarischen Feld«. In: Horstkotte, Silke/ Herrmann, Leonhard (Hg.): Poetiken der Gegenwart: Deutschsprachige Romane nach 2000. Berlin: De Gruyter, S. 285-302.

Lamping, Dieter (2010): Die Idee der Weltliteratur. Ein Konzept Goethes und seine Karriere. Stuttgart: Kröner.

Martynova, Olga (2015): (Gescheiterter) Versuch, Ornithologe zu sein. In: Neue Rundschau, H. 1, S. 79-87.

Meixner, Andrea (2014): »Zwischen Ost-West-Reise und Entwicklungsroman? Zum Potenzial der so genannten Migrationsliteratur«. In: Cornejo, Renata et al. (Hg.): Wie viele Sprachen spricht die Literatur? Deutschsprachige Gegenwartsliteratur aus Mittel- und Osteuropa. Wien: Praesens, S. 37-54.

Palimariu, Ana-Maria (2010): »»Auch sie (...) sprachen mit den Augen‹: Grenze(n) und Grenzgänger in Cătălin Dorian Florescus Rumänien-Romanen«. In: Drews-Sylla, Gesine et al. (Hg.): Konstruierte Normalitäten - normale Abweichungen. Wiesbaden: Springer, S. 97-112.

Schenk, Klaus (2007): Autofiktionale Aspekte in der gegenwärtigen Migrationsliteratur. In: Jahrbuch für Internationale Germanistik. Reihe A Kongressberichte, Bd. 82, S. 355-362.

Zup, Iulia Elena (2012): Der rumänische Raum im Werk von Cătălin Dorian Florescu. In: Germanistische Beiträge, Lucian-Blaga-Universität Sibiu/Hermannstadt, H. 31, S. 45-56.

»Angekommen wie nicht da.«
Heimat und Fremdheit in Melinda Nadj Abonjis Roman *Tauben fliegen auf*

Grazziella Predoiu

EINLEITENDE BEMERKUNGEN

Die schweizerische Autorin Melinda Nadj Abonji gewann 2010 sowohl den Deutschen Buchpreis als auch den Schweizer Buchpreis mit dem Roman *Tauben fliegen auf*, welcher das Schicksal der Migranten und deren versuchtes Ankommen in der Fremde thematisiert. Die Autorin ist 1968 als Angehörige der ungarischen Minderheit in der Vojvodina im nördlichen Serbien geboren, wanderte im Alter von 5 Jahren zusammen mit ihren Eltern aus Jugoslawien in die Schweiz aus und studierte hier. Damit ist auch ihre Identität als Schreibende vielschichtig. Sie gehört wie Cătălin Dorian Florescu, Aglaya Veteranyi, Francesco Micieli einer in der Schweiz als Secondos[1] subsumierten Generation an. Der Landwechsel, die hybride Existenz zwischen zwei Kulturen und der Assimilierungsversuch der Familie werden anhand generationsspezifischer Kontraste thematisiert. In ihrem ersten Roman *Im Schaufenster im Frühling* (2004) verarbeitet die Autorin Kindheitserfahrungen.

Der in 14 Kapitel gegliederte Roman pendelt kapitelweise zwischen der Wahl-Heimat, der Schweiz, der aus der Vojvodina ausgereisten ungarischen Familie Kocsis und der eigentlichen Heimat zu Hause, zwischen Kulturen und Ländern, zwischen Gestern und Heute. Entlang dieser Reisen wird auch ein Kapitel trau-

---

[1] Der Begriff wurde ursprünglich auf die italienischen und spanischen Gastarbeiter der 1960er und 1970er Jahre bezogen und meint nun die zweite Generation von Migranten, die in der Schweiz geboren oder als Kinder eingewandert sind und deren Eltern ausländische Wurzeln haben. Siehe dazu Rothenbühler, Daniel (2004): »Im Fremdsein vertraut. Zur Literatur der zweiten Generation von Einwanderern in der deutschsprachigen Schweiz: Francesco Micieli, Franco Supino, Aglaya Veteranyi«. In: Schenk, Klaus/ Todorow, Almut/ Tvrdik, Milan (Hg.): Schreibweisen einer interkulturellen Moderne. Tübingen: Francke, S. 51-79.

matischer südosteuropäischer Geschichte wiederholt, der II. Weltkrieg, die stalinistische Diktatur Titos, wie auch der schmerzhafte Jugoslawien-Krieg. Als Opfer alternierender geschichtlicher Systeme fungiert die Familie Kocsis. Dabei bedingt die alternierende Kapitelstruktur einen Bruch im Erzählkontinuum. Erst in den letzten zwei Kapiteln rückt die neue Heimat in den Vordergrund, was auf geschichtliche Vorgänge und auf die bewältigte Identitätskrise der jüngeren Generation zurückzuführen ist. Beide Erzählstränge sind eng miteinander verknüpft und im Wechsel von Vergangenem und Gegenwärtigem, von Wahrnehmungen und Reflexionen konstituiert sich der Lebensweg einer Migrantenfamilie auf dem Hintergrund der geschichtlichen Ereignisse nach dem II. Weltkrieg. Die Schweizer Kapitel schreiten progressiv in der Gegenwart – wobei die Handlung im Jahr 1993 spielt – die über Serbien zunächst in der Vergangenheit, ab »Titos Sommer«[2] 1980, 1982, 1984, 1986 bis zum Wendejahr 1989, welches einerseits den Tod der geliebten Großmutter markiert, andererseits den Umbruch geschichtlicher Systeme markiert. Die Alternanz zwischen der Vojvodina und der Schweiz als Handlungsschauplatz löst einerseits die Erzählung in einzelne Erzählsegmente auf, bezieht sich andererseits auf die doppelte Zugehörigkeit der Hauptprotagonistin.

Wenn zu Beginn aus einer »Wir« Perspektive einer heilen Familie berichtet wird, wird diese zugunsten der vereinseitigenden Ich-Perspektive der heranwachsenden Ildikó, der älteren Tochter, aufgegeben, die mit präzisem Scharfsinn und hypertrophierter Sensibilität auf Außenereignisse und familiäre Befindlichkeiten reagiert. Dieser Wechsel der Erzählperspektive thematisiert einen Bruch, eine Zäsur im Leben des jungen Mädchens, das eine Krise der Sinnsuche durchlebt. Der Bruch ist ein doppelter, weil der vertraute Boden auch durch den serbischen Krieg für sie für immer vernichtet wurde.

Gerade in der Fremde akzentuiert sich das Gefühl der Heimat, der verloren gegangenen Bezüge, der erfinderischen und wohlschmeckenden Speisen, der abhanden gekommenen Heimat. Fremd-Erfahrung und Mangel an zwischenmenschlicher Nähe verleiten zur Suche nach dem Ich und der Selbsterfahrung. Auf der Suche nach fehlenden Bezügen setzt sich Ildikó mit sich auseinander und erfindet ihre Heimat in der Kindheit, im mittlerweile abhanden gekommenen Paradies. In der Schweiz erscheint Vojvodina wie ein Zufluchtsort. Packt sie ihre Koffer in der Schweiz, wobei dieser Umstand wie in Herta Müllers *Reisende auf einem Bein* und Franz Hodjaks *Ein Koffer voll Sand Heimat* auf das Nicht-Ankommen und Nicht-Verwurzelt-Sein verweist, so wähnt sie sich wie »eine, die weggeht und nicht weiss, ob sie jemals zurückkommt und jedes Mal, wenn ich weggefahren bin, habe ich mein Zimmer peinlich genau aufgeräumt.«[3] Die Reise nimmt die Konnotation der Heimreise an, der Suche nach dem Ursprung. Deswegen trifft der von Heinz Schafroth auf *Reisende auf einem Bein* zugeschnittene

---

2 | Abonji, Melinda Nadj (2010): Tauben fliegen auf. Wien: Jung und Jung, S. 5.
3 | Ebd., S. 138.

Satz »Angekommen wie nicht da«,[4] der zum Aufsatztitel gerinnt, auf die junge Frau zu. Was bedeutet nun die verlorene Welt der Heimat für Ildikó? Bietet sie die ersehnte Wärme? Hat sie in der Fremde die ersuchte Geborgenheit gefunden? Den Bedeutungen der verlorenen Heimat aus der Vojvodina, den Versuchen in der neuen Ersatz-Heimat, der Schweiz, Fuß zu fassen, der Ausländerfremdheit als Angst vor der Bedrohung des Eigenen, den zwei lebensweltlichen Attitüden im Umgang mit Fremdheit geht dieser Beitrag nach, wobei auch Elemente des Sprachlichen als identitätsstiftendes Kriterium mitberücksichtigt werden.

Wenn der Welt der Kindheit und der ungarischen Wurzeln in Serbien nachgegangen wird, wird diese Welt mittels Auto erreicht; wenn die Schweiz und ihre Ausländerfeindlichkeit thematisiert werden, spielt das Kaffeehaus als Ort, an dem Einheimische auf Fremde treffen, eine Rolle. Immer prüft die Familie im Fahren und aus dem Auto heraus, das auch ein transitorisches Refugium und den Nicht-Angekommenen eine illusorische Bleibe verheißt, ob sich etwas verändert hat. Zum Ort seiner mehrfach gespaltenen Identität wird ihnen das Unterwegssein, sowohl im Auto wie auch mental. Es ist Bettina Spoerri zuzustimmen, wenn sie vermerkt, dass sich in der ersten Hälfte des Romans immer wieder die Bewegungen des Ankommens im Dorf in der Vojvodina, die Mischung eines Gefühls von Ankommen und gleichzeitig eines Fremdheitsgefühls ereignen.[5] Den Antritt der Reise in umgekehrter Richtung vergegenwärtigt Ildikó erst im zweiten Teil des Buches, wenn sie sich an das traumatische Verlassen der Vojvodina, das einem abrupten Enden der Kindheit gleichkommt, erinnert.

Das Reisen potenziert ihre Nicht-Zugehörigkeit zur westlichen Welt, aus der Vater Insignien des westlichen Wohlstands präsentiert, um so sein illusorisches Ankommen im Westen zu zelebrieren, seinen angeblichen Wohlstand vor einer vor einer ewig-gleichbleibenden als archaisch empfundenen Gemeinschaft zu imponieren. Sein Chevrolet oder der Mercedes Benz gelten als Beweis einer florierenden Wirtschaft, doch in der Vojvodina zählen andere Werte. Die teuren Kleider und die Autos sollen den Erfolg in der Fremde vorführen und opponieren den Trink- und Essritualen in der Vojvodina.

---

4 | Schafroth, Heinz (1988): Angekommen wie nicht da. In: Basler Zeitung, 14.05.1988, S. 7.

5 | Spoerri, Bettina (2012): Eine mnemografische Landschaft mitten in Europa – eine narrativ-analytische Lektüre von Melinda Nadj Abonjis Roman Tauben fliegen auf. In: Cornejo, Renata/ Piontek, Slawomir/ Vlasta, Sandra (Hg.): Aussiger Beiträge: Germanistische Schriftenreihe aus Forschung und Lehre. Ústí nad Labem: Univerzita J. E. Purkyně v Ústí nad Labem, H. 6, S. 65-81, hier S. 75.

Die Heimat

Zu Beginn der Handlung fahren Ildikó, deren Schwester Nomi, Mutter und Vater nach Hause in die Vojvodina. Familie Kocsis entstammt der ungarischen Minderheit im serbischen Vojvodina und die Eltern sind als Migranten mit einem »Koffer und einem Wort«[6] in die Schweiz gezogen. Politische Gründe sind dabei ausschlaggebend gewesen. Der Vater ist von seinen kindlichen Traumata geprägt – sein eigener Vater wird zum Opfer aller Systeme, seien es die Faschisten, die Partisanen, die Kommunisten, die ihn in ein Arbeitslager schicken und Hab und Gut enteignen, ihn moralisch zugrunde richten – und will sich im Westen ein besseres Leben aufbauen. Mit dem Weggang der Eltern bricht die Welt der Töchter innerlich entzwei: Zunächst bleiben die Erzählerin Ildikó und ihre Schwester Nomi noch vier Jahre bei der Großmutter Mamika in der ungarischen Kleinstadt Senta aus der Vojvodina. Sie werden auf Wunsch der Eltern diesen Ort verlassen, wobei Anette Bühler-Dietrich zuzustimmen ist, wenn sie schreibt, dass »die Geschichte des verlorenen Ortes eine der Identität [ist].«[7] Als bereits Entfremdete kommen sie in der Fremde an und müssen ihren Verlustschmerz demjenigen ihrer Eltern hintanstellen:

»Später, in den wenigen Momenten, wo es möglich gewesen wäre, über diesen plötzlichen Abbruch unseres bisherigen Lebens zu reden, war immer sofort klar, dass Vater und Mutter, im Zusammenhang mit unserer Heimat, die tieferen, schmerzhafteren Gefühle für sich beanspruchen durften.«[8]

Für die jugendliche Protagonistin Ildikó, die mittlerweile in der Schweiz lebt, die Sprache fließend beherrscht und Schweizerische Geschichte studiert, ist Heimat an die Kindheit gebunden, an ihre Sozialisation, an bestimmte kulinarische Genüsse und auch an die identitätsstiftende ungarische Sprache. Das Bewusstsein der vertrauten Heimat ist stets auch an die Vorstellung der Verwandten, Mamika, Tante Icu und Onkel Piri, der Cousine Csilla, der Freunde, der Anderen gebunden. Heimat bedeutet zurück zu den verbindenden Festen, zu Hochzeiten und Totenfeiern, zu familiären Anlässen. Im Umgang mit der Welt der Kindheit, die von der Omnipräsenz Mamikas, der Großmutter väterlicherseits, dominiert ist, fällt der Gebrauch des Wortes Heimat auf, welche auf die Zugehörigkeit zum identitätsstiftenden Raum und zur Gemeinschaft verweist und emotional geladen ist. »Ich habe es niemandem gesagt, aber ich liebe diese Ebene [...] und das ist der

---

6 | Abonji, Tauben fliegen auf, S. 46.
7 | Bühler-Dietrich, Annette (2012): Verlusterfahrungen in den Romanen von Melida Nadj Abonji und Saša Stanišić In: Germanica, H. 5, S. 35-46, hier S. 36.
8 | Abonji, Tauben fliegen auf, S. 277.

Schutz, den sie gewährt.«[9] An diesem Ort hat das Mädchen das Dazugehören internalisiert, hier spendet der vertraute Raum Geborgenheit und Akzeptanz.

Im ersten Kapitel findet sich bereits eine Auseinandersetzung mit dem Eigenen und dem Fremden, der von der Identitätssuche zeugt. Deswegen prüft Ildikó in der alten Heimat aufs Genaueste, ob alles noch beim Alten geblieben ist:

»[...] und ich, die in ängstlicher Genauigkeit das Zimmer inspiziert, mit einem Blick die Kredenz, den Haussegen, die Flickenteppiche sucht, hoffe, dass alles noch so wie früher ist, weil ich, wenn ich an den Ort meiner früheren Kindheit zurückkehre, nichts so sehr fürchte wie die Veränderung: Das Erkennen der immer gleichen Gegenstände, die mich vor der Angst schützt, als Fremde in dieser Welt dazustehen, von Mamikas Leben ausgeschlossen zu sein, ich muss, so schnell es geht, zum Innenhof zurück, um meine ängstlichen Inspektionen fortzusetzen: Alles noch da?«[10]

Veränderung wird mit der Angst vor dem Unbekannten, vor dem Verlust der Mitte gleichgesetzt. Der angstumwobene Kinderblick deutet auf »die Fragilität der Herkunft und des Bodens, auf dem die Mädchen stehen«,[11] auf ihre Suche nach Stabilität und gleichzeitig auf die Unsicherheiten, denen die Kinder durch die Migration ausgesetzt sind, die einem permanenten Konformitätsdruck ausgeliefert sind. Erst die Musterung des Ortes gewährleistet die Zugehörigkeit, weil sie den Fortbestand der verlorenen Welt sichert.[12] Darüber hinaus ist aber eine ambivalente Position der Figur zum dargestellten Raum zu konstatieren, denn schon beim ersten Besuch wird ausdrücklich auf die Differenz zum Westen hingewiesen. Als »verwöhnte Westgöre«[13] mokiert sie sich über die jugoslawische Api-Cola als Imitat der westlichen Coca-Cola, so wie sie sich mit modischen Kleidern von der ungarischen Hochzeitsgesellschaft abhebt und als Fremde definiert. Auch die patriarchalische Gewalt und die kaputten Zähne ihrer Verwandtschaft ekeln sie an, womit die Rückkehr in die Heimat und auch die Geborgenheit des Ortes zum Teil demontiert werden.

Opponiert werden im Text zwei Auswanderungsmodelle, wobei dabei die Kluft zwischen den Generationen und unterschiedliche Migrationsmodelle aufgezeigt werden. Dem aus politischen Gründen geflohenen Vater erscheint das Ewig-Bleibende der Vojvodina wie eine stillgestellte und rückständige Welt, die

---

9 | Ebd., S. 8.
10 | Ebd., S. 13.
11 | Spoerri, Eine mnemografische Landschaft mitten in Europa – eine narrativ-analytische Lektüre von Melinda Nadj Abonjis Roman Tauben fliegen auf, S. 76.
12 | Vgl. Bühler-Dietrich, Annette (2012): Verlusterfahrungen in den Romanen von Melida Nadj Abonji und Saša Stanišić. In: Germanica, H. 5, S. 38.
13 | Abonji, Tauben fliegen auf, S. 15.

mit »immer noch alles gleich«[14] taxiert wird. Die »Unebenheiten der Straße«,[15] in denen bei Regen der Wagen stecken bleibt, ekeln ihn an, wiewohl er zu Hause bei der Mutter um Jahre jünger wirkt: »Unser Vater sah mit einem Mal um Jahre jünger aus, ein Junge, der mit der hellen Begeisterung eines Kindes seiner Mutter von seinen neuen Errungenschaft erzählt.«[16] In diesen und ähnlichen Szenen etabliert sich eine Form der Fröhlichkeit, für die die Familie in der Schweiz keinen Ausgleich findet. Trotzdem wird der Vater in der Vojvodina nicht müde, die Vorzüge der Schweiz zu loben, »dass in der Schweiz alles seine richtige Ordnung hat, da weiss man, wo die Straße anfängt, der Bürgersteig«.[17]

Während der vom System schikanierte, in der Liebe enttäuschte Mann sich vom Wegfahren das Vergessen und den sicheren Ort gewonnen hat – zur Vergewisserung stellt er immer wieder die Reflexion »hat sich nichts verändert« an, die sowohl von Anerkennung als auch von Verachtung zeugt, denn der Fortschritt hat das Dorf nicht erreicht – ist das aus ihrem Milieu gerissene Mädchen Ildikó eine Entwurzelte, die von den Nachbarn in der Schweiz wegen ihrer Naturwüchsigkeit nicht toleriert wird. Dennoch identifiziert sich Ildikó zu Beginn mit dieser Welt, was ihre Formulierung »bei uns in unserer Heimat«[18] zum Ausdruck bringt.

Die früh verlassene Heimat zugunsten einer Ersatzheimat des Wohlstandes, der nur eine tolerierte Existenz am Rande zuläßt, wo man sich jeden Tag das Dasein hart erkämpfen muss, wo man kreativ in der Wahl der Speisen zu sein hat, die sich in der Vojvodina so aus dem Stegreif erfinden, die durch ihren Reichtum und ihre Erfindergabe faszinieren, weckt nostalgische Gefühle. Das Umreißen der heimatlichen Sphäre vollzieht sich auch anhand der Essrituale, die auf einen deutlichen Unterschied zwischen dem Balkan und der Schweiz verweisen. Kulinarische Essgewohnheiten und die Fantasie im Zusammenhang mit der Wahl und Anordnung der Speisen vermitteln unterschiedliche Heimatkonzepte. Des Öfteren werden die kulinarischen Genüsse in der Vojvodina gelobt, seien es die üppigen Mahlzeiten bei den Hochzeiten oder die von Mamika schnell zubereiteten Speisen.

»Mamika, die Hühnergulasch mit Nockerln auftischt, Paniertes vom Schwein mit frittierten Kartoffeln und Kürbisgemüse, an der Sonne gesäuerte Gurken und Tomatensalat mit roten Zwiebeln, Mamika, die uns erlaubt, so viel Traubi wie wir wollen zu trinken.«[19]

---

14 | Ebd., S. 5.
15 | Ebd., S. 6.
16 | Ebd., S. 25.
17 | Ebd., S. 148.
18 | Ebd., S. 10.
19 | Ebd., S. 15.

»Traubisoda«, das als »Zaubergetränk unserer Heimat«[20] gepriesen wird, scheint auf die Überlegenheit ihrer Heimat gegenüber der Schweiz zu verweisen. Nadja Krakowski unterstreicht, dass durch das Essen und das Sprechen darüber ein Zugehörigkeitsgefühl geweckt werde, welches die Idee von Nähe und Heimat vermittle.[21] Die jeweils kulturelle Zugehörigkeit manifestiert sich im Gemeinschaftsgefühl und in der Lebensart. An der üppigen Beschreibung der kulinarischen Exzesse wird die identitätsstiftende Funktion des Essens für Ildikó signalisiert. Anlässlich jedes Besuchs in der Heimat wird reichlich aufgetischt, sodass die Welt des Ostens als eine des Essens und Genießens präsentiert wird, verglichen mit der westlichen Welt, wo jeder schnell seinen Kaffee schlürft und in die Geschäftigkeit des Alltagslebens verschwindet. Alle Facetten der Identität lassen sich mit den alimentären Aspekten mitteilen und vermitteln ein Zugehörigkeitsgefühl zur Heimat und Familie, welches die Migration zerstört hat. Gerüche und Laute, »das nächtliche Gequake der Frösche [...] das aufgeregte Gegacker eines Huhnes [...] die Nachtviolen und Aprikosenrosen [...] und dazu der Geruch nach gedünsteten Zwiebeln«[22] ergeben »die Atmosphäre meiner Kindheit«.[23]

Gerade in der Fremde akzentuiert sich das Gefühl der Heimat, der verloren gegangenen Bezüge, der erfinderischen und wohlschmeckenden Speisen. Wenn sich Miklos in der Vojvodina als Apologet des Westens definiert, so identifiziert er sich in der schweizerischen Kleinstadt, in welcher er nach der knapp abgestimmten Schwarzenbach-Initiative als Tolerierter bleiben kann, mit der vojvodinischen Heimat, spricht »von den Errungenschaften unserer Kultur.«[24] Ausgehend von unterschiedlichen Nahrungspräferenzen der Schweizer fallen abschätzige Bemerkungen über den »ausgehungerten Quark«, den Cervelat, die »Nationalwurst der Schweizer« bestehend aus »viel viel Eis und Schwartenmagen.«[25] Sie sind Ausdruck einer »Hilflosigkeit gegenüber erlittenem Schmerz, Enttäuschungen, die sich hinter diesen Sprüchen verschanzen«,[26] räsoniert Ildikó hinsichtlich des Überlegenheitsgefühls des Vaters gegenüber der ungarischen Esskultur. Im Gegenzug wird das einheimische Essen gepriesen:

»Unser Quark ist doch der Quark der Superlative, körnig, aromatisch, unsere Paprikawürste, die sind weltberühmt [...] und wir Vojvodiner Ungarn sind ja noch viel gastfreundlicher

---

20 | Ebd.
21 | Krakowski, Nadja (2013): Heimat und Fremde in Melinda Nadj Abonjis »Tauben fliegen auf«. München: Grin, S.8.
22 | Abonji, Tauben fliegen auf, S. 19.
23 | Ebd., S. 19.
24 | Ebd., S. 148.
25 | Ebd.
26 | Ebd., S. 149.

als die Ungarn, die in Ungarn leben, unsere Sprache, die allen Studierten immer noch ein Rätsel ist.«[27]

Die Wahl des Possessivpronomens bezeugt eine deutliche Zugehörigkeit zu einem gewissen Raum und einer Kultur. Damit vermittelt das Essen das Gefühl von Familie und Heimat, das durch die Migration zerstört wurde. Gezeigt wird ebenfalls, wie die beiden Welten nicht miteinander vereinbar sind.

Das Leben in der Fremde

Homi Bhabhas Überlegungen über die kulturelle und politische Lage in seinem Buch *Die Verortung der Kultur* (2000) sind für das Verständnis der Situation der Migranten aufschlussreich. Wie Bhabha ausführt, sind heute viele Menschen von der Migration und dem Verschwinden der nationalen Grenzen betroffen. Durch das Verschwinden der Grenzen kann die Identität eines Menschen nicht mehr im herkömmlichen Sinn verstanden werden. Es geht nicht um die Veränderungen, die in der Vergangenheit und Gegenwart eines Menschen stattfinden, eher um vielfältige Veränderungsprozesse, die während des ganzen Lebens voll im Gang sind. Es ist diese dynamische kulturelle Hybridität, die neue Herausforderungen für das Verstehen der persönlichen Identität schafft.

»Dieser zwischenräumliche Übergang zwischen fester Identifikation eröffnet die Möglichkeit einer kulturellen Hybridität, in der es keinen Platz für Differenz ohne eine übernommene oder verordnete Hierarchie gibt […]. Die Gegenwart kann nicht mehr einfach als Bruch oder Verbindung mit der Vergangenheit und der Zukunft gesehen werden, nicht mehr als synchrone Präsenz: unsere unmittelbare Selbstpräsenz, unser öffentliches Bild, wird durch die darin enthaltenen Diskontinuitäten, Ungleichheiten, Minderheiten sichtbar.«[28]

Homi Bhabas Überlegungen zur kulturellen Hybridität lassen sich auf Ildikó beziehen. Weil die Migrationserfahrungen in der neuen Heimat im Kontext ihrer ungarischen Hintergrundkultur verarbeitet werden, erscheinen beide Kulturen in einem neuen Licht und bewirken ihre kulturelle Hybridität.

Diese vertraute Welt ist mit der Auswanderung der Kinder in die Schweiz endgültig verloren, weil der »Landwechsel der Protagonistin gleichermaßen mit Verheißungen wie Schmerzen«[29] einsetzt. Vergegenwärtigt werden die ersten Eindrücke in der fremden Welt der Schweiz, »dieses Ankommen im neuen Zu-

---

27 | Ebd.
28 | Bhabha, Homi K. (2000): Die Verortung der Kultur. Tübingen: Stauffenburg, S. 5f.
29 | Kegelmann, René (2012): »Wenn nämlich bereits ein Wort keine Entsprechung findet, wie soll dann ein halbes Leben in der neuen Sprache erzählt werden?«. Zur Prosa Melinda Nadj Abonji. In: Germanica, H. 5, S. 9-20, hier S. 9.

hause, die neue Wohnung [...], die Tür zu öffnen, in eine völlig fremde Welt einzutreten«.[30] Dass der Weggang aus der Vojvodina einem Verlust gleichkommt, unterstreicht die Tatsache, dass die Protagonistin Ildikó die ersten Tage in der Schweiz aus ihrer Erinnerung verdrängt hat. Nahm sie die kindliche Welt durch Sinneswahrnehmungen wahr, mal als Geräusch und mal als Geruch, so kommen ihr diese Wahrnehmungen in den ersten Tagen abhanden. Die vielen Eindrücke in der neuen, unüberschaubaren Welt lassen die Kinder die schweizerische Wirklichkeit als traumatisch empfinden. Ihr »Verirren« ist symbolisch zu verstehen, denn für sie bricht die vertraute Welt aus den Fugen. Damit lässt sich das Fremdempfinden dem Zustand der Verlorenheit assoziieren. Und die Rückkehr der Oma in die Vojvodina kommt ebenfalls einer Schmerzerfahrung gleich, »wie wenn meine ganze bisherige Welt von mir weggefahren würde«.[31] Wenn die Jugendliche später gegen den Schein der Eltern rebelliert, erscheint ihr als letztes Refugium die kindliche Welt, deren Inbegriff Mamika darstellte. Indem Mamika im Wendejahr 1989 stirbt, bevor der Krieg anfängt, geht der persönliche Verlust der Heimat der politischen Trennung voraus.[32]

Die Antwort auf die empfundene Fremdheit in der Schweiz stellt die Schlaflosigkeit und Sprachlosigkeit der Hauptprotagonistin dar, die eigentlich Ildikós Suche nach Identität und Verankerungspunkten gleichkommt. Das Kind nistet sich zu Beginn in einem Dazwischen in der Sprache ein, als Versuch, auf die neue Umwelt zu reagieren:

»Ich war noch nicht lange in der Schweiz, und ich erinnere mich an viele schlaflose Nächte und oft [...] wirbelten die Wörter in meinem Kopf wie Laub an einem regnerischen, stürmischen Herbsttag, Wörter auf Ungarisch wie Papiere, Polizei, Briefe, dankbar, deutsche Wörter wie Familiennachzug, Schwarzarbeit [...].«[33]

Bezeichnenderweise lernt das Mädchen gerade jene Wörter kennen, die auf seinen transitorischen Zustand verweisen, wie »Ausweis, Niederlassung, Wartefrist«, »Familiennachzug, Schwarzarbeit«.[34] Es füllt die Leerstellen zwischen den Sprachen mit selbst erzeugten Sprachspielen und nimmt die Sprache regelrecht beim Wort: »Schwarzarbeiter ziehen sich von Kopf bis Fuss schwarz an, ein Dieb muss sich ja tarnen«.[35] Später eignet es sich in der Schule das Deutsche fließend an, übersetzt aber immer wieder für ihre Eltern, als diese sich unbekannte Begrif-

---

30 | Abonji, Tauben fliegen auf, S. 283.
31 | Ebd., S. 276.
32 | Bühler-Dietrich, Annette (2012): Verlusterfahrungen in den Romanen von Melida Nadj Abonji und Saša Stanišić, S. 39.
33 | Abonji, Tauben fliegen auf, S. 48.
34 | Ebd.
35 | Ebd., S 46.

fe für die Einbürgerungsprüfung aneignen müssen.[36] Das Ungarisch bleibt aber auch später bei der Aushilfsarbeit im Café eine mentale Freiräume eröffnende Geheimsprache, von deren Nutzung die Mutter abrät, weil es die Gäste provozieren würde. Als die spätere Studentin von anderen ungarischen Freunden danach gefragt wird, ob sie verliebt sei, antwortet sie in einem Sprachengemisch, »*szerelmes*, ja, bis über beide Ohren, sagt Nomi, *szerelmet, füstöt, köbögést nem lehet eltitkolni*, Liebe, Rauch und Husten könne man nicht verheimlichen.«[37] Damit betreibt Nadj Abonji ein ironisches Spiel mit den Identitäten, erlaubt ihren Figuren zwischen den Sprachen zu hausen und zu springen. Auch sprachlich wird Hybridität zum zentralen Prinzip erhoben im Niemandsland zwischen mehreren Sprachen.

Außerdem macht das sensible Mädchen die Beobachtung, dass ihre Eltern wie ausgewechselt scheinen, sobald sie in das vertraute Ungarisch hinüberwechseln. Im Familienbetrieb unterhalten sich die Eltern Deutsch, doch untereinander sprechen sie Ungarisch, haben nur unter Schwierigkeiten die Einwanderungsprüfungen beim zweiten Anlauf bestanden und fallen immer wieder in das vertraute Ungarisch zurück. Des Öfteren wird auf das defizitäre Deutsch des Vaters verwiesen, der außerdem viele Wörter falsch ausspricht und sie dem Ungarischen angleicht.

Ildikó und Nomi vertreten eine andere Form der Heimatsuche als die Eltern. Nach der Arbeit suchen sie nach »einem Widerhall ihrer Identität in der Alternativszene, suchen das Gleichgewicht zwischen ihrer familiärer Tradition und der Überall-und-nirgends-Existenz als Secondas«, wie es treffend Sibylle Birrer vermerkt.[38] Während die eine durch das Studium der Schweizerischen Geschichte einen Halt und einen Zugang zur neuen Heimat sucht, beweist sie aber nach der mit Fäkalien beschmutzen Toiletten-Episode, dass sie die vorgetäuschte Adaption der Eltern angewidert hat. Auch der Versuch, Anschluss an die Schweizerische Jugendszene im Café Wolgroth zu finden, scheitert, da sich die junge Frau an diesem Ort als fehl am Platz empfindet.

Selbst die Suche nach Nähe und Zweisamkeit, das Heimisch-Werden in der Liebe bringen Ildikó zurück nach Serbien. Vermag der schweizerische Student Mark ihre Sehnsüchte nicht zu erfüllen, so gelingt erst mit dem serbischen

---

36 | Die Autorin Melinda Nadj Abonji erinnert sich daran, dass sie für ihre Eltern jeweils hatte Deutsch übersetzen müssen, als jene sich die Sprache noch nicht angeeignet hatten. Sie habe als Brücke zwischen den Sprachwelten gedient. Deswegen antwortet sie auf die Frage einer Journalistin, »Als was fühlen sie sich?« mit »Dazwischen«, »Weder dem einem noch dem anderen zugehörig. Oder beiden«. Wottreng, Willi (2010): »Melinda Nadj Abonji«. In: Ursula Binggeli (Hg.): Mutter, wo übernachtet die Sprache? 14 Porträts mehrsprachiger Autorinnen und Autoren in der Schweiz. Zürich: Limmat, S. 104-114, hier S. 109.

37 | Abonji, Tauben fliegen auf, S. 203.

38 | Birrer, Sibylle (2010): Melinda Nadj Abonjis Roman ›Tauben fliegen auf‹ erzählt von doppelter Fremdheit: Zärtlichkeit und Wut. In: NZZ vom 02. 10.2010. http://www.nzz.ch/zaertlichkeit-und-wut-1.7776185, abgerufen am 06.09.2015.

Kriegsflüchtling Dalibor, mit dem sie sich in einem Sprachgemisch aus Englisch, Deutsch, Serbokroatisch verständigt, die Liebesbeziehung und Überwindung der Sprachgrenzen: »wir küssen uns mehrsprachig, ich habe mich in dich verliebt, auf Ungarisch, Deutsch, Serbokroatisch, Englisch.«[39] Die Liebesbeziehung zu Dalibor fungiert als Gegenentwurf zu all den gescheiterten Annäherungsversuchen in der Schweiz. Mit ihm kann sich die junge Frau auch über bislang ausgesparte Themen unterhalten, wie das Leben ihrer Verwandten während des Krieges, die desolate Lage, Inflation und Armut.

Das Jahr 1993 bildet »das zeitliche Rückgrat des Romans«[40] und die Familie scheint endgültig angekommen zu sein. Nach vielen »gesichtslose[n] Tage[n]«[41] mit unterschiedlichen Einnahmequellen, dem Verrichten der schwierigsten Arbeiten für geringes Entgelt, nachdem sie jahrelang eine Wäscherei einsetzen und auch die schweizerische Staatsangehörigkeit besitzen, darf die Familie das Café Mondial in zentraler Lage am Züricher See übernehmen. Der Name ist symbolisch zu verstehen, er bezieht sich auf eine Welt im Kleinen, in welcher die alltäglichen Diskussionen um die Wundstellen der schweizerischen Gesellschaft kreisen. Gleichzeitig wohnen dem Café Züge des Transitorischen inne, von Nicht-Orten, wie sie von Marc Augé in Bezug auf Migranträume analysiert wurden.[42] Das Café repräsentiert aber zugleich die Außenwelt gegenüber dem familiären Privatraum. Und der Ort kommt einem Ankommen in mentaler Un-

---

39 | Abonji, Tauben fliegen auf, S. 198.
40 | Birrer, Melinda Nadj Abonjis Roman ›Tauben fliegen auf‹ erzählt von doppelter Fremdheit: Zärtlichkeit und Wut.
41 | Abonji, Tauben fliegen auf, S. 298.
42 | Es sind Gebäude, die sich der Kategorie der Nicht-Orte Marc Augés einordnen lassen und sich als »Raum, der keine Identität besitzt und sich weder als relational, noch als historisch bezeichnen lässt« definieren. Dabei ist zu vermerken: »Der Raum des Nicht-Ortes schafft ... Einsamkeit und Ähnlichkeit«, wobei die These aufgestellt wird, dass: »die ›Übermoderne‹ Nicht-Orte hervorbringt, also Räume, die selbst keine anthropologischen Orte sind und, anders als die Baudelairesche Moderne, die alten Orte nicht integrieren; registriert, klassifiziert und zu ›Orten der Erinnerung‹ erhoben, nehmen die alten Orte darin einen speziellen, festumschriebenen Platz ein. Eine Welt, die Geburt und Tod ins Krankenhaus verbannt, eine Welt, in der die Anzahl der Transiträume und provisorischen Beschäftigungen unter luxuriösen und widerwärtigen Bedingungen unablässig wächst (die Hotelketten und Durchgangsgewohnheiten, die Feriendörfer, die Flüchtlingslager, die Slums, die zum Abbruch oder zum Verfall bestimmt sind), eine Welt, in der sich ein eigenes Netz von Verkehrsmitteln entwickelt, die gleichfalls bewegliche Behausungen sind, wo der mit weiten Strecken, automatischen Verteilern und Kreditkarten Vertraute an die Gesten des stummen Verkehrs anknüpft, eine Welt, die solcherart der einsamen Individualität, der Durchreise, dem Provisorischem und Ephemeren überantwortet ist, bietet dem Anthropologen ein neues Objekt.« Vgl. Augé, Marc (1994): Orte und Nicht-Orte. Vorüberlegungen zu einer Ethnologie der Einsamkeit. Frankfurt a.M.: Suhrkamp, S. 92.

freiheit und Anpassung gleich, wobei die Familie, im Land angekommen, Ausgrenzung nacheifert,[43] denn zwischen äußerem Erfolg und innerer Befindlichkeit existiert eine unüberbrückbare Kluft. Vater und Mutter, die alle Demütigungen in Kauf genommen haben, repräsentieren eine Form der Migration, die auf das stillschweigende Hinnehmen der üblen Arbeiten, auf das Unauffällig-Sein verweist. Ihre Lebensphilosophie beruht auf harter Arbeit und Assimilationszwang. »Wir haben hier noch kein menschliches Schicksal, das müssen wir uns erst noch erarbeiten«,[44] sind die Worte der duldsamen Mutter, die auf den zählen Kampf des Überanpassens hinweisen. Ihre Position ist die der ersten Einwanderergeneration, geboren aus Angst, abgeschoben zu werden. Für sie ist das Sich-Ducken, das Schlucken und Schweigen, die Angleichung zur Lebensphilosophie geworden, um den Schein des Dazugehörens zu erwecken. Nicht aufzufallen ist Pflicht, wenn man als Einwanderer nicht befremden will, so die Leitidee der Eltern. Zu diesem Zweck sind Dialoge im Ungarischen und Serbischen unterlassen, wie es auch verboten ist, politische Themen anzugehen. Deswegen ist der These von Iris Radisch nicht zuzustimmen, dass es sich um eine »geglückte[...] Immigration durch Überanpassung, rastloses Putzen, fleißiges Backen«[45] handele. Vielmehr handelt es sich um eine erzwungene Anpassung und Entfremdung in der zweiten Generation.

Der neu erworbene Status erregt die Ausländerfeindlichkeit der uransässigen Bewohner. Die eine Serviertochter Anita behauptet zynisch, wobei sie auf angebliche Vorzüge des Asylanten-Schicksals verweist: »Ich wäre auch gerne ein Asylant, fünf Franken am Tag, Ildi, damit lässt es sich doch leben, oder?«.[46] Sie, die sich als Sprachrohr der Autochthonen ausgibt, meint, der Salatteller sei kleiner als bei den Tanners, aber gleich teurer, der Kaffee nicht so stark und verleiht somit ihren Bedenken Ausdruck, dass Familie Kocsis sich an den Schweizern bereichern würde. Auch die Gebrüder Schärer verleumden die Familie und streuen üble Gerüchte, dass sie die ehemaligen Inhaber mittels Schmiergelder bestochen hätten.

Nach dem Beginn des Jugoslawien-Kriegs, der jede Heimreise vereitelt, wird das Café Mondial zum Schmelztiegel der Diskussionen über Ausländer und den Balkan. Der Krieg hat mittlerweile auch Familie Kocsis erreicht, da Verwandte zwangsrekrutiert wurden, andere nach Ungarn geflohen sind und die Besuche in die Heimat unmöglich werden. Ildi, die trotz ihrer Kindheit in der Schweiz noch

---

43 | Vgl. die Zeitungsanzeige, in welcher Ildikó in einer Stellenanzeige für den Familienbetrieb vermerkt: »Schweizerinnen bevorzugt«. Damit wird sie ihren Eltern ähnlicher als ihr lieb ist. Abonji, Tauben fliegen auf, S. 88.
44 | Abonji, Tauben fliegen auf, S. 85.
45 | Radisch, Iris (2010): Neue Heimat, weiblich. Gut für Deutschland: Der Immigrationsroman erweitert unsere literarische Vorstellungskraft. In: Die Zeit vom 05.10.2010, http://www.zeit.de/2010/40/L-Bronsky-Abonji, abgerufen am 06.09. 2015.
46 | Abonji, Tauben fliegen auf, S. 63.

immer nicht als Dazugehörende empfunden wird, wird aufgefordert, etwas »über die Verhältnisse in ihrem Land«[47] preiszugeben.

Bezeichnend ist ein Dialog mit einem *echten* Schweizer, Herrn Pfister, der den Balkan als »eine einzige Krise«[48] ansieht, die Bewohner abschätzig als »Balkanesen«[49] und »kriegerische Meute«[50] bezeichnet, die die »Aufklärung einfach nicht durchgemacht«[51] hätten. Auch wenn er hinzufügt, dass er Familie Kocsis gar nicht meine, da diese eingebürgert und integriert sei, bezieht er sich dennoch auf eine Grenzziehung zwischen Autochthonen und Eingewanderten. Auch der ebenfalls eingewanderte Italiener Tognoni, der wegen seinen unternehmerischen Fähigkeiten als Assimilierter gilt, in der Schweizerischen Volkspartei tätig ist, was nicht zuletzt auf sein akzentfreies Deutsch zurückzuführen ist, ist der Meinung, dass auch der Balkan vor der Schweiz nicht Halt machen werde und dass fortan ein Kebab-Stand in der Gemeinde auftauchen würde.

Unter diesen Umständen ist die Dämonisierung des Anderen auch bei anderen Bewohnern festzustellen und in scharfsichtig kritischen Passagen dokumentiert der Roman den Hass auf Andere. Die Ausländerfeindlichkeit der Bewohner geht von den Schärer-Männern aus, und obwohl es im Text verheimlicht ist, wer die Männertoilette verunreinigt ist, deutet alles darauf hin, dass die Tat als Rache der beiden Gebrüder gegen die Familie geplant war.[52] Die sich als scheinheilig gebenden Kunden haben damit ihren wahren Gefühlen unzweideutig Ausdruck verliehen. Damit wird klar, dass hinter der Fassade der Wohlanständigkeit der schweizerischen Gesellschaft, das »Wohlanständige, Kontrollierte, Höfliche eine Maske«[53] darstellt, hinter der Ausländerfeindlichkeit, Biederkeit, der Hass gegen das Fremde und die Lobhudelei des Eigenen vorherrschen. Die Gespaltenheit der Familie verweist auf generationsbedingte Differenzen und unterschiedliche Positionen im Migranten-Status. Mutter und Vater, die mit Entwürdigungen und schwierigsten Arbeiten fertig werden müssen und sich mit dem Satz trösten, »ihr sollt es einmal besser haben als wir, wir arbeiten nur für euch«[54] vertreten das Vertuschen. Das Mädchen ist dafür, eine Anzeige gegen unbekannt zu erstatten. Sie hat es satt, stillschweigend alle Diskriminierungen anzunehmen und die Rolle der glücklichen Serviertochter zu spielen. Durch den Auszug aus der elter-

---

47 | Ebd., S. 240.
48 | Ebd., S. 237.
49 | Ebd., S. 108.
50 | Ebd., S. 105.
51 | Ebd., S. 108.
52 | Verwiesen wird auf das »Lauern der Gebrüder Schärer, die ausdauernd und präzise auf den richtigen Moment warten, um uns, in ihrem Neid, einen bleibenden Denkzettel zu verpassen.« Abonji, Tauben fliegen auf, S. 244.
53 | Abonji, Tauben fliegen auf, S. 283.
54 | Ebd., S. 294.

lichen Wohnung findet sie zu ihrer persönlichen Identität und wird zur selbstständigen jungen Frau.

Fremd-Erfahrung und Mangel an zwischenmenschlicher Nähe in der Schweiz, der psychische Druck, allen fremdenfeindlichen Aussagen aus dem Weg zu gehen, verleiten Ildikó zur Suche nach dem Ich und der Selbsterfahrung. Auf der Suche nach Nähe und nach den fehlenden Bezügen setzt sie sich mit sich auseinander und erfindet ihre Heimat in der Kindheit, im mittlerweile abhandengekommenen Paradies. Dafür muss sie sich aber von ihren Eltern trennen und an einem anderen Ort zu sich selbst finden. Hier erobert sich Ildikó eine Art hybriden Zwischenraum, an welchem sie das Gleichgewicht zwischen eigener und fremder Kultur ausleben kann. Hier wird zwar ihre Identität noch immer maßgeschneidert, denn die Hausverwalterin verpfuscht ihren ungarischen Namen zu »Frau Kotschi« und verleiht ihr eine deutsche Identität. Dafür hat sie aber eine kleine Wohnung, die sie allmählich einrichten möchte und ohne Gardinen belässt, in der sie offen für äußere Einflüsse ist, gleichzeitig aber ihre ungarische Identität ausleben kann. Obzwar sie in der Schweiz lebt, entscheidet sie sich für eine hybride Identität, bekennt sich an Allerheiligen zu ihren ungarischen Wurzeln und besucht einen Gedächtnisort, an dem sie ihrer toten Verwandten gedenken kann. Während zu Beginn die emotionale Nähe zur Vojvodina bestimmend gewesen war, ändert sich ihr Bezug zur Heimat und Fremde im Laufe der Zeit. Die Metapher der fliegenden Taube, welche die Verbindung zur vertrauten kindlichen Welt schlägt und als Brücke zwischen den Sprachwelten dient, lässt sich auf die bewegte Lage Ildikós in der Schweiz zurückführen, die als »Mischwesen«[55] überall und nirgends beheimatet ist: »Und ich sah uns übergross, ich, eine aufgeregte Taube, von menschlichen Schritten aufgescheucht«.[56] Ihr gelingt aber der Durchbruch aus »diesem halbierten Leben«[57] zu einer »multikulturellen amorphen Identität«.[58] Damit wird der Auswandererroman am Ende zu einem Entwicklungsroman, denn Ildikó befreit sich aus familiärer Hörigkeit.

Schlussfolgernd lässt sich sagen, dass der Roman *Tauben fliegen auf* anhand der Komponenten Heimat und Fremdheit die hybride Identität der Protagonistin Ildikó beleuchtet. Sie fühlt sich heimisch in einem kulturellen Zwischenraum, der die mangelnde Integration in der Schweizer Welt und auch die immer wiederkehrenden Erinnerungen an die alte Heimat, die aufgrund von Krieg und Vertreibung für immer verloren ist, voraussetzt. Heimat bedeutet die Zugehörigkeit zur

---

[55] Die Worte gehen auf Ildikós Schwester, Nomi, zurück, welche auf deren Unbehaustheit in beiden Welten verweist und die sich als »Mischwesen [...] in mehreren Welten zu Hause [...] sich wo immer zu Hause fühlen, sich aber nirgendwo zu Hause fühlen [...].« Abonji, Tauben fliegen auf, S. 160.
[56] Ebd., S. 145.
[57] Ebd., S. 294.
[58] Birrer, Melinda Nadj Abonjis Roman ›Tauben fliegen auf‹ erzählt von doppelter Fremdheit: Zärtlichkeit und Wut.

Familie, zu territorialen und gemeinschaftlichen Elementen, die auf dem Weg zu Hochzeitsfeiern nach Titos Tod oder auf dem Weg zum Friedhof relevant werden, wie auch zu emotionalen Aspekten, die durch den Essgeruch versinnbildlicht werden. Das Leben in der Schweiz bedeutet ihre Gegenwart, an der sie in ihrem hybriden Zwischenraum zu sich kommen wird. Ildikós private Geschichte in der Schweiz spiegelt auch den verlorenen Landschafts- und Kulturraum im ehemaligen Jugoslawien wider, den sie nur noch in ihrer individuellen und kollektiven Erinnerung trägt. Abschließend sei Bettina Spoerris Urteil im Zusammenhang mit dem Roman zitiert:

»Auf diese Weise lässt Melinda Nadj Abonji in *Tauben fliegen auf* eine mehrschichtige mnemografische Landschaft entstehen, die auf das Schicksal der MigrantInnen aus dem ehemaligen Jugoslawien und insbesondere ihrer in der Schweiz aufgewachsenen Kinder reflektiert – zugleich erzählt sie aber auch eine Geschichte von universaler Bedeutung über die traumatische und transgenerationell weiterwirkende Erfahrung erzwungener Migration.«[59]

Literatur

Primärliteratur

Abonji, Melinda Nadj (2010): Tauben fliegen auf. Wien: Jung und Jung.

Sekundärliteratur

Augé, Marc (1994): Orte und Nicht-Orte. Vorüberlegungen zu einer Ethnologie der Einsamkeit. Frankfurt a. M.: Suhrkamp.
Bhabha, Homi K. (2000): Die Verortung der Kultur. Tübingen: Stauffenburg.
Birrer, Sibylle (2010): Melinda Nadj Abonjis Roman »Tauben fliegen auf« erzählt von doppelter Fremdheit: Zärtlichkeit und Wut. In: NZZ vom 02. 10. 2010. http://www.nzz.ch/zaertlichkeit-und-wut-1.7776185, abgerufen am 06.09.2015.
Bühler-Dietrich, Annette (2012): Verlusterfahrungen in den Romanen von Melida Nadj Abonji und Saša Stanišić. In: Germanica, H. 5, S. 35-46.
Kegelmann, René (2012): »Wenn nämlich bereits ein Wort keine Entsprechung findet, wie soll dann ein halbes Leben in der neuen Sprache erzählt werden?«. Zur Prosa Melinda Nadj Abonji. In: Germanica, H. 5, S. 9-20.
Krakowski, Nadja (2013): Heimat und Fremde in Melinda Nadj Abonjis »Tauben fliegen auf«. München: Grin.

---

59 | Spoerri, Eine mnemographische Landschaft mitten in Europa - eine narrativ-analytische Lektüre von Melinda Nadj Abonjis Roman Tauben fliegen auf, S. 76.

Radisch, Iris (2010): Neue Heimat, weiblich. Gut für Deutschland: Der Immigrationsroman erweitert unsere literarische Vorstellungskraft. In: Die Zeit vom 05.10.2010. http://www.zeit.de/2010/40/L-Bronsky-Abonji, abgerufen am 06.09. 2015.

Rothenbühler, Daniel (2004): »Im Fremdsein vertraut. Zur Literatur der zweiten Generation von Einwanderern in der deutschsprachigen Schweiz: Francesco Micieli, Franco Supino, Aglaja Veteranyi«. In: Schenk, Klaus/ Todorow, Almut/ Tvrdik, Milan (Hg.): Schreibweisen einer interkulturellen Moderne. Tübingen: Francke, S. 51-79.

Schafroth, Heinz (1988): Angekommen wie nicht da. In: Basler Zeitung, 14.05.1988, S. 7.

Spoerri, Bettina (2012): »Eine mnemografische Landschaft mitten in Europa – eine narrativ-analytische Lektüre von Melinda Nadj Abonjis Roman ›Tauben fliegen auf‹«. In: Cornejo, Renata/ Piontek, Slawomir/ Vlasta, Sandra (Hg.): Aussiger Beiträge: Germanistische Schriftenreihe aus Forschung und Lehre. Ústí nad Labem: Univerzita J. E. Purkyně v Ústí nad Labem, H. 6, S. 65-81.

Wottreng, Willi (2010): »Melinda Nadj Abonji«. In: Binggeli, Ursula (Hg.): Mutter, wo übernachtet die Sprache? 14 Porträts mehrsprachiger Autorinnen und Autoren in der Schweiz. Zürich: Limmat, S. 104-114.

Ruß – von der deutschen Literatur eines Autors mit Migrationshintergrund

Anna Warakomska

1. Einleitung

Den ersten Anstoß fürs Verfassen des vorliegenden Beitrags bildete zum einen das Interesse an der deutschen Literatur, die von Autoren mit dem sog. Migrationshintergrund geschrieben wird, und zum anderen die sich bei den Studien darüber entfaltende begriffliche Spannung. Es wird viel über die Namensgebung dieser Literatur gesprochen, worauf noch zurückzukehren sein wird, verschiedene Vorschläge werden seit Jahren geäußert, die sich analog zur geschichtlichen Entwicklung ändern. Selbst der Terminus «Migrationshintergrund» wird heute in Frage gestellt und die definitorische Vielfalt der Literaturbezeichnungen lässt vermuten, dass sich dahinter wirklich ein Problem verbirgt. Feridun Zaimoglus schriftstellerisches Leisten bietet sich hier vielleicht als ein Paradebeispiel. Insbesondere der Roman *Ruß*, den ich im Folgenden kurz zu analysieren versuche, bricht mit der Vorstellung einer »nicht nur deutschen Literatur«, »Literatur der Fremde« bzw. »Migrantenliteratur« und daher kann er den Interpreten zumindest bei den Klassifizierungsversuchen Sorgen machen. Dies, muss ich übrigens gestehen, kam zum Ausdruck bei dem obigen Titel.

Außer Analyse der inhaltlichen und formalen Elemente des Romans, die zur Prüfung der Titelthese dienen soll, wird im Horizont des Beitrags auch die Auseinandersetzung mit den Begriffsfragen liegen, mit denen ich den theoretischen Teil beginne. Danach sollen kurz die Person und das Werk des Autors dargestellt werden. Die Erinnerung an Zaimoglus andere künstlerische Leistungen wird zum Ziel haben, die Motive und potenzielle Wirkungen des neuen Romans zu entziffern sowie über die Voraussetzungen der nationalen Literaturen zu reflektieren.

2. Begriffliche Vielfalt

Als Alev Tekinay in den 90er Jahren des 20. Jahrhunderts nach Sheffield flog und über das Thema des Preisausschreibens des Münchner Instituts für Deutsch als Fremdsprache »Leben in zwei Sprachen« nachdachte, kam ihr eine mutige Idee in den Sinn: »In drei Sprachen leben«. Mit der ersten Bezeichnung wandten sich die Organisatoren des Wettbewerbs an Ausländer, die Deutsch als Fremdsprache gelernt hatten und in deutscher Sprache schrieben. Die zweite war eine mehr oder weniger spontane Entscheidung der Schriftstellerin, auch des Englischen mächtig zu werden. Sie bemerkte zum Erlernen der neuen Wörter, Sätze, Meinungen, Wünsche, Gedanken, Gefühle in einer fremden Sprache, dass der Lerner bei einer solchen Leistung sich selbst wie ein Kind vorkommen müsse, das gerade das Sprechen lernt. »Es ist ein herrliches Gefühl – schrieb sie weiter. Man verwandelt sich, vielmehr vervielfältigt man sich. Durch zwei Sprachen war ich zwei verschiedene Menschen, hatte ein türkisches und deutsches Ich, die sich ständig stritten und nie in Einklang bringen ließen«.[1]

Schaut man auf die Versuche der Literaturwissenschaft in Bezug auf die Namengebung der Literatur, die von Immigranten und ihren Nachfahren in Deutschland geschaffen wird, kann man von ähnlichen Gefühlen beherrscht sein. Das neue Phänomen wollte man anscheinend mit Entlehnungen aus anderen Disziplinen und Lebensbereichen benennen. Zunächst, also zum Beginn der Anwesenheit der im Ausland angeworbenen Hilfskräfte[2], sprach man in der Soziologie und natürlich im öffentlichen Raum von Fremd- bzw. Gastarbeitern, offensichtlich als Anlehnung daran entstand die »Gastarbeiterliteratur«, bzw. die »Literatur der Fremde«[3]. Mit dem fortschreitenden Diskurs über die Gleichwertigkeit der Kulturen sowie Fragen nach Identität kam die Idee der Interkulturalität und somit auch die Bezeichnung »interkulturelle Literatur«[4]. Als Deutschland immer deutlicher in der Öffentlichkeit (in Wendungen der Wissenschaft

---

1 | Tekinay, Alev (1997): »In drei Sprachen leben«. In: Fischer, Sabine/ McGowan, Moray: Denn du tanzt auf einem Seil. Positionen deutschsprachiger MigrantInnenliteratur. Tübingen: Stauffenburg, S. 27-33, hier S. 29.

2 | Über die Geschichte, insbesondere der Türken in Deutschland vgl. Meier-Braun, Karl-Heinz/ Pazarkaya, Yüksel (Hg.) (1983): Die Türken. Berichte und Informationen zum besseren Verständnis der Türken in Deutschland. Frankfurt a.M./Berlin/Wien: Ullstein. Şen, Faruk/ Goldberg, Andreas (1994): Türken in Deutschland. Leben zwischen zwei Kulturen. München: Beck.

3 | Über andere Vorschläge vgl. Biondi, Franco/ Schami, Rafik (1981): »Literatur der Betroffenheit. Bemerkungen zur Gastarbeiterliteratur«. In: Schaffernicht, Christian (Hg.): Zu Hause in der Fremde. Ein bundesdeutsches Ausländer-Lesebuch. Fischerhude: Atelier im Bauernhaus, S. 124-136, hier S. 128.

4 | Rösch, Heidi (1989): »Dokumentation des Werkstattgesprächs ›Literatur im interkulturellen Kontext‹«. In: Dies. (Hg.): Literatur im interkulturellen Kontext. Dokumentation eines

und Publizistik) zum Einwanderungsland[5] wurde, schlug auch entsprechend der Name der Literatur in »Migrations- oder Migrantenliteratur« um. Gelegentlich sprach man auch von Chamisso-Schriftstellern, also von solchen, deren Leistung durch entsprechenden Preis gewürdigt wurde,[6] neulich vernimmt man bereits die Nachrichten über die misslungene bzw. gelungene Integration, so avanciert die Literatur gelegentlich zur »postmigrantischen«;[7] man versucht sie ferner auch als Weltliteratur zu apostrophieren.[8] Die Begriffe wurden von vielen Forschern postuliert und im Nachhinein verwendet, und es wäre vielleicht nicht verfälscht zu behaupten, dass diese Begriffsentwicklung die Geschichte der Migranten in Deutschland genauso wie ihre literarischen Leistungen widerspiegelt.

Michael Opitz und Carola Opitz-Wiemers haben diese begriffliche Entfaltung synthetisch dargestellt, indem sie außer den wichtigsten Termini auch die Namen der sich für sie einsetzenden Autoren genannt haben:

- »Gastarbeiter- und Betroffenheitsliteratur« (H. Weinrich),
- »Literatur der Fremde« (S. Weigel),
- »Interkulturelle Literatur« (T. Wägenbaur)
- »Migranten- oder Migrationsliteratur« (H. Rösch).[9]

Als Fazit betonen sie, dass diese Literatur, obwohl sie seit fünf Jahrzehnten zur deutschen Literatur gehört, immer noch als »andere« bzw. »erweiterte« deutsche Literatur bezeichnet werde, während jeder dieser Begriffe sich bislang als problematisch und unzureichend erwiesen habe. Sie meinen ferner, dass der konkrete literarische Text oft schon durch die Herkunft der Autoren am Rande deutschsprachiger Literaturentwicklungen erscheine – man muss wohl hinzufügen, dass darunter oft die ästhetische Funktion der Literatur unterschätzt oder sogar missachtet wird. Im öffentlichen Bewusstsein (Literaturbetrieb, akademischer

---

Werkstattgesprächs und Beiträge zur Migrantenliteratur. Berlin: Technische Universität, S. 58-69, hier S. 69.

5 | Die Diskussionen darüber vgl. Bade, Klaus J. (2002): Europa in Bewegung. Migration vom späten 18. Jahrhundert bis zur Gegenwart. München: Beck, S. 336.

6 | Über den Adalbert-von-Chamisso-Preis vgl. http://www.bosch-stiftung.de/content/language1/html/14169.asp, abgerufen am 07.09.2015.

7 | Mehr über den Begriff vgl. Widmann, Arno (2014): Naika Foroutan. Was heißt postmigrantisch? In: Berliner Zeitung vom 12.12.2014, http://www.berliner-zeitung.de/naika-foroutan-was-heisst-postmigrantisch--487520, abgerufen am 04.08.2016.

8 | Rösch, Heidi (2004): Migrationsliteratur als neue Weltliteratur? In: Sprachkunst. Beiträge zur Literaturwissenschaft. Zeitschrift der Österreichischen Akademie der Wissenschaften, Jg. 35, 1. Halbband, S. 90-94.

9 | Vgl. Opitz, Michael/ Opitz-Wiemers, Carola (2001): »Tendenzen in der deutschsprachigen Literatur seit 1989«. In: Beutin, Wolfgang u. a. (Hg.): Deutsche Literaturgeschichte. Von den Anfängen bis zur Gegenwart. Stuttgart: Metzler, S. 660-702, hier S. 694.

Bereich) wahrgenommen und in Wissenschaft und Forschung reflektiert, werde
– so die Forscher – die Geschichte dieser wahrhaft ›kulturübergreifenden und
vielsprachigen Literaturbewegung‹ (C. Chellino) erst seit Ende der 1970er Jahre.[10]

Und diese Anfänge spricht kritisch auch Tekinay an, indem sie folgende Auslegung des Begriffes »Gastarbeiterliteratur« darlegt: »Weil es Schwierigkeiten gab, für diese neue Strömung, daß nämlich Fremde deutsche Literatur schaffen, einen Oberbegriff zu finden, versuchte man verschiedene Bezeichnungen einzuführen, wie zum Beispiel ›Gastarbeiterliteratur‹, die sicherlich abwertend klingt und darüber hinaus nicht zutreffend ist, denn nur die wenigsten der Vertreter dieser Bewegung sind richtige Gastarbeiter. Die meisten sind Akademiker. Gewiß ist es eine sehr leichte Lösung, diese AutorInnen ›Chamissos Enkel‹ zu nennen, ein Motto, unter dem viele Veranstaltungen stattfinden, zu denen schreibende Migranten eingeladen werden, vor einem deutschen Publikum aus ihren Werken zu lesen«.[11]

Und um die thematische sowie auf die Herkunft der Autoren (oder ihrer Vorfahren) hinweisende Beschreibung zu erörtern, sei noch eine Deutung herbeizitiert, die Ende der 1990er Jahre in *Neue Deutsche Literaturgeschichte* zu finden ist: »Zur Wirklichkeitsbeschreibung in der Literatur der Bundesrepublik gehören seit den achtziger Jahren die doppelkulturellen Erfahrungshorizonte. Es etabliert sich zögernd eine ›Migrationsliteratur‹ – meist die literarischen Werke türkischer Autorinnen und Autoren der zweiten oder dritten Generation, die in der Bundesrepublik aufgewachsen ist. Sie verarbeiten die spannungsreichen kulturellen und persönlichen Identitätsprobleme, die sich dieser Generation stellen«.[12] Die letzte Auffassung ist auf die im Folgenden zu diskutierende Literatur von großer Wichtigkeit, da sie explizit die türkische Herkunft vieler deutschschreibender Autoren erwähnt. Ob Zaimoglus Werke ihr zur Gänze entsprechen, soll noch überprüft werden. Jedoch bestätigen alle oben angeführten Beispiele die anfangs gestellte Hypothese, dass die sprachliche Verortung des Phänomens problematisch war und wie es scheint auch weiter problematisch ist.

Am Rande soll es noch bemerkt werden, dass die spielerische Auseinandersetzung mit der Begrifflichkeit im Fall Zaimoglus auf große Kreativität hinweist. Sein künstlerisches Projekt *Kanak Sprak*[13] der 1990er Jahre kann als ein Exempel der Selbstethnisierung einer abwertend wahrgenommenen Gruppe von Menschen angesehen werden.[14] Und die dabei konstruierte Bezeichnung als eine

---

10 | Vgl. ebd.
11 | Tekinay, In drei Sprachen leben, S. 28.
12 | Brenner, Peter J. (1996): Neue Deutsche Literaturgeschichte. Tübingen: Niemeyer, S. 320.
13 | Zaimoglu, Feridun (1995): Kanak Sprak. 24 Mißtöne vom Rande der Gesellschaft. Hamburg: Rotbuch.
14 | Dominik, Katja/ Jünemann, Marc/ Motte, Jan/ Reinecke, Astrid (Hg.) (1999): Angeworben, eingewandert, abgeschoben. Ein anderer Blick auf die Einwanderungsgesellschaft Bundesrepublik Deutschland. Münster: Westfälisches Dampfboot, S.119.

Trotzwendung, die vermochte, eine bisher pejorative Konnotation des Wortes ›Kanake‹[15] umzumünzen. Daher kann diese Neubildung außer der ästhetischen und ethischen Kraft der vermittelten Inhalte als ein gelungener definitorischer Versuch betrachtet werden. Gemessen an dem Erfindungsgeist der Literaturwissenschaft, muss hier eine viel größere Schöpferkraft festegestellt werden. Dass dabei Ironie im Spiel war, die sich Wissenschaftler nicht erlauben können, legt folgende Erklärung des Autors dar: »Wir sind die Kanaken, vor denen ihr Deutschen immer gewarnt habt. Jetzt gibt es uns, ganz eurem Bild und euren Ängsten entsprechend«, welche als ein polarisierendes Literatur- und Selbstverständnis kommentiert wurde.[16]

3. Zu Person und Werk von Feridun Zaimoglu

Der Schriftsteller wurde 1964 in Bolu in der Türkei geboren und kam mit seinen Eltern als Säugling nach Deutschland.[17] Die Familie war eine gewöhnliche Arbeiterfamilie, die im Zuge des Anwerbeabkommens im Ausland ihr Glück versuchen wollte, der Vater war als Industriearbeiter, die Mutter als Putzfrau beschäftigt. Nach dem Gymnasienabschluss hat Zaimoglu in den 1980er Jahren das Studium angefangen, zunächst Medizin und dann Kunst, beide Studiengänge aber abgebrochen. Danach lebte der künftige Autor in Kiel, wo er seiner großen Leidenschaft des Malens nachgegangen war[18] sowie viele unbeliebte Jobs ausübte. Bekannt wurde er durch den *Kanak Sprak*, nach dem er eine relativ große mediale Popularität erlangte, sowie durch viele weitere Romane und Erzählungen, etwa *Abschaum – Die wahre Geschichte von Ertan Ongun* – insbesondere nach der Verfilmung des Romans durch Lars Becker (*Kanak Attack*), aber auch durch *Koppstoff*, *German Amok*, *Leyla*, *Isabel*, *Liebesbrand*, *Zwölf Gramm Glück* und viele andere. Der Autor lebt in Kiel und schreibt seine Prosa weiter, gemeinsam mit Günter Senkel auch Dramen, wie z.B. *Casino Leger* (2003), *Ja. Tu. Es. Jetzt* (2003), *Othello* (2003), *Schwarze Jungfrauen* (2006), *Romeo und Julia* (2006). Seit 2009 entwickelt der Dramaturg Zaimoglu mit Jugendlichen in Hamburg Theaterstücke,

---

15 | Blumentrath, Hendrik/ Bodenburg, Julia/ Hillman, Roger/ Wagner-Egelhaaf, Martina (2007): Transkulturalität. Türkisch-deutsche Konstellationen in Literatur und Film. Münster: Aschendorff, S. 72.
16 | Vgl. Dominik/ Jünemann/ Motte/ Reinecke, Angeworben, eingewandert, abgeschoben, S 119.
17 | Zarychta, Paweł (2008): Feridun Zaimoglu w Krakowie. Relacja ze spotkania. In: caeindotyinaz. pismo innego uczestnictwa w kulturze vom 22.12.2008, http://niedoczytania.pl/feridun-zaimoglu-w-krakowie-relacja-ze-spotkania/, abgerufen am 30.09.2015.
18 | Vgl. Zaimoglu, Feridun (2015): Feridun Zaimoglu über den Sinn des Lebens – Sonntagsgespräch, https://www.youtube.com/watch?v=CfcSDOoOV5o, abgerufen am 02.09.2015.

was diese Gruppe der Sprache wegen besonders spannend findet.[19] Einem breiteren Publikum kann der Schriftsteller auch durch seine Essays und Literaturkritiken in »Die Zeit«, »Die Welt«, »Frankfurter Rundschau« und »Süddeutsche Zeitung«[20] bekannt sein.

In den Jahren 1999-2000 betätigte der Autor sich auch als Theaterdichter am Nationaltheater Mannheim, im Jahre 2004 hielt er als Gastprofessor an der FU Berlin die Vorlesungsreihe *Literature to go*, und 2007 war als Dozent an der Uni Tübingen tätig. Seine Erfahrungen in Rom, wo er dazwischen das Stipendium in der Villa Massimo genoss,[21] wurden zur Inspiration des Buches *Rom intensiv*. Zaimoglu ist auch aktiv in der deutschen Öffentlichkeit, nimmt an vielen Talk Shows und Rundfunk-Sendungen teil, berühmt wurde sein Auftreten in der Islamkonferenz, wo er als Mitglied seinen Platz einer kopftuchtragenden Muslima anbot.

Die literarische Leistung Zaimoglus wird durch seine Leser gewürdigt und auch mit zahlreichen Preisen geehrt. Unter anderen Auszeichnungen bekam er 2003 den Ingeborg-Bachmann-Preis für die Erzählung *Häute*, 2005 den Adelbert-von-Chamisso-Preis, 2007 den Carl-Amery-Literaturpreis, 2008 den Corine-Preis für *Liebesbrand*.[22] Zaimoglu ist auch Mitglied des Pen-Zentrums Deutschland und wird in der Fachliteratur als ein Autor dargestellt, zu dessen Verdienst (neben anderen Autoren) es wurde, das »Deutsch-Türkische« vom Stigma zu Markenzeichen zu machen.[23] Bemerkenswert in Bezug auf die türkische Herkunft seiner Familie ist es, dass der Schriftsteller in seinen früheren Werken das Migrantendasein bzw. das vormigrantische Leben thematisierte.[24]

Kanak Sprak wurde sogar als Widergabe von Interviews mit meist türkischen Jugendlichen deklariert. In mehreren Texten äußern sich hier junge Männer vom Rande der Gesellschaft über die Verhältnisse, unter denen sie als Migranten der zweiten Generation zu leben haben. Gelobt wird wie immer bei Zaimoglu die spektakuläre Sprache der Texte: »bei denen Schimpfwörter, Umgangssprache und eine sehr anschauliche Bildlichkeit nicht Ausdruck von Sprachlosigkeit und

---

[19] | Zaimoglu, Feridun (2015): Feridun Zaimoglu - Mein Leben, https://www.youtube.com/watch?v=AR7rER2Ljpg, abgerufen am 02.09.2015.
[20] | Vgl. Zaimoglu, Feridun (2004): German Amok. Roman. Frankfurt a.M.: Fischer, S. 2.
[21] | Zaimoglu, Feridun (2006): Leyla. Roman. Köln: Kiepenhauer & Witsch, S. 3 des Umschlags.
[22] | Vgl. Zaimoglu, Feridun (2014): Isabel. Köln: Kiepenhauer & Witsch, S. 3 des Umschlags. Über weitere Preise des Schriftstellers vgl. Robert Bosch Stiftung: Über den Chamisso-Preis. http://www.bosch-stiftung.de/content/language1/html/14169.asp, abgerufen am 07.09.2015.
[23] | Hofmann, Michael/ Patrut, Iulia-Karin (2015): Einführung in die interkulturelle Literatur. Darmstadt: Wissenschaftliche Buchgesellschaft, S. 72.
[24] | Im 2015 erschienenen Roman des Autors »Siebentürmeviertel« (Zaimoglu, Feridun (2015): Siebentürmeviertel. Köln: Kiepenhauer & Witsch) wird wieder Istanbul zur Kulisse der Handlung.

Begrenzung sind, sondern eine poetische Kraft gewinnen, mit denen die ›Kanaken‹ eine eigene Welt vertreten«.[25] Ungeachtet dessen, ob diese Niederschriften authentisch, im Sinne dokumentarisch getreu, sind, oder ob sie überwiegend der schöpferischen Phantasie des Autors entstammen,[26] mischen sie durch ihre Frische der »puristisch definierten nationalen Kultur« Deutschlands neue Potenziale bei. Ob das »Verunreinigung«[27] sei, bleibt dahingestellt. Man kann darin auch Öffnungen für neue literarische und kulturgeschichtliche Räume sehen. Jedenfalls wird die Repräsentation des Migrantendaseins, auch wenn in einer völlig neuen Form, zum Thema der ersten Werke von Zaimoglu. Sie wird sogar zu einem spezifischen Programm: während die »weinerliche, sich anbiedernde und öffentlich geförderte ›Gastarbeiterliteratur‹ der [19]70er Jahre die Legende vom ›armen, aber herzensguten Ali‹ [verbreitete], so kommen jetzt die ›Kanaken‹, zu deren Sprachrohr sich Zaimoglu, der ›educated kanaksta‹, wie er sich selbst bezeichnet – aufschwingt«.[28]

Allerdings erfährt die Literatur von Zaimoglu eine Differenzierung der Rezeption genauso wie das Selbstverständnis des Autors offensichtlich einem Wandel unterliegt. »Ihm ist es gelungen, die Pose des ›Kanaken‹ zu überwinden und das Sprachschöpferische des ›Kanak Sprak‹ in eine neue Literatursprache zu überführen. Nach einer Reihe von Texten im Stile von *Kanak Sprak* ging er zu Erzählungen und Romanen über, die eine anspruchsvolle literarische Sprache erreichten und dabei die Expressivität eines rebellischen Subjektivismus bewahrten«.[29] Der thematische und herkunftsbezogene Wandel geht mit dieser Überwindung einher, was u.a. am Exempel des Romans *Ruß* zu beobachten ist.[30]

4. RUSS

Zaimoglus Roman *Ruß* erschien 2011 im Verlag Kiepeheuer&Witsch.[31] Es ist eine Geschichte von Renz, einem einstigen Arzt, der nach der Ermordung seiner Frau den Lebenssinn verliert und in eine quasi Kriminalgeschichte verwickelt

---

25 | Hofmann/ Patrut, Einführung in die interkulturelle Literatur, S. 71.
26 | Vgl. ebd., S. 70.
27 | Dominik/ Jünemann/ Motte/ Reinecke, Angeworben, eingewandert, abgeschoben, S. 119.
28 | Zaimoglu, Feridun: Kanak Sprak, S. 11, zit. nach Dominik/ Jünemann/ Motte/ Reinecke, Angeworben, eingewandert, abgeschoben, S. 119.
29 | Hofmann/ Patrut, Einführung in die interkulturelle Literatur, S. 72.
30 | Über andere Titel dieser Wende vgl. Wolf, Iro (2015): Wolf liest Feridun Zaimoglu. In: Wolfs Welt der Bücher, http://www.goethe.de/ins/ru/lp/prj/drj/leb/kul/wol/de8987931.html, abgerufen am 03.09.2015.
31 | Ich werde jedoch folgende Ausgabe benutzen: Zaimoglu, Feridun (2013): Ruß. Frankfurt a.M.: Fischer.

wird. Er bekommt eine Nachricht, dass der Mörder seiner Frau bald aus dem Gefängnis entlassen wird, wodurch sein einfaches Leben in Duisburg, wo er mit seinem Schwiegervater einen Kiosk führt, ins Wanken gerät. Seinen Freundeskreis bilden die trinkenden Kunden des Geschäftes sowie die Kellnerin Marja, in die er sich mit der Zeit verliebt, und die Kulissen bildet der Ruhrpott, eine Gegend im Umbruch, wo über die Förderung der Kohle in Vergangenheitsformen erzählt wird, auf die aber die Romanfiguren stolz zu sein scheinen.[32] Eines Tages meldet sich beim Renz ein alter Freund, Heinrich Voss, für den der Protagonist eine Reise nach Polen unternimmt. Dort soll er mit Karl, einem Beauftragten Heinrichs, einen verstörten Halbbruder des Freundes, Josef, finden und nach Deutschland zurückholen. Zu Handlungsorten werden im Roman daher: Duisburg und Warschau, aber ferner auch Salzburg und die Alpengegend um Berchtesgaden.

Die Gestalten der Erzählung, außer den genannten Lorenz, Eckart (der Schwiegervater), Stella (die Ermordete), Marja, Heinrich und Josef treten auch Nebenhelden auf, u.a: Kallu, Hansgerd Norbert – die Stammgäste des Kiosks sowie Alfons, ein Mann Karls vor Ort und der mutmaßliche Mörder Willi Posnik. Sie haben ausgesprochen deutsche Vor- und Nachnamen, durch Milieusprache, die sie sprechen, ihre Essgewohnheiten, ihre Gebärden und Ansichten, die ab und zu geschildert werden, kann der Leser den Eindruck gewinnen, dass er mit einem durchschnittsdeutschen Personal zu tun hat. Keine Spur mehr von ›Kanaken‹ oder explosiven Jungs, die die Szene in früheren Werken Zaimoglus beherrschen. Über den Stammbaum und Lebenslauf des Protagonisten wird folgenderweise erzählt: »Kindchen Renz: das fitte Arbeiterkind [...] Alle katholisch in der Klasse. Fittis Vater: Protestant. Fittis Mutter: katholisch. Renz darf auf die Ketzerjagd nach Duisburg-Huckingen, die Katholenjungs nehmen ihn auf. Nur die Mutter zählt, sagen sie, du bist getauft, wir sind die Hunde der Mutter Kirche. Und sie jagen die Evangelenketzer, und sie jagen die Ostbatjacken: Flüchtlinge und Heimatvertriebene«.[33] Die Erinnerungen an die Konfession bzw. Religion der Figuren kommen öfter vor. So zum Beispiel singt Josef bei dem Streit mit Renz vor der Rückreise nach Deutschland ein Lied:

»Christ Herre, du bist gut;
Nun hilf uns durch dein reines Blut,
durch deine hehren Wunden,
Dass wir froh einst werden gefunden,
Wo süß ist der Engel Ton
In deinem Reich. Kyrie Eleison.
Amen.

---

[32] | Vgl. ebd., S. 20f.
[33] | Ebd., S. 61.

Was soll das?, sagte Renz
Ein altdeutsches Marschlied, sagte Josef, wir ziehen in die Schlacht«.[34]

Analog informiert der Text über das Gebet, das Renz nach dem Tod seiner Frau ausgesprochen hat: »Und doch sagte er damals Vaterunser auf. Eine passende Gelegenheit«.[35]

4.1 Ausländer im Text

Allerdings treten im Handlungsablauf auch Ausländer auf. Etwa bei der Reise nach Obersalzberg beobachtet Renz die russischen Touristen: »Im Bus Russen, Angehörige fremder Völker, sie schwiegen, als lauschten sie dem Beben in ihrer Brust [...] Alfons sagte: Die Sieger kehren zurück, der böse Mann hat hier gehaust, und die Sieger wollen wissen, ob seine verdorbene Seele hier umgeht«.[36] Und auf der Weiterfahrt durch deutsche Städte wird das Lesepublikum mit folgender Schilderung konfrontiert: »Renz fuhr los – er fuhr durch Tunnel und über Brücken. Verbotsschilder, Ortschilder. Pensionen, Hotels, Araberfrauen, schwarz verhüllt. In Bahnhofslokal Bruck machten sie kurzen Halt«.[37] Und dies ist womöglich die einzige Stelle im Text, wo über Muslime gesprochen wird.

Die Migranten und Aussiedler werden auch zu Beginn des Romans erwähnt, etwa der Pole Jan als Renzens Jugendfreund, von dessen Familie zu vernehmen ist: »Waren sie Polen, die Nachbarn? War mal, ist vorbei, jetzt haben sie nur noch den Namen, sonst deutsche Sitten. Jan – der Sohn der Nichtmehrpolen, sein bester Kumpel«.[38] Vor einem Einkaufszentrum rangen »Slawen im Suff miteinander«[39]. Von der Jagd der »Katholen«auf Flüchtlinge und Heimatvertriebene war schon die Rede. Es soll vielleicht noch der Elektriker Mathi erwähnt werden. Diese Nebenfigur wird einmal in der Kneipe dargestellt, in der Eckart nach dem getrübten Renz sucht, der nach Stellas Tod die Arbeit im Krankenhaus aufgegeben hat und »sich hoch und nieder säuft«. Eckart trinkt auch, vermag es aber, rechtzeitig aufzuhören. Besonders gut trinkt er mit Mathi, »dem GI-Kind, dem schwarzen Sohn der Stadt, dem Vorzeige-Zulu der Kneipe, Eckart nennt ihn Zulu, bald sitzen sie gemeinsam mit Renz an einem Tisch«.[40] Die ausgewählten Passagen, außer dem Abschnitt über die Polenreise, erfüllen den kurzen Katalog der

---

34 | Ebd., S. 246. Der irre Josef wiederholt übrigens dieses komische Benehmen, indem er Renz einen Zettel mit gereimten Floskeln übergibt, die aufschlussreich sein können, im Text jedoch als »idiotisch« bezeichnet werden.
35 | Ebd., S. 222.
36 | Ebd., S. 247f.
37 | Ebd., S. 262.
38 | Ebd., S. 59.
39 | Ebd., S. 93.
40 | Ebd., S. 65.

Ausländerbilder in Zaimoglus neuem Werk. Ab und zu wird noch vielleicht nach Herkunft der Helden gefragt, die Stammtischgespräche thematisieren nebenbei die Lage der Nation, unter Freunden wird z.B. ein Kasache erwähnt, der den Deutschen Laschheit vorwirft und die Suche nach einer starken Hand empfiehlt. Es sind aber Nebensächlichkeiten im ganzen Plot. Die Migrantenproblematik, die Konflikte der Minderheiten mit der Mehrheitsgesellschaft, werden ausgeblendet. Dies wie das explizit deutsche (christliche) Romaninventar weisen auf die besagte Überwindung in der schriftstellerischen Leistung des Autors hin und womöglich bestätigen sie.

4.2 Anspielungen an Deutschlands Geschichte

Interessant erscheinen in diesem Zusammenhang auch zahlreiche Anspielungen auf die Geschichte Deutschlands und seiner Nachbarn im 20. Jahrhundert. Hier spielt die ungewöhnliche Polenreise eine besondere Rolle. Renz fährt dort, wie gesagt, im Auftrag eines alten Bekannten und gemeinsam mit einem von ihm arrangierten Begleiter, Karl. Sie haben zur Aufgabe, den Halbbruder von Heinrich ausfindig zu machen und ihn zurück nach Deutschland zu bringen. Josef hält sich in Warschau auf, er hat seine Frau, Gretchen, und seine Tochter verloren, ist deshalb genauso wie Renz betroffen, aber anders als er zugleich arrogant und gehässig. Erst am Ende des Romans wird das Dubiose dieser Figur entpuppt.

In Warschau werden die Männer in Interaktionen mit polnischen, bulgarischen und vietnamesischen Bürgern geschildert, etwa auf den Straßen, in Restaurants oder auf dem Stadion, wo mit verschiedenen Waren gehandelt wird. Diese letztgenannte Stelle, die real seit einigen Jahren wieder dem Sport und nicht mehr dem Handel dient, wird etwa so dargestellt: »Am Stadion wurde es schlimmer. Hier tötet man, auch wenn man auf andere Mittel zurückgreifen kann, dachte Renz ...«.[41] Karl und Renz suchen nach Josef in »Sofia«, einem bulgarischen Restaurant, das sich als ein Stripteaselokal erweist, in dem die meisten Männer wie »reich gewordene Monteure« aussehen und wo Josef gerne verkehrt.[42] Bereits am Eingang ist den Gästen unheimlich zumute, die Türhüter, »sonderbare Bulgaren«, machten den Eindruck, als könnte sich die Gewalt jede Zeit entladen[43]. Tatsächlich kommt es zu Handgemengen mit dem Personal und der streitsüchtige Josef, der wirklich drin anwesend war, wird vor die Tür weggeworfen. Karl will sich für seinen Bekannten entschuldigen, verneint die Verwandtschaft mit Josef und im Anschluss an diese Szene ereignet sich folgendes Gespräch auf Englisch:

»Little Hitler and his friends, sagte der Bulgare.
We are no Hitlers, we are Germans, sagte Karl.

---

41 | Ebd., S. 56.
42 | Vgl. ebd., S. 47.
43 | Vgl. ebd., S. 44.

Go to your Hitlerhotel, sagte der Bulgare, there is no chance for occupation. There is no chance for a big party in Poland. You are Hitlers and we are Stalins.
We are not enemies, sagte Karl.
Your father was the enemy of my father, sagte der Bulgare, history is not dead. I live. History lives«.[44]

Einführend behauptete ich, es ist eine ungewöhnliche Polenreise. Dieses Zitat ist ein Hinweis darauf. Warum sprechen die Deutschen in Polen über den Zweiten Weltkrieg ausgerechnet mit einem Bulgaren, der seine Vorurteile aus der Geschichte in die Gegenwart transponiert und ferner die Relikte der Teilung Europas in zwei angefeindete politische Blöcke aufrechterhält, ist unerklärlich. Und seine Einwände scheinen auch verfehlt zu sein, da Bulgarien bekanntlich zu Hitlers Verbündeten zumindest bis 1944 gehörte. Vielleicht lebt »history« für diese Figur »in a different or alternative way«. Dieses Gespräch gehört in der Handlung in Polen zur Ausnahme. Die polnischen Bürger, obwohl sie ihre Makel und Eigenheiten haben – Maurycy trägt Vollbart und seine Worte sind »national in der Form, sozialistisch im Inhalt«, eine Straßensängerin stimmt die Passanten »traurig an einem regnerischen Tag«, die Frauen laufen »berockt und übermütig« durch die Straßen und die Jugendlichen reagieren übertrieben auf Renzens Delikt[45] – sprechen mit den ausländischen Gästen nicht über die Geschichte. Und wenn einmal zu einem solchen Gespräch kommen konnte, wird es schnell und höflich beendet:

»Dies ist das Haus des schwarzen Knaben, sagte Maurycy, manche sprechen auch vom schwarzen Prinzen. Man hat im Krieg alles in Schutt und Asche gelegt.
Wer ist ›man‹?, sagte Josef
Na ja, das waren Sie.
Ich habe damit nichts zu tun.
Sie wissen schon, was ich meine.
Kriege haben wir gut geführt, sagte Josef, da kennen wir uns aus.
Wir dagegen haben fast keinen Krieg gewonnen«.[46]

Hier wird das Gespräch auf andere Materien gelenkt und die Historie wird in Polen nicht mehr thematisiert. Renz, Karl und Josef scheinen zwar von der Stadt und von Einheimischen nicht besonders begeistert zu sein, der Zweite Weltkrieg und die tausend Jahre der deutsch-polnischen Angelegenheiten spielen bei dieser Beurteilung eher keine Rolle. Und dies gehört meiner Ansicht nach auch zur Besonderheit in der deutschen Literatur. Die deutschen Schriftsteller der älteren Generationen ließen ihre Protagonisten nach Polen fahren oder im Grenzraum

---

44 | Ebd., S. 50.
45 | Vgl. ebd., S. 70-82.
46 | Ebd., S. 74.

bzw. im ideellen Raum der Begegnung verweilen entweder mit einer Zivilisationsmission (wie etwa Freytag seinen Anton Wohlfahrt) oder um Reminiszenzen wachzurufen (z.B. Grass den Matzerath). Die Geschichte war dabei von großem Belang und einfach nicht wegzudenken. Auch unsere Zeitgenossen, falls sie überhaupt für Polen ein Interesse zeigen, beschäftigt die Geschichte, insbesondere die des Zweiten Weltkrieges, ausgesprochen. Es entstehen neulich Romane und Erzählungen, Reiseberichte und fabularisierte Familiengeschichten in deutscher Sprache, die von an die Vergangenheit interessierten Helden wimmeln.[47]

Alexander Chertenko stellt sogar eine Liste auf, die wirklich imposant wirkt. Der Forscher betont u.a.: »Zu den zentralen Motiven der ›Vergangenheitsbewältigung‹ in der deutschen Literatur nach 1989, vor allem im sogenannten Familienroman, gehört die Reise von Vertretern der mittleren und/oder jüngeren Generation nach Osteuropa, hauptsächlich nach Polen, aber auch in die Ukraine, wobei das osteuropäische Terrain im Bewusstsein der Reisenden mit den Ereignissen der traumatischen nationalsozialistischen Vergangenheit gekoppelt wird. Hier nur einige Beispiele. In Monika Marons *Pawels Briefe* (1999) tritt die autobiographische Ich-Erzählerin, die eine vage Schuld gegenüber ihrem entweder im Belchatów-Ghetto oder im KZ Kulmhof umgekommenen Großvater empfindet, eine in erster Linie gedankliche, aber auch faktische Reise nach Polen an, mit der Hoffnung, dadurch die Briefe des verstorbenen Großvaters Pawel Iglarz in die Realien des europäischen Grenzlandes integrieren zu können. In Tanja Dückers *Himmelskörper* (2003) kehrt die Ich-Erzählerin mehrmals nach Polen, um für die nebelhafte Verwicklung ihrer Großmutter und Mutter in die Katastrophe von ›Wilhelm Gustloff‹ eine auch nur halbwegs passable Erklärung zu finden ...« und so weiter und so fort.[48] Die Liste ist wie schon erwähnt lang, es werden Autoren und Titel genannt, die die Suche nach Verschollenen, traumatische familiäre Erlebnisse, Tod und Terror der Besatzungszeit und vor allem den Wunsch nach Rekonstruktion der Ereignisse thematisieren.[49] Eigentlich ist es erstaunlich, dass

---

47 | Vgl. Janesch, Sabrina (2012): Katzenberge. Berlin: Aufbau-Taschenbuch. Biller, Maxim (2013): Im Kopf von Bruno Schulz. Novelle. Köln: Kiepenhauer & Witsch. Kuckart, Judith (2002): Lenas Liebe. Köln: DuMont.

48 | Chertenko, Alexander (2015): »Seine [...] Slipper [...] passen nicht auf den Asphalt von O. Die Rekolonisierung Polens und die deutsche Vergangenheit in Judith Kuckarts ›Lenas Liebe‹«. In: Dubrowska, Małgorzata/ Rutka, Anna (Hg.): Reise in die Tiefe der Zeit und des Traums. (Re-)Lektüren des ostmitteleuropäischen Raumes aus österreichischer, deutscher, polnischer und ukrainischer Sicht. Lublin: Wydawnictwo KUL, S. 175-190, hier S. 175f.

49 | Als Exempel dienen etwa: Treichel, Hans-Ulrich (1998): Der Verlorene. Erzählung. Frankfurt a.M.: Suhrkamp. Timm, Uwe (2003): Am Beispiel meines Bruders. Köln: Kiepenhauer & Witsch. Wackwitz, Stephan (2003): Ein unsichtbares Land. Familienroman. Frankfurt a.M.: Fischer. Treichel, Hans-Ulrich (2008): Anatolin. Frankfurt a.M.: Suhrkamp. Schindel, Robert (1992): Gebürtig. Frankfurt a.M.: Suhrkamp.

siebzig Jahre nach dem Krieg vorwiegend junge Menschen mit solcher Problematik zur Feder greifen.

Der Roman *Ruß* mit seiner Polenreise der Deutschen, die (im Vergleich) durch ganz harmlose Motive zu Stande kommt, bildet hier daher eine Ausnahme. Die Protagonisten streifen durch die Straßen Warschaus, beobachten zwar die Menschen und ihr Leben, die Geschichte der Gräueltaten, die diese Stadt erlebte, wird aber durch die Gegenwart ausrangiert. Und wenn sie zur Sprache kommt, identifizieren sich die Helden nicht mit ihr. Auch dies scheint eine neue Komponente in der deutschen Literatur zu sein. Würde sie nur als ein Zeichen des Generationenwechsels und somit der Normalisierung der Positionen zu deuten, sollte sie herzlich begrüßt werden. Allerdings muss man festhalten, dass die Passagen, die die Geschichte doch thematisieren, die Probleme nur flüchtig anstreifen und manchmal Klischees bedienen, wie etwa bei dem Gespräch mit dem Bulgaren.

Als Reminiszenz an Nachkriegsdeutschland kommt die Thematik auch in den außerhalb Polens spielenden Abschnitten vor. An Hitler wird etwa während der Alpentour der Figuren erinnert, wovon oben die Rede war. Während eines Spazierganges mit Marja sieht Renz elegante Frauen und Mädchen, die er gerne malen würde. Und als Pendant zu dieser Idylle wird solcher Satz eingeschoben: »Marja erzählte von den einstigen Arbeiterfrauen, viele Jahre nach dem Krieg hätten sie ihr Haar immer noch nach der Entwarnungsfrisur der Trümmertage gebürstet, Lockentuff am Vorderkopf, Seiten- und Nackenhaar in Rollen oben am Kopf befestigt«.[50] Als analoge Splitter der Kriegserinnerung können ferner der Hinweis auf den Alsumer Berg oder die Alsumer Halde betrachtet werden, die aus Kriegstrümmern besteht, ein paar Zwischenrufe, der Krieg sei vorbei, oder ein Radiobericht über eine amerikanische Zehn-Zentner-Bombe in Duisburg-Neuenkamp, die entschärft werden muss. Die Reaktion der Kumpel auf die letzte Nachricht kann allerdings mannigfaltig interpretiert werden: »A40 gesperrt, ausweichen auf A3, A42 und A57. Kallu sagte: betrifft uns nicht, und drehte den Ton leiser«.[51] Alle diese Bruchstücke der Geschichte werden nicht weiter kommentiert, sie funktionieren wie Aussagesätze: es war mal so, wir leben in einer anderen Zeit.

4.3 Der Ruhrpott

Und der Roman berührt in dieser Weise die Ereignisse aus der Vergangenheit nicht selten, beschäftigt sich jedoch vorwiegend mit der Gegenwart, er ist eine Apologie des *hic et nunc* gemischt mit Nostalgie an eine vergangene Größe. Dies kann mit vielen Passagen belegt werden. Es werden oft Orts- und Werksnamen hervorgehoben:

---

50 | Zaimoglu, Ruß, S. 128.
51 | Ebd., S. 154.

»Der Aufstieg auf die Hügelkuppe war nur von Süden her möglich, er war mit Stella den Weg hinaufgegangen. Sie hatte in die vier Himmelsrichtungen gezeigt, die Industrieanlagen in leichtem Dunst benannt: Hochofenwerk Hamborn. Stahlwerk Bruckhausen. Kraftwerk Walsum. Kokerei Schwelgern. Der Rhein machte einen Bogen, der Emscherschnellweg spannte sich über das Wasser. Wintertrüber Himmel, Vogelschreie. Musste er um den Berg laufen? Wo hatte Karl Stellung bezogen?«[52]

Ähnlich kommt zwischen den trinkenden Kumpanen bei gemeinschaftlicher Beratung über Renzens Investigation zu einem Streit. Stein des Anstoßes sind aber keine verletzten Gefühle oder Beleidigungen, sondern örtliche Topographie:

»Nach dem zweiten Schluck begann der Streit. Der Pott nach Norbert: Marl im Norden, Soest im Osten, Essen-Borbeck im Süden, Mönchengladbach im Westen. Der Pott nach Hansgerd: Haltern im Norden, Hamm im Osten, Breckerfeld im Süden, Kamp-Lintfort im Westen. Sie tranken die erste Flasche leer, tranken die zweite Flasche an, da wurde es grob. Ratte. Arschgesicht. Fuzzi. Wer war schuld, dass der Pott vor die Hunde ging? Der nächste Streitpunkt«.[53]

Hier zeigt sich übrigens auch, dass die prekäre Lage der Gegend den Männern am Herzen liegt. Zu Beginn der Erzählung wird in diesem Kontext über die Frauen gesprochen, die Duisburg gegen Düsseldorf oder andere Städte in der Ferne gewechselt haben, um dort ihr Glück zu suchen. Norbert meint zum Beispiel über seine Tochter, die nach drei Jahren Ehe im Norden, sich scheiden lässt und zurückkehrt: »Die is von hier, die kommt nicht weg vom Pott. Rubinfiasko nannte er es, wenn die jungen Leute zurückkehrten zu Heim und Hafen, sie waren nicht wirklich gescheitert, sie hatten noch zwei Drittel Leben vor sich«.[54]

Solche und verwandte Liebesbekundungen gegenüber der Gegend und ihren Einwohnern, die ihren Ausdruck in Schilderung der Orte, geographischer Namen, der Topographie der Umgebung, ihres Dialekts und ihrer Soziolekte finden, berechtigen zur Feststellung, dass der Autor ein Plädoyer für den Ruhrpott verfasst hat. In den ersten Rezensionen wurde das Buch deshalb als »Duisburger

---

52 | Ebd., S. 190.
53 | Ebd., S. 188.
54 | Ebd., S. 22.

Elegie«,[55] »eine deutsche Saga«[56] oder Remix des Ruhrgebiets, »dessen Autor auf den alten Tonspuren surft, wie es ihm gefällt«,[57] bezeichnet.

Die nostalgische Fürsprache für den Pott ist auch in Konstellationen spürbar, die eine Fortdauer bekunden: »Was ihr uns anvertraut, das veruntreuen wir nicht: Wir waren die Kinder im Borbecker Halblang, wir zogen die Strickstrümpfe hoch bis zu den Kniekehlen.

Was wir für euch aufbewahren, das ist kein billiges Zeugs, kein Schrux, kein Kram. Was war, das ist nicht mehr, doch Rhein und Ruhr strömen immer noch zusammen.

»Nennt uns nicht olle Piefkes. Nennt uns nicht Taubenzüchter.
Ruß wischen wir weg. Den schwarzen Staub im Gesicht waschen
wir weg. Fein und sauber sieht in unseren guten Stuben aus.
Wie Pfoten alter Hunde hängt uns das Haar über die Ohren.
Kredit kriegen wir lang nicht mehr von der Bank.
Wir sind nicht erledigt. In Overbruch und in Mündelheim. In Alt-
Homberg und in Duissern. In Baerl und in Rahm. In Hochemmerich
und in Röttgersbach. Wo wir waren, da wir sind«.[58]

In Bezug auf gewisse Beständigkeit bzw. Fortdauer scheint auch die Erklärung des Protagonisten wichtig zu sein. Er stellt sich in einer billigen Kantine in die Schlange, wo ein alter Herr ihn nach Herkunft fragt. Als Renz behauptet von hier abzustammen und nicht wegziehen zu wollen, wundert sich der Alte und es kommt zu solchem Wortwechsel:

»Gefällt mir wirklich.
Was denn – was denn?
Na, Rhein und Ruhr. Dann die Geschichte.

---

55 | Vgl. Schmidt, Thomas E. (2011): Ein Mann muss sich entscheiden. Feridun Zaimoglus Roman »Ruß« erzählt von einem armseligen Büdchenmann und gerät schließlich zum Krimi. In: Die Zeit vom 11.08.2011, http://www.zeit.de/2011/34/L-B-Zaimoglu, abgerufen am 04.09.2015.

56 | http://www.kiwi-verlag.de/buch/russ/978-3-462-04329-7/, abgerufen am 05.09.2015.

57 | Vgl. Spiegel, Hubert (2011): Und hinterm Wasserhäuschen eine Welt. Das Ruhrgebiet als Remix: Feridun Zaimoglu erzählt vom Leben eines Kioskbetreibers und surft auf den Tonspuren einer untergegangenen Welt. In: Frankfurter Allgemeine Zeitung vom 05.10.2011, http://www.faz.net/aktuell/feuilleton/buecher/rezensionen/belletristik/feridun-zaimoglu-russ-und-hinterm-wasserhaeuschen-eine-welt-11483764.html, abgerufen am 04.09.2015.

58 | Zaimoglu, Ruß, S. 24.

Hörense auf, rief der Alte, wenn ich sterb, werd ich wissen, dass Duisburg vor mir verreckt is. Hörense auf mit dem Tourismus«.[59]

Die Verbundenheit mit der Heimat wird im Text auf diverse Art und Weise markiert. Neben Deskriptionen der Gegend oder Aufzählung der hiesigen Betriebe werden auch Essgewohnheiten der Protagonisten, ihre Lieblingsspeisen und ihr Benehmen dargestellt. Und die Passagen, die die Handlung nicht fortbewegen, dienen ab und zu auch der Schilderung des Stadtambiente. Hier ein Exempel einer winterlichen Atmosphäre kurz vor Weihnachten:»Noch einige Wochen bis Weihnachten, aber man hatte die hohe Tanne auf dem Neumarkt aufgestellt, als gäbe es bis zur Frist nur noch Festtage zu feiern. In Silberfolie eingewickelte Pappmascheeglocken an den Zweigen, sie hingen von Schnee durchnässt, wie überreife Früchte herab«.[60] Diese Beschreibung ist ganz gewöhnlich und droht in den Kitsch abzurutschen. Der Autor weiß sich aber zu helfen und ändert vollständig die Atmosphäre durch Einbeziehung im Anschluss an diese Szene einer quasi Krimigeschichte. Und so scheint auch das ganze Buch komponiert zu sein. Die Details aus dem Leben des Ruhrgebiets werden um die dramatischen Angelegenheiten des Protagonisten erweitert, mit seinen Erlebnissen und Reflexionen vermischt.

4.4 Die Macht der Sprache

Das, was bei Zaimoglu besonders in Spannung hält und was vielenorts gelobt wird[61] ist die Sprache. Der analysierte Roman sticht in dieser Hinsicht nicht ab. Es wird hier in dritter Person erzählt, den Text charakterisieren kurze Sätze bzw. Satzellipsen, die die Aussagen manchmal enorm kondensieren und ihnen eine eigene Dynamik verleihen. Die Figuren kommunizieren in Umgangs- bzw. Milieusprache, was die Rezeption umständlich machen kann. Als künstlerisches Mittel werden gelegentlich Satzreihen angewendet, die Träume bzw. Reminiszenzen ausdrücken, was die literarische Aussage auch enorm dynamisiert. Hier ein Exempel, das zugleich eine Erinnerung an die Kindheit des Pottkindes darstellt:

»Wir essen Milchsuppe, Brocken Brot.
Wir essen Nudelsuppe mit Fleischklößchen.
Wir essen aufgewärmte Essensreste.
Vater ist Kübelmajor, er macht die Latrinen in den
Schächten sauber.

---

59 | Ebd., S. 183.
60 | Ebd., S. 85.
61 | Vgl. Ezli, Özkan (2006): Von Identitätskrise zu einer ethnographischen Poetik. Migration in der deutsch-türkischen Literatur. In: Arnold, Heinz Ludwig: Text +Kritik. Zeitschrift für Literatur. Sonderband. München: edition text +kritik, S. 61-73, hier S. 66.

Stolzer Bergmann isser, Steiger isser, das
sagt er uns.
Mutter näht an alten Rock weite Taschen, das ist die Mode, das
sagt sie uns.
Lange Jahre später gibt's Weintraube und
Käsewürfel am Zahnstocher.
Opa tot, Oma tot. Vater vergreist, nur noch Zähne an den Seiten.
Vespa kostet achthundertfünfzig Mark«.[62]

Und am Ende soll noch vielleicht das sprachliche Vermögen an der Farbenvielfalt präsentiert werden, die im Text etwa folgenderweise ausgedrückt wird: »Er sprach von den Farben: Nilgrün, Gelbgrün im Ton des Limettenfruchtfleisches, Zigeunerrot, Maigrün, Ultramarinblau, Zebrastreifen am Band über der Kralle und am Halsband«.[63] Die Hinwendung des Protagonisten zum Malen sowie sein Medizinstudium lassen in ihm ein Alter Ego des Autors erblicken, jedenfalls spielte die Medizin und spielt immer noch die Malerei eine große Rolle in Zaimoglus Leben.[64]

5. ZUSAMMENFASSUNG

Fasst man die oben herbeizitierten Bilder und Szenen zusammen, muss vor allem festgehalten werden, dass *Ruß* ein Roman ist, der vom ganz gewöhnlichen Leben erzählt. Durch das Auffangen verschiedener Töne und Geschichten und eine gekonnte Vermengung des Herkömmlichen mit dem Spektakulären – übrigens ein Markenzeichen der deutschen Romantik – entsteht im Buch ein buntes Panorama der Menschenschicksale. Liebe und Sehnsucht, alltägliche Sorgen und flüchtige Reminiszenzen stehen neben starken Emotionen und dramatischen Begebenheiten. Dies macht aus *Ruß* neben seiner sprachlichen Ausformung ein beachtliches Beispiel der deutschen Literatur.

Neu ist meiner Ansicht nach die Gestaltung der nachbarschaftlichen Beziehungen der Deutschen zu den Polen: die Protagonisten fahren nach Polen wie normale Touristen oder Geschäftsleute, was literarisch an sich vielleicht wünschenswert wäre, und sind weit davon entfernt, irgendwelche ›Vergangenheitsbewältigung‹ zu aktivieren; Es gibt zwar Anspielungen auf die Geschichte des Zweiten Weltkrieges, aber die sind flüchtig und die Figuren identifizieren sich nicht mehr mit dem Geschehenen. Es wäre zu fragen, ob sie diese Unbeschwertheit des Gedächtnisses nur der *licentia poetica* verdanken?

---

62 | Zaimoglu, Ruß, S. 121.
63 | Ebd., S. 92.
64 | Zaimoglu, Feridun (2015): Feridun Zaimoglu - Mein Leben, https://www.youtube.com/watch?v=AR7rER2Ljpg, abgerufen am 02.09.2015.

Eine andere Frage wirft sich bezüglich der eingangs dargestellten begrifflichen Problematik auf. Die Definitionen und Werkanalysen der sog. Migranten- bzw. interkulturellen Literatur erwähnen als Voraussetzung für eine solche Literatur einmütig die nichtdeutsche Herkunft ihrer Autoren. Die Schwerpunkte solcher literarischen Darstellungen, auch wenn sie nicht für gewöhnlich beim Akt der Migration und dem Migranten als handelnde Person liegen, werden zumindest in der Darstellung der Folgen des Übergangs in eine fremde Situation erblickt, in der »das einzelne Subjekt sich und die Welt in veränderter Sicht wahrnimmt«.[65] Solche Texte thematisieren die ursprünglichen und gegenwärtigen Verhältnisse der Figuren und konzentrieren sich auf die Problematik des verlorenen Raumes, der vertrauten Sphäre und spiegeln die Suche nach Gewinnung des neuen Bodens wider.[66]

Gino Chiellino erinnert sich an die eigenen Beweggründe solcher Schreibweise, indem er betont: »Auslöser meiner Motivation zu schreiben war bei mir die Notwendigkeit, jene totale Isolation zu durchbrechen, die nach dem Heimatverlust in einer fremden Umgebung um mich herum entstanden war«.[67] An einer anderen Stelle bemerkt der Autor mit italienischen Wurzeln, dass dieses besondere Augenmerk für die Fragen des Alltags in der Fremde einigermaßen von Außen aufgezwungen gewesen sei und aus einer falsch verstandenen Verantwortung für die Entwicklung der sozio-politischen sowie kulturellen Existenz der Migranten resultierte.[68] Nun plädiert der Autor für eine mutigere Vorgehensweise, nämlich: »sich aus einem weiterreichenden Blickwinkel der historischen und kulturellen Tiefe der Emigrantenbewegung zu nähern«[69] und präsentiert als Antwort darauf Texte von Autorinnen der zweiten Generation, die in ihren Erstlingswerken die Suche nach eigener Geschichte unternehmen. Ein ähnliches Postulat realisierte Zaimoglu vielleicht in seiner *Leyla*, im *Ruß* dagegen sind die Spuren solcher Vorstellungen und Überlegungen kaum zu finden.

Die obenstehende Analyse hat bewiesen, das die neue Literatur von Zaimoglu sich von den diskutierten Eigenschaften völlig entfernt und nur noch dem einzigen Kriterium zu entsprechen scheint, nämlich dem der Herkunft des Autors,

---

65 | Howard, Mary (1997): »Einleitung«. In: Dies. (Hg.): Interkulturelle Konfigurationen. Zur deutschsprachigen Erzählliteratur von Autoren nichtdeutscher Herkunft. München: iudicium, S. 7-15, hier S. 11.

66 | Vgl. ebd., S. 12.

67 | Chiellino, Gino (1986): »Die Fremde als Ort der Geschichte«. In: Ackermann, Irmgard/ Weinrich, Harald: Eine nicht nur deutsche Literatur. Zur Standortbestimmung der ›Ausländerliteratur‹. München/Zürich: Piper, S. 13-17, hier S. 13.

68 | Vgl. Chiellino, Gino (1989): »Die zweite Generation auf der Suche nach ihrer Geschichte«. In: Rösch, Heidi (Hg.): Literatur im interkulturellen Kontext. Dokumentation eines Werkstattgesprächs und Beiträge zur Migrantenliteratur. Berlin: Technische Universität, S. 70-83, hier S. 70.

69 | Vgl. ebd.

was die Unzulänglichkeit der Theorie, die ihren Ausdruck u.a. in dem Titel meines Beitrags findet, zeigt. Aber auch dieses letzte Kriterium erweist sich bei einer solchen Entität wie Literatur als mangelhaft. Zaimoglu betrachtet das Deutsche als seine Muttersprache, seine Werke sollten daher auch als dieser Sprache zugehörig betrachtet werden. Das war aber nicht immer der Fall gewesen, was abschließend mit einem Zitat belegt werden soll, das diese Zugehörigkeit auf eine amüsante Weise kommentiert:

»Dieser Umstand [das Deutsche als Muttersprache zu betrachten, Anm. A.W.] hat ihn übrigens nicht davor bewahrt, den Adalbert von Chamisso-Preis zu bekommen, welcher ›Autoren nicht-deutscher Sprachherkunft‹ verliehen wird. Die Jury konnte sich wahrscheinlich nicht vorstellen, dass es in Deutschland Autoren gibt, die nicht Müller oder Walser oder Strauß heißen und deren Muttersprache trotzdem Deutsch ist«.[70]

Literatur

Primärliteratur

Biller, Maxim (2013): Im Kopf von Bruno Schulz. Novelle. Köln: Kiepenhauer & Witsch.
Janesch, Sabrina (2012): Katzenberge. Berlin: Aufbau-Taschenbuch.
Kuckart, Judith (2002): Lenas Liebe. Köln: DuMont.
Schindel, Robert (1992): Gebürtig. Frankfurt a.M.: Suhrkamp.
Timm, Uwe (2003): Am Beispiel meines Bruders. Köln: Kiepenhauer & Witsch.
Treichel, Hans-Ulrich (1998): Der Verlorene. Erzählung. Frankfurt a.M.: Suhrkamp.
Treichel, Hans-Ulrich (2008): Anatolin. Frankfurt a.M.: Suhrkamp.
Wackwitz, Stephan (2003): Ein unsichtbares Land. Familienroman. Frankfurt a.M.: Fischer.
Zaimoglu, Feridun (1995): Kanak Sprak. 24 Mißtöne vom Rande der Gesellschaft. Hamburg: Rotbuch.
Zaimoglu, Feridun (2004): German Amok. Roman. Frankfurt a.M.: Fischer.
Zaimoglu, Feridun (2006): Leyla. Roman. Köln: Kiepenhauer & Witsch.
Zaimoglu, Feridun (2013): Ruß. Frankfurt a.M.: Fischer.
Zaimoglu, Feridun (2014): Isabel. Köln: Kiepenhauer & Witsch.
Zaimoglu, Feridun (2015): Siebentürmeviertel. Köln: Kiepenhauer & Witsch.
Zaimoglu, Feridun (2015): Feridun Zaimoglu über den Sinn des Lebens – Sonntagsgespräch, https://www.youtube.com/watch?v=CfcSDO0oV50, abgerufen am 02.09.2015.

---

70 | Iro, Wolf, Wolf liest Feridun Zaimoglu.

Zaimoglu, Feridun (2015): Feridun Zaimoglu - Mein Leben, https://www.youtube.com/watch?v=AR7rER2Ljpg, abgerufen am 02.09.2015.

Sekundärliteratur

Bade, Klaus J. (2002): Europa in Bewegung. Migration vom späten 18. Jahrhundert bis zur Gegenwart. München: Beck.
Biondi, Franco/ Schami, Rafik (1981): »Literatur der Betroffenheit. Bemerkungen zur Gastarbeiterliteratur«. In: Schaffernicht, Christian (Hg.): Zu Hause in der Fremde. Ein bundesdeutsches Ausländer-Lesebuch. Fischerhude: Atelier im Bauernhaus, S. 124-136.
Blumentrath, Hendrik/ Bodenburg, Julia/ Hillman, Roger/ Wagner-Egelhaaf, Martina (2007): Transkulturalität. Türkisch-deutsche Konstellationen in Literatur und Film. Münster: Aschendorff.
Brenner, Peter J. (1996): Neue Deutsche Literaturgeschichte. Tübingen: Niemeyer.
Chertenko, Alexander (2015): »Seine [...] Slipper [...] passen nicht auf den Asphalt von O. Die Rekolonisierung Polens und die deutsche Vergangenheit in Judith Kuckarts ›Lenas Liebe‹«. In: Dubrowska, Małgorzata/ Rutka, Anna (Hg.): Reise in die Tiefe der Zeit und des Traums. (Re-)Lektüren des ostmitteleuropäischen Raumes aus österreichscher, deutscher, polnischer und ukrainischer Sicht. Lublin: Wydawnictwo KUL, S. 175-190.
Chiellino, Gino (1986): »Die Fremde als Ort der Geschichte«. In: Ackermann, Irmgard/ Weinrich, Harald: Eine nicht nur deutsche Literatur. Zur Standortbestimmung der ›Ausländerliteratur‹. München/Zürich: Piper, S. 13-17.
Chiellino, Gino (1989): »Die zweite Generation auf der Suche nach ihrer Geschichte«. In: Rösch, Heidi (Hg.): Literatur im interkulturellen Kontext. Dokumentation eines Werkstattgesprächs und Beiträge zur Migrantenliteratur. Berlin: Technische Universität, S. 70-83.
Dominik, Katja/ Jünemann, Marc/ Motte, Jan/ Reinecke, Astrid (1999) (Hg.): Angeworben, eingewandert, abgeschoben. Ein anderer Blick auf die Einwanderungsgesellschaft Bundesrepublik Deutschland. Münster: Westfälisches Dampfboot.
Ezli, Özkan (2006): Von Identitätskrise zu einer ethnographischen Poetik. Migration in der deutsch-türkischen Literatur. In: Arnold, Heinz Ludwig: Text +Kritik. Zeitschrift für Literatur. Sonderband. München: edition text +kritik, S. 61-73.
Hofmann, Michael/ Patrut, Iulia-Karin (2015): Einführung in die interkulturelle Literatur. Darmstadt: Wissenschaftliche Buchgesellschaft.
Howard, Mary (1997): »Einleitung«. In: Dies. (Hg.): Interkulturelle Konfigurationen. Zur deutschsprachigen Erzählliteratur von Autoren nichtdeutscher Herkunft. München: iudicium, S. 7-15.

Meier-Braun, Karl-Heinz/ Pazarkaya, Yüksel (Hg.) (1983): Die Türken. Berichte und Informationen zum besseren Verständnis der Türken in Deutschland. Frankfurt a.M./Berlin/Wien: Ullstein.

Opitz, Michael/ Opitz-Wiemers, Carola (2001): »Tendenzen in der deutschsprachigen Literatur seit 1989«. In: Beutin, Wolfgang u. a. (Hg.): Deutsche Literaturgeschichte. Von den Anfängen bis zur Gegenwart. Stuttgart: Metzler, S. 660-702.

Robert Bosch Stiftung: Über den Chamisso-Preis. http://www.bosch-stiftung.de/content/language1/html/14169.asp, abgerufen am 07.09.2015.

Rösch, Heidi (1989): »Dokumentation des Werkstattgesprächs ›Literatur im interkulturellen Kontext‹«. In: Dies. (Hg.): Literatur im interkulturellen Kontext. Dokumentation eines Werkstattgesprächs und Beiträge zur Migrantenliteratur. Berlin: Technische Universität, S. 58-69.

Rösch, Heidi (2004): Migrationsliteratur als neue Weltliteratur? In: Sprachkunst. Beiträge zur Literaturwissenschaft. Zeitschrift der Österreichischen Akademie der Wissenschaften, Jg. 35, 1. Halbband, S. 90-94.

Schmidt, Thomas E (2011): Ein Mann muss sich entscheiden. Feridun Zaimoglus Roman »Ruß« erzählt von einem armseligen Büdchenmann und gerät schließlich zum Krimi. In: Die Zeit vom 11.08.2011, http://www.zeit.de/2011/34/L-B-Zaimoglu, abgerufen am 04.09.2015.

Şen, Faruk/ Goldberg, Andreas (1994): Türken in Deutschland. Leben zwischen zwei Kulturen. München: Beck.

Spiegel, Hubert (2011): Und hinterm Wasserhäuschen eine Welt. Das Ruhrgebiet als Remix: Feridun Zaimoglu erzählt vom Leben eines Kioskbetreibers und surft auf den Tonspuren einer untergegangenen Welt. In: Frankfurter Allgemeine Zeitung vom 05.10.2011, http://www.faz.net/aktuell/feuilleton/buecher/rezensionen/belletristik/feridun-zaimoglu-russ-und-hinterm-wasserhaeuschen-eine-welt-11483764.html, abgerufen am 04.09.2015.

Tekinay, Alev (1997): »In drei Sprachen leben«. In: Fischer, Sabine/ McGowan, Moray: Denn du tanzt auf einem Seil. Positionen deutschsprachiger MigrantInnenliteratur. Tübingen: Stauffenburg, S. 27-33.

Widmann, Arno (2014): Naika Foroutan. Was heißt postmigrantisch? In: Berliner Zeitung vom 12.12.2014, http://www.berliner-zeitung.de/naika-foroutan-was-heisst-postmigrantisch--487520, abgerufen am 04.08.2016.

Wolf, Iro (2015): Wolf liest Feridun Zaimoglu. In: Wolfs Welt der Bücher, http://www.goethe.de/ins/ru/lp/prj/drj/leb/kul/wol/de8987931.html, abgerufen am 03.09.2015.

Zarychta, Paweł (2008): Feridun Zaimoglu w Krakowie. Relacja ze spotkania. In: caeindotyinaz. pismo innego uczestnictwa w kulturze vom 22.12.2008, http://niedoczytania.pl/feridun-zaimoglu-w-krakowie-relacja-ze-spotkania/, abgerufen am 30.09.2015.

Autorinnen und Autoren

Baltes-Löhr, Christel, Prof. Dr., forscht und lehrt seit 2003 an der neugegründeten Universität Luxemburg in den Bereichen Geschlechterforschung, Migration und Erziehung. Sie ist Gender-Expertin für Luxemburg in der EU-Helsinki Group on Gender in Research and Innovation und Genderbeauftragte der Universität Luxemburg.

Barr, Anja ist Masterstudentin in German Studies an der Universität New Mexico/ USA.

Blioumi, Aglaia, Assistenzprofessorin für deutsche Literatur und Kulturwissenschaft am Fachbereich für Deutsche Sprache und Literatur an der Universität Athen. Arbeitsschwerpunkte: Migrationsliteratur, Interkulturalitätsforschung, Literatur- und Kultursemiotik, Literaturdidaktik.

Hergheligiu-Dimian, Raluca, Dr., Dozentin für Neuere Deutsche Literatur am Fachbereich Germanistik der Universität »Ștefan cel Mare« zu Suceava, Rumänien. Interessensschwerpunkte der Forschung: Interkulturelle Literatur, Literatur und Fotografie in der deutschsprachigen Literatur der Moderne, der literarische und philosophische Ausdruck der Temporalität, Visualität in der Literatur.

Krauze-Olejniczak, Alicja, studierte Germanistik an den Universitäten in Poznań und Bielefeld. Sie arbeitet an ihrer Dissertation über gegenwärtige transkulturelle Literatur in Österreich. Ihre Forschungsinteressen umfassen die Literatur im Kontext der Migration sowie deutsch-polnische und österreichisch-polnische Literaturbeziehungen nach 1989.

Moser, Natalie, Dr. phil., Postdoc-Fellow am Zentrum für Literatur- und Kulturforschung (ZfL) Berlin und wissenschaftliche Mitarbeiterin der Universität Basel; aktuelles Forschungsprojekt: Endediskurse in der deutschsprachigen Gegenwartsliteratur; Forschungsschwerpunkte: Realismus (insbesondere W. Raabe), Literatur nach 1945, Autofiktion und Selbstreferenzialität.

Predoiu, Grazziella, ao. Prof. Dr., außerordentliche Professorin für Neuere Deutsche Literatur an der West-Universität Temeswar, Rumänien. Forschungsschwerpunkte: Literatur in Ost- und Südosteuropa, Literatur des Realismus, Interkulturelle Literatur und Österreichische Literatur.

Rădulescu, Raluca, ao. Prof. Dr., außerordentliche Professorin am Germanistischen Institut der Universität Bukarest, Rumänien. Forschungsschwerpunkte: Migrationsforschung, rumäniendeutsche Literatur, interkulturelle Literatur, europäische Lyrik der Moderne, Literaturtheorie.

Schenk, Klaus, Prof. Dr. phil., Professor an der TU Dortmund. Forschungsschwerpunkte: Moderne Literatur, mediale Aspekte von Literatur, Erzähltheorie, Literaturtheorie, Interkulturalität und Literaturdidaktik.

Schickhaus, Tobias Akira, Wissenschaftlicher Assistent am Lehrstuhl Interkulturelle Germanistik der Universität Bayreuth und Promovend in den Fachbereichen Wissenssoziologie, Interkulturelle Literaturwissenschaft und Chamisso-Literatur.

Valero Cuadra, Maria del Pino, Dr. phil., dozierte sechs Jahre an der Universität Bielefeld und trat im Jahre 1996 der Abteilung für Germanistik an der Universität von Alicante (Spanien) bei, wo sie zur Zeit an der Abteilung für Übersetzen und Dolmetschen (Deutsch) tätig ist. Ihre Hauptforschungslinien sind: Didaktik der Übersetzung Deutsch-Spanisch, die Rezeption der Interkulturellen Literatur in Spanien und die Geschichte der Übersetzung in Lateinamerika.

Warakomska, Anna, Dr. habil, seit 2004 wissenschaftliche Mitarbeiterin in der Abteilung für Studien über Länder des deutschsprachigen Raums am Institut für Germanistik der Warschauer Universität. Forschungsschwerpunkte: Wechselwirkungen zwischen Literatur und Politik, Ironie in der Literatur, deutsch-polnische Beziehungen, Kulturwissenschaft, deutsche Literatur von Autoren mit türkischer Herkunft.

Lettre

*Andrea Allerkamp, Matthias Preuss,
Sebastian Schönbeck (Hg.)*
Unarten
Kleist und das Gesetz der Gattung

Februar 2017, ca. 330 Seiten, kart., zahlr. Abb., ca. 39,99 €,
ISBN 978-3-8376-3500-3

Sebastian Thede
Hasard-Schicksale
Der literarische Zufall und das Glücksspiel
im 19. Jahrhundert

Februar 2017, ca. 430 Seiten, kart., Abb., ca. 47,99 €,
ISBN 978-3-8376-3521-8

Shinichi Furuya
Masse, Macht und Medium
Elias Canetti gelesen mit Marshall McLuhan

Januar 2017, ca. 210 Seiten, kart., ca. 32,99 €,
ISBN 978-3-8376-3673-4

**Leseproben, weitere Informationen und Bestellmöglichkeiten
finden Sie unter www.transcript-verlag.de**

Lettre

Hans Stauffacher, Marie-Christin Wilm (Hg.)
Wahnsinn und Methode
Zur Funktion von Geniefiguren in Literatur und Philosophie

Januar 2017, ca. 320 Seiten, kart., ca. 32,80 €,
ISBN 978-3-8376-2339-0

Uta Fenske, Gregor Schuhen (Hg.)
Geschichte(n) von Macht und Ohnmacht
Narrative von Männlichkeit und Gewalt

September 2016, 318 Seiten, kart., 34,99 €,
ISBN 978-3-8376-3266-8

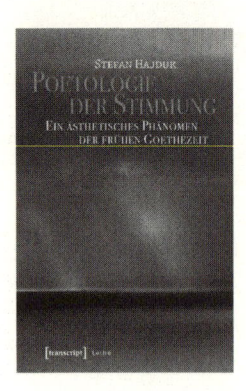

Stefan Hajduk
Poetologie der Stimmung
Ein ästhetisches Phänomen der frühen Goethezeit

Juli 2016, 516 Seiten, kart., 44,99 €,
ISBN 978-3-8376-3433-4

Leseproben, weitere Informationen und Bestellmöglichkeiten finden Sie unter www.transcript-verlag.de

Zeitschrift für Kulturwissenschaften

Erhard Schüttpelz,
Martin Zillinger (Hg.)

Begeisterung und Blasphemie

Zeitschrift für Kulturwissenschaften, Heft 2/2015

Dezember 2015, 304 S., kart.,
zahlr. z.T. farb. Abb., 14,99 €,
ISBN 978-3-8376-3162-3
E-Book: 14,99 €,
ISBN 978-3-8394-3162-7

■ Begeisterung und Verdammung, Zivilisierung und Verwilderung liegen nah beieinander. In Heft 2/2015 der ZfK schildern die Beiträger_innen ihre Erlebnisse mit erregenden Zuständen und verletzenden Ereignissen. Die Kultivierung von »anderen Zuständen« der Trance bei Kölner Karnevalisten und italienischen Neo-Faschisten sowie begeisternde Erfahrungen im madagassischen Heavy Metal werden ebenso untersucht wie die Begegnung mit Fremdem in religiösen Feiern, im globalen Kunstbetrieb und bei kolonialen Expeditionen. Der Debattenteil widmet sich der Frage, wie wir in Europa mit Blasphemie-Vorwürfen umgehen – und diskutiert hierfür die Arbeit der französischen Ethnologin Jeanne Favret-Saada.

Lust auf mehr?

Die **ZfK** erscheint zweimal jährlich in Themenheften. Bisher liegen 18 Ausgaben vor. Die **ZfK** kann – als print oder E-Journal – auch im Jahresabonnement für den Preis von 20,00 € bezogen werden. Der Preis für ein Jahresabonnement des Bundles (inkl. Versand) beträgt 25,00 €. Bestellung per E-Mail unter: vertrieb@transcript-verlag.de

www.transcript-verlag.de

Zeitschrift für interkulturelle Germanistik

Dieter Heimböckel,
Gesine Lenore Schiewer,
Georg Mein,
Heinz Sieburg (Hg.)

Zeitschrift für interkulturelle Germanistik

6. Jahrgang, 2015, Heft 2

Dezember 2015, 204 S., kart.,
12,80 €,
ISBN 978-3-8376-3212-5
E-Book: 12,80 €,
ISBN 978-3-8394-3212-9

■ Die Zeitschrift für interkulturelle Germanistik (ZiG) trägt dem Umstand Rechnung, dass sich in der nationalen und internationalen Germanistik Interkulturalität als eine leitende und innovative Forschungskategorie etabliert hat. Sie greift aktuelle Fragestellungen im Bereich der germanistischen Literatur-, Kultur- und Sprachwissenschaft auf und versammelt aktuelle Beiträge, die das zentrale Konzept der Interkulturalität weiterdenken. Die Zeitschrift versteht sich bewusst als ein interdisziplinär und komparatistisch offenes Organ, das sich im internationalen Wissenschaftskontext verortet sieht.

Lust auf mehr?
Die **ZiG** erscheint zweimal jährlich. Bisher liegen 12 Ausgaben vor. Die **ZiG** - als print oder E-Journal - kann auch im Jahresabonnement für den Preis von 22,00 € bezogen werden. Der Preis für ein Jahresabonnement des Bundles (inkl. Versand) beträgt 27,00 €.
Bestellung per E-Mail unter: vertrieb@transcript-verlag.de

www.transcript-verlag.de